中国のリアル

人々は何を悩み、何を追い求めているのか

俞 敏浩 編著

晃洋書房

まえがき

　本書は現代中国についての初学者向けの入門書である．一般的に中国入門書といえば，中国の歴史，政治，法律，経済，社会，文化，外交など各専門領域の中の1つの分野に特化するか，または2つ以上の分野を一定の編集方針に基づいて包括的に紹介する概説書がイメージされやすい．しかし，本書の目次を見ていただければわかるように，本書は中国人，いや外国人も含め中国の大地で生活を営む人々に注目した入門書なのである．

　ではなぜ本書は標準的な中国についての入門書ではめったに見られない「人々」に注目する編集方針を採ったかというと，人々の暮らし，抱える葛藤や夢などソフトな側面に比重を置くことで，読者の関心と共感を得られることを期待したからである．

　中国と日本は同じ漢字文化圏に属しながらも政治体制，社会構造など国家と社会のしくみの差異は大きい．そのような中国について学ぼうとすると，大量な聞き慣れない専門用語の海に飛び込む覚悟が求められるが，そのような覚悟をお持ちの読者は果たしてどれくらいいるのだろうか．大量な専門用語とデータを追うことに疲れてしまい，中国について学び始めたことがかえってすでに抱えていた「中国は異質な国」というイメージをさらに強固にし，「中国」に対する知的好奇心そのものが減退してしまってはなにも始まらない．

　そのため，筆者は中国についての入門書は正確な用語とデータを用いて中国を客観的かつ包括的に説明することと，読者の共鳴と知的好奇心を引き出す役割を同時に担うことが理想的だと考える．どのようなテキストであれば，この2つの役割を果たすことができるかについて，試行錯誤しながらたどり着いたのが人やコミュニティを中心に据えた編集方針なのである．もちろん本書の狙いがどこまで実現するかはひとえに読者の判断に委ねるほかない．

　民主主義の欠如，貧富の格差の問題を抱えていても結局中国という国家は大多数の中国人にとっての生活の場なのである．だからこそ中国の人々の生活環境と日常は，中国という国と社会のしくみを理解するための「みちびき」となりうる．さらに，等身大の中国人について学ぶことで，生活者としての中国人，苦悩と希望が交差する人間社会という中国のもつ普遍的な一面にも気づけるだ

ろう.

とはいえ, 中国には世界人口の約18%を占める14億を超える人々が暮らしている. これほど膨大な数に上る人々に注目しようとするといったいどこに焦点を合わせるべきなのかという問題が生じる. 焦点の置き方によっては, ピントが外れて観察対象がぼやけて見えてしまうこともある. 注目する対象が偏ると, 描こうとする中国像も部分的なものに終わるだろう. 入門書はなるべく全面的であるべきであり, こうした偏った描き方は避けなければならない.

そこで, 本書の第Ⅰ部では, 読者が第Ⅱ部以降の各論を読み進める前の準備作業として, 改革開放期における中国国家と社会の変化過程のアウトラインを提示した. すなわち, 第Ⅰ部は本書の導入部分にあたる. この作業は個人と国民感情というスケール的には両極端になるものの, 視座を「人」に置く本書のコンセプトに従って行った.

続けて, 本書の第Ⅱ部と第Ⅲ部では, 2つのグループの人々の置かれた社会環境と生き方に注目することを通じて, 特定のグループに注目することによって生じかねない偏りをできる限り軽減しながら, 中国国家と社会の全体像を読者に伝えようと試みた.

第1グループは女性, 性的マイノリティ, クリスチャン, 少数民族, 中国在住外国人などいわゆる社会的少数派である. 中国の女性を社会的少数派のカテゴリーに含めることに違和感を覚える方もいるかもしれないが, 社会的少数派とは社会の力関係によって少数派または弱者の立場に置かれる集団のことであり, 必ずしも数字上の少数を意味しない. 本書が中国社会の少数派を主要な考察対象の一つとした理由は, 少数派の境遇が彼らのおかれている社会の基本的な性格, すなわち民主的か集権的か, リベラルか保守的か, 寛容か偏狭か, などを反映するものとの判断に基づいている.

こうした社会的少数派の境遇が持つ象徴的意味合いのゆえに, 社会的少数派を取り上げた本書の第Ⅱ部では政治体制, 国家と社会のしくみなど構造的な分析が比較的に大きな比重を占めることになった.

第2グループは, 留守児童, 大学生, ボランティア, 中小企業主, 退役軍人など年齢, 生活圏, 職業 (または元職業), 社会とのかかわり方など, 社会的属性を異にする人々であり, 本書の第Ⅲ部を構成している.

ではなぜ本書は, 日本のアカデミアやメディアが強い関心を示す農民工, 知識人, 共産党幹部, 富裕層などではなく, 前述の人々を取り上げたのか. まず

断っておかなければならないのは，社会的属性によるグルーピングはおびただ
しい数に上るため，一定の基準による取捨選択をせざるを得ないことである．
本書は日本の既存のテキストや学術書ですでに多く取り上げてきたテーマでは
なく，それらを補足するようなテーマをあえて俎上に載せた．たとえば，中国
の農民工やZ世代に関する広範な注目にくらべると農村部の留守児童問題や大
学生のリアルについての紹介は十分とは言えない．中国社会に蔓延する拝金主
義については多くの紹介本が出ているが，ボランティアやNPOの話は専門領
域での議論に止まっており，入門書で取り上げられることはまれであった．同
様に国有企業と一部の民営大手企業の躍進，中国の軍事大国化については事細
かい紹介がされているが，中小企業や退役軍人の生態についてはあまり知られ
ていないのである．このように本書の第Ⅲ部で取り上げるテーマはこれまで主
要な関心の的となってきたものとはいえないが，それらを取り上げる意義は決
して既存文献に対する単なる補足に留まるものではない．

　留守児童問題は中国の農村問題の一つの縮図であるし，大学生は今後の中国
を担っていく年齢層の人々である．またボランティアは中国における市民社会
の特徴を知り，その行方を占うための重要な素材である．そして中小企業主た
ちの奮闘は中国経済社会の将来を左右するといっても過言ではないし，退役軍
人の境遇は中国の国防政策のみならず政治，経済政策の動向を見るうえで一つ
のバロメーターともなりうる．すなわち，第Ⅲ部で取り上げる「人々」は既存
の文献の中における中国像に対する補足的な意味合いに止まらず，その一つひ
とつが中国国家と社会のリアルを映す鏡なのである．

　以上のような本書のコンセプトと構成のゆえに，本書では通常の入門書には
ほぼ必ずといって取り上げられる歴史，政治体制，マクロ経済などを専門的に
扱った章はもうけてない．その代わり，こうした現代中国を俯瞰する歴史的，
制度的，構造的な側面についてはコラムの形式で必要最小限の説明を行うこと
に止めた．これは決して歴史的，制度的，構造的な説明が重要ではないと本書
が主張しているのではない．読者が本書を読んで現代中国に興味を持つように
なれば，自ずと進んで現代中国のこうした側面に対する探究を始めるだろうと
いう期待を持っているからである．

　本書は現代中国についての入門書という位置づけであるため，読者層は基本
的に中国についての初学者を想定している．そのため，初学者でも各章を一気
に読み切れるように平易な記述を心掛けたつもりである．とはいえ，中国に対

してすでに相当な知識を持っている「中国通」の読者も本書から得られるもの
はあるだろう．まず，本書で取り上げるテーマの多くはそれぞれの分野のアカ
デミアの世界では比較的によく知られていても，本書のように一冊に複数の
テーマをまとめて取り上げたものはあまり見かけられない．構成上のオリジナ
リティに加え，本書にはLGBTQ+，中国在住外国人など，これまで日本のア
カデミアでそれほど掘り下げることのなかったテーマも複数取り上げられてい
る．

　本書の執筆構想は2019年に始まったが，その後コロナ禍の影響を受けていっ
たん本格的な企画活動は見送りとした．しかしコロナ禍が予想以上に長引き，
さらに中国におけるゼロコロナ政策によって日中間の民間交流が厳しい制限を
受ける中で，政治外交関係の悪化もあって日中両国の相手国に対する国民感情
も悪化する傾向がみられるようになった．その結果，日本で中国が語られると
き，「習近平」「共産党」「軍」といった政治指導者と権力機構に関心が集中し，
「中国人」は後景に退いているように思われる．こうした時代だからこそ本書
の刊行は意義があると判断し，2021年末から企画活動を本格化させた．そして
約1年の時間をかけて執筆陣全員から原稿を寄せてもらい，本書の刊行に漕ぎ
つけることができた．

　本書が比較的短い期間内に企画から刊行まで実現できたことは，執筆陣のみ
なさんが本書の趣旨に賛成していただき，わかりやすくかつバランスの取れた
原稿を寄せてくれたからである．本書のタイトルも執筆陣による集団討議を踏
まえて決定された．また本書の企画に興味を示していただいた晃洋書房の井上
芳郎氏と細かい編集作業を担当していただいた徳重伸氏に負うところも大き
い．心から感謝を申し上げたい．

　　2022年11月

　　　　　　　　　　　　　　　　　　　俞　　敏　浩

目　次

第Ⅲ部　社会を生きる人々のリアル

第 I 部

移り変わる
中国のリアル

第1章

改革開放時代の中国を生きる
—— 2つの世代のライフヒストリー ——

日野 みどり

は じ め に

　もし，大学入試制度が自分の受験する年から大きく変わったら？　影響は甚大だろう．では，入試だけでなく，生きていく上で重要なあれこれが政策や制度上の理由でがらりと変わることは，想像がつくだろうか．就職活動のしくみ，住まいの入手，出産・子育てにかかわること，小学校入学の規定，給料や資産や消費をめぐる制度や規定……．中国では，1978年12月に改革開放政策（Column 1）が実施されて以来，人々はこれら各方面の激変に直面してきた．改革開放政策は経済政策だが，その影響は人々の生活の広い範囲に及ぶ．加えて人口政策も，個人の家庭生活という私的な営みに深く介入する．1979年に実施された「一人っ子政策」は，改革開放政策と同じく「近代化」を進める文脈で導入された．21世紀に入ると労働力不足や少子高齢化が顕在化し，2016年に「二人っ子政策」に転換した（小浜，2020:59-64）．このように，絶えず変容する社会にあって，人々の経験は世代や地域などによりさまざまに異なる．

　この章では，中国南部のある省の省都・Z市で生まれ育った2人の中国人のライフヒストリー（生活史）を紹介する．改革開放政策の幕開けを10代の青年期に体験し，その後の40年余りをこの政策とともに歩んできた60代のXさん．改革開放政策開始後の1980年代半ばに生を享けた30代のYさん．Xさんは定年退職後に誘われて，Yさんは転職活動の結果，同じ会社に在籍する．お二人の生きてきた道筋，社会との関わりは，同じ都市に暮らすにもかかわらず，ずいぶん違っている．具体的には，「個人が生きるのに必要な一切を国家が与え，人生の道筋も国家が決め，外国との関わりは社会主義国家群のみ」という体制から，「資本主義国に経済活動の門戸を開き，個人の選択の自由が増え，国が面倒を見なくなって何事にもお金がかかり，成功や自己実現のチャンスは増えたが競争も激しい」体制への変化を，Xさんは青年期以降に経験し，Yさんは

後者の体制のもとに生まれ育った．

　お二人は本書のために，自身の物語を筆者に語ってくださった．感謝して，読者のみなさんと共有したい．インタビューは2022年2月にオンラインで実施した．Xさんとは日本語を，Yさんとは中国語を用い，執筆時の日本語への翻訳は筆者が行った．プライバシー保護のため，固有名詞をイニシャルで表記した．

1　ライフヒストリーを通して知る社会変動
——質的調査の意義——

　社会科学分野の研究調査の方法は，量的調査と質的調査に大別される．量的調査は，調査対象の実態を数値化して分析する方法である．質的調査の諸方法のうちライフヒストリー（生活史）調査は，個人の語りを記録し解釈する手法である．社会学者の岸政彦はこう定義する．「生活史調査とは，個人の語りに立脚した，総合的な社会調査である．それは，ある社会問題や歴史的事件の当事者や関係者によって語られた人生の経験の語りを，マクロな歴史と社会構造とに結びつける．語りを『歴史と構造』に結びつけ，そこに隠された『合理性』を理解し記述することが，生活史調査の目的である」（岸，2016：156）．

　個人の記憶に基づく語りは客観性に乏しく，典型・代表とはみなせないという指摘がある．他方，それを踏まえつつ，こうした事例が存在することそれ自体を重視し，事例の内実が社会の実態を映し出すとする考え方もある．後者の立場から現代中国の貧困層の語りを記録した仕事に，廖（2008）がある．量的調査と質的調査はどちらか一方が正しくもう一方は誤りということはなく（相互排他的ではなく），それぞれ特性を発揮し，相互補完的に研究に貢献する．

2　自分の意思ではなかったけれど
——Xさんの物語——

　Xさんは，1961年生まれ．男性．

（1）生い立ち
　Z市生まれです．両親とも医師で，妹と二人きょうだいでした．生まれた頃は中国の「三年自然災害」にあたり，食糧不足で，私は生まれながらの「栄養不良」[1]の子でした．

（2）人生の岐路①——進学，大学生活——

　1980年に大学を受験しました．出願の際，A大学の経済学か英語が志望でした．先生から，君の点数ならA大学より有名なB大学の外国語学部にも行けるからB大学も選ぶ方が良いとアドバイスを受け，末尾の第5志望にB大学の日本語専攻を入れました．でも，私は日本語には関心がありませんでした．経済学か英語という志望は，当時始まった改革開放政策の影響が大きかったですね．入試の成績が悪く，合格したのはB大学の日本語専攻だけだったので，仕方なくここに入学しました．

　学業には身が入りませんでした．外国語と言えば英語のイメージが強く，日本語を勉強した当初はとてもつらかったんです．日本語は難しく，とくに助詞や敬語は難物でした．もともとやりたくなかったし，勉強してからもいろいろ困難があり，とくに入学当初は非常に抵抗感がありましたね．成績はいつも60〜70点代で，同期の十数名中，いちばん下の方だったでしょう．

　ちなみに英語の勉強は，小学校4年ごろから授業がありました．とは言え，文化大革命（Column 2）が起きたため，学校の授業自体がろくになかったんですけど．[2]

（3）人生の岐路②——就職，職業生活——

　大学卒業を前に，卒業後の就職先が通知されました．[3]あろうことか，学業不振の私に，母校に残って日本語教師になれという通知でした．頭が真っ白になり，とても信じられませんでした．先生に理由を尋ねると「君には伸びしろがある」という返事で，よくわかりません．ただ，これは政府の決めた分配だから，守らないといけない．私，6月か7月に卒業して，学校の先生になれと言われて，2カ月後には教壇に立って教えるわけですから．これは大変だと覚悟を決めました．「誤人子弟」という中国語がありますね．「だめな教師は，ひと様の子弟の道を誤らせる」という意味です．自分が学ぶだけなら，態度も成績も自分だけの問題です．でも教えるとなると，自分がだめでは学生に申し訳が立ちません．というわけで，この2カ月間で私は180度変わりました．もう毎日，朝から晩までずっと日本語を勉強・研究し，授業の準備に必死でした．

　9月1日に新学期が始まると，学生時代の恩師が同僚となり，私の授業を聴講にきて指導してくださいました．いただいた評価は，「もう我々の想像以上によくできていた．だから，君には伸びしろがあると言っただろう？」という

ものでした．ゴマすりだか何だかわかりませんが，それでも自信にはなりました．それで，自分でも勉強しながら，学校で教える仕事を続けました．

　私が大学で学んだ課程は，もっぱら日本語運用能力の訓練で，教員養成の内容は皆無でした．だから，私は卒業後の2カ月の努力と，就職後のOJT（オン・ザ・ジョブ・トレーニング）で，教える技術を急ごしらえで身につけたわけです．私が学んだころの大学は，たぶん何もないほとんどゼロのところからスタートしたんですね．文化大革命の影響が非常に大きいです．B大学の日本語専攻が発足したのは1979年です．当時の大学は，研究とかじゃなくて，とにかく日本語を聞いてわかる人，中国語を聞いて日本語で伝えられる人，そういう翻訳機械みたいな人の製造工場のようでしたね．だから，日本について理解する勉強や文化研究までは全然余裕がなかったんですね．

（4）人生の岐路③——転職，新たな職業生活——

　大学に勤めて12年目のときに転職しました．中学の恩師が政府系の人材派遣会社にいて，誘われたんです．日本の航空会社が支社を開設するので高度な日本語人材が必要とのことでした．ちょうど，この地域に進出する外資企業が増えている時期でした．恩師の誘いでしたし，また私自身思うところもありました．大学に12年も勤めていながら，日本語があまり流暢に話せなかったんです．なぜかというと，ずっと学校の中だから，授業で使うのは教えるほうの日本語ですけど，世界や社会に関する自分の考え方とか，そういう深い話をしてなかったんです．また，日本についての理解も非常に不足していました．このまま教師を続けても学生のためにならないような気がしました．それで，日本の会社に行って，日本人と一緒に仕事をして，日本のことをもっと勉強したい，理解したいと思い，お誘いに応じることに決めたんです．

　しかし，転職はなかなか実現しませんでした．当時は，所属を移す各種の制度や手続きが著しく煩雑で，簡単に退職できません．[4]私は幸運でした．恩師が人材派遣会社の立場で誘ってくれたため，恩師の会社と大学との交渉・手続きになり，引き抜かれる立場の私は動かずに済んだからです．交渉の詳細はわかりません．私にできることはなく，結果を待っていました．当時，大学を辞めて転職しようとする同僚もいましたが，彼らは自分で退職を申し出たので，大学との交渉・手続きを抱え，それは苦労していました．自分は幸運でしたが，それでも転職までに1年ほどかかりましたね．

　この話を日本の大学生に紹介しても，たぶん理解できないと思います．日本だけでなく，中国の若い人でも同じです．いや，だから，ここの仕事をしたくなければ辞めればいいじゃない，別な会社で面接を受けてオッケーだったら入社する，でいいでしょ？と思われるだけでしょう．今はこんな世界だから，昔のような話をしたらですね，中国人でさえわからない，理解できないんです．

　転職先の会社では，総務と営業を担当しました．当時，中国から日本に行くことは簡単にできず，日本からお仕事や観光でいらっしゃる方がほとんどでした．したがって，おもな顧客はそれら日本関係者で，あまり営業しなくてもチケットは売れました．それが変わったのが2000年10月で，中国人が日本へ団体旅行に行けるようになったんです．そこから，こちらの中国人のお客様に向けて本格的な営業が始まりました．営業先は，団体旅行を扱う旅行会社がメインです．

　総務の業務は，社内と社外と両方ありました．社外の相手先は，地元政府の外事部門とか，空港公団，税関に銀行，あとは日本商工会とか日本領事館とか．支社は社員の数が少ないので，一人の仕事の量が多いんですよね．社員数は，整備士も入れて16名ぐらいでした．最初は運航数が週3便だったんですけど，その後デイリーになって，社員の数もどんどん増えました．

　この会社に定年まで勤めて，昨年「卒業」しました．仕事は楽しかったですね．私，性格的にたぶんサービス業には向いていると思うんです．

（5）人生の岐路④──定年退職，次の職業生活──

　定年退職後，知人の経営する会社に誘われ，今はここに勤めています．新規事業展開に向けて，日本のサービス業の経験が買われました．新しい事業は，リハビリテーションです．中国も今，老齢化社会ですから．私は来てまだ2カ月なんですよ．事業のスタートはこれからですね．がんばっていきたいです．

（6）私生活を振り返る

　初めて日本に行ったのは，たしか1985年ですね．大学に赴任して1年ほどのころです．学校の関係ではなく，日本のメーカーがこちらに開いた工場が生産ラインを導入し，現地の社員や技師を日本に研修に行かせるが，言葉が通じないから日本語のわかる先生に通訳として同行してもらえないか，と大学に相談があり，「お前が行け」と言われたんです．それで，1カ月滞在しました．

　日本に留学したいという気持ちは，ありました．やっぱり先生になってから
ですね．自分のレベルではとても教えられるような自信がなく，日本に行って
勉強したいと思っていたんです．ただ，私費で留学する経済力はなかったし，
公費留学だと日本行きのチャンスはなかなかなく，実現しませんでした．

　家族と日本に旅行したのは，ええとですね．1998年ですね．当時は，私が日
本の本社で仕事をしてたんです．ええ，東京です．そのときに家族を呼びまし
た．そうですね，そのときは，中国人はまだ旅行には行けなかったですね．だ
から，親族訪問ですね．

　結婚したのは1986年で，妻は学生時代の友人です．子どもは娘 1 人です．一
人っ子政策の時代でしたね．当時の住居は勤務先が提供するものでしたが，私
が結婚したときは，学校から提供はなかったんです．就職当初は，大学の寮で，
別な先生と相部屋の生活でした．私が結婚するとそこに住むわけにいかず，し
ばらくは自分の親のところに同居しました．

　住宅を購入したのは，ずいぶん後だったね，ええとたぶん2000年ごろです．
娘が10歳ぐらいのときですね．ローンを組んで．中国の住宅政策の改革があっ
た時期ですね．それまでは国が住居を手配，分配していました．それが，今度
は自分で金を出して買えと．もちろんローンを組むんですけども．ローンは払
い終えました．もうだいぶ前に．

　家の電話は，家を買ったときにつけました．電話をつけるのに待ち時間がず
いぶん長かった時代もありましたが，2000年にはそういうことはなかったです
ね．携帯電話を初めて持ったのは，転職後です．総務の仕事の関係で必要でし
た．たぶん1999年ごろ．会社の支給でしたね．

　車の免許を取ったのは，ええと，20年以上前だと思います．私はあんまり運
転しないですね．免許は持っていますが，車を持ってない．家から会社までは
バスや電車が便利ですし，駐車場もなかなか見つからないし．ただ，娘が大学
を卒業して仕事を始めたときに，若い人は休みのときにドライブに行ったりす
るので，そういうレジャーのために，娘には 1 台買ってやったんですけど．

　40年前を振り返れば，中国はものすごく変わりました．私の年代はね，まさ
にその実体験があるんですね．とくにあの鄧小平さんの改革開放政策．まあ，
これは本当にすばらしい．これがなかったら，今の中国はどうなっているか，
もう想像もつかないですね．

（7）日本と中国の関係について思うこと

　中日関係，あくまでも私個人の考えですが，誤解が多いと思いますけれど，それは，やっぱりメディア，マスコミに関係があると思うんです．お互いのマスコミが，先入観を持って報道しがちです．

　たとえば，私が定年まで働いた会社には日本人の上司も部下もいましたが，彼らは Z 市に来ると，日本で見聞きした中国と全然違う，なんか想像と違う，と口をそろえて言いました．日本のマスコミは，中国の悪い点にフォーカスしがちですね．彼らは，実際に来てみたらそういうのがないというので驚いたわけです．同じことは中国のマスコミにも言えます．自国の良い点を報じ，良くない点はあまり報じない．反面，外国の良くない点は強調する場合がある．ただ，中国のマスコミは，実は日本のことをあまり報道しません．

　あまり先入観にとらわれない姿勢が大切です．そうすればお互いに理解が深まると思うんです．たとえば，中国人が日本への団体旅行を始めて22年ほどになりますが，日本に行った人は，帰ってきてみんな言いますね，いやー日本は良い，日本はすばらしい，日本は清潔，人が優しい，ルールを守る，サービスがいい，と．でも逆に，日本の良くないところはあまり見ていないようです．たとえばホームレス，あるいは泥棒．日本でひったくりを警察が追うのを見た人から「日本にもこんなことがあるの？」と聞かれました．日本は先進国だから，犯罪があるなんて思いもよらないんですね．

　中国に対しても，実際に来てみたらこんなにすばらしい，こんな立派な都市があるとは信じられないと．それと同じですよね．やっぱり客観的に，まず向こうに行ってみて，先入観を持たないで体験すれば，お互いに理解できます．最近，日本のマスコミは「中国の軍事脅迫」を過大に取り上げがちですが，中国の政府や国民は，外国に対して軍事脅迫をするという考え方を持っていませんので，それも知っていただければと思います．

3　"娘"と"息子"が揃うと"好"の字
——Yさんの物語——

　Yさんは，1985年生まれ．女性．

（1）生い立ち

両親も私も Z 市生まれです．私が生まれたのは改革開放が動き出した時期で，

写真1-1　豚の丸焼き（清明節の供え物）

2001年3月18日，広東省新会市，筆者撮影．

　両親は商いをしていて多忙でした．私は母方の祖母に育てられました．

　両親の商いは，ローストなど肉類加工品の製造販売です．清明節（二十四節気の一つで，春分の15日後．先祖の墓参をする習慣がある）のお供えにする豚の丸焼きとかですね．祭日の前や年末はお供えやごちそうの需要が増え，とくに多忙でした．私が中学2年生のころ，都市再開発の影響で，両親は他市に移転して事業を続けました．その後，家賃などコスト上昇のため10年ほどで撤退し，Z市に帰ってきました．今は引退して，孫の世話をしてくれています．両親は学歴が低かったので，腕一本で技能を頼りに働きました（写真1-1）．

（2）英語名について

　私の英語の名前は，大学生のときに自分でつけました．当時見た映画の影響です．仕事でも使っています．仕事では航空会社など国内外の人との接触もあり，英語名を使うことがほとんどですね．

　最初に英語名をつけてもらったのは小学校に入ったときで，英語の授業に必要ということでした．1992年から93年ですね．その後，この名前に少し手を加えて使い，さらにその後，「出会うものすべてを大切にし，自分の世界を大切にする人」になりたいという願いをこめて，今の英語名に変えました．

　最初の英語名がついた1990年代初めのころは，外国の事物に触れる機会が増えた時期でした．同級生にも英語名を使う子がたくさんいました．当時，親御さんが外資企業にお勤めのお友だちは，英語名がありました．90年代のZ市に

は外資企業が入ってきて，外国の製品はたくさんありましたが，私の両親は自営業で，国外のものに触れる環境とは無縁でした．

（3）進路，キャリア①──就職，転職──

　大学ではマーケティングを専攻しました．出願のとき，志望校と専攻を5つ書きます．女子なので，会計とかマーケティングが選択肢でした．でも，家族が会計に明るくなかったので，会計を学ぶと将来有望だということも知らず，マーケティングを選びました．当時，マーケティングというと，年配の世代には耳新しい言葉だったようです．父方の祖母に「マーケティング（中国語は「市場営銷」）を勉強したら，将来は市場で働くのかい」と聞かれました．「違うよ」と答え，マーケティングとは何か説明しましたけど．

　2008年に大学を卒業すると，最初はS市に住む親戚の会社に入り，インターン期間を含めて7ヵ月ほど働きました．そこは韓国とのビジネスをしようとしていましたが，働くうちに思っていたのとは違うと感じ，退社しました．

　退社後，Z市に戻り，改めて仕事を探しました．既卒者なので，大卒見込み者の採用とは別枠です．新卒者の就活は，どの大学でも学内で説明会などが開かれ，一括採用のかたちですが，転職活動だと既卒者どうしの競争になります．私は大卒後1年未満だったので実務経験が十分とは言えず，壁にぶつかることもありました．半年ほど転職活動を続け，玩具メーカーに入社が決まりました．省内ではまあまあ名のある企業です．

　私の仕事はデータ処理・伝票処理でした．この会社で働くうちに，自分の将来の方向性とは違うように感じ始めました．もやもやした気持ちを抱きつつ，何となく応募してみた旅行会社から，面接の連絡が来ました．面接は幸いうまくいき，2019年に旅行業界に入ったんです．

　前職では顧客と接することがなく，オフィスで伝票のデータ処理ばかりでしたから，環境を変えたかったんですが，ご縁があったのだと思います．私は縁を信じていますよ．でも，幸い旅行業界に入ったのに，その後離れてしまいました．コロナ禍のためです．旅行業界は大打撃を受け，私の会社も苦しくなりました．1年ほどして，私は考えました．業種を問わず，どこでも必要な職種は何だろう，と．これが私の転機だったかもしれません．女性ですし，事務職の総務はどうかと思い至りました．それで，2021年に総務職に転身しました．

　最初は友人の会社に入れてもらいました．総務は未経験ですし，子どももい

ましたから，友人には「社会保険にだけ加入させてくれれば十分」と頼みました．ここでありがたくも経験を積ませてもらった上，「就活をしていいよ，良い会社があれば移っていいよ」と言ってもらいました．そんなわけで今の会社に転職し，総務を担当しています．昨日がちょうど入社 3 カ月目でした．

（4）進路，キャリア②──総務という仕事──

とは言え，総務という仕事を，私はあまりわかっていなかったかもしれません．今の私の理解では，総務とは会社全体の後方支援業務です．勤怠管理，オフィスの設備の配置，社員の档案（個人の身上調書．経歴・賞罰・行状・所属政党などを記す）の管理．それから何かな．そう，社長と社員の意思疎通の橋渡し．事務用品など消耗品の管理．顧客来訪時の接待．それに，会社の規定類の管理と編纂．あとは，新年や祭日に配る品物の購入とか．大企業ではもっと細分化されているでしょうけど，小さい会社では何でも総務の担当ですね．この会社は雑多な用事も多いですが，ここでは成長できていると思います．

仕事をしていて嫌なことやつらいことは，どこにいても必ずあります．でも，楽しいこともありますね．この会社では，人に恵まれています．入社以来，社長やXさんに指導していただき，徐々に成長していると感じます．勉強を続け，いずれ，大学で企業管理を専攻した人とも競争できるようになりたいです．

（5）家庭を築く①──出産をめぐる波乱万丈──

私は妹と 2 人姉妹です．両親は一人っ子政策に違反したんですね．私自身も，子どもは 2 人，息子と娘がいます．伝統的には男の子が喜ばれますが，私は娘が欲しかったんです．ちょうど政策が緩和され，2016年に第二子出産が全面解禁になりました．それで第二子の出産に踏み切り，幸い娘を授かりました．

第二子出産の解禁以来，みんなの話題は「いつ第二子を産むか」で持ち切りでした．とくに娘さんのいるご家庭は，祖父母世代が次は息子をと期待したでしょう．私たちは逆で，「娘が欲しい．授かれば50%の確率だけど，授からないことには決して実現しない」と考え，50%に賭けてみたんです．

出生前の性別鑑定は，男尊女卑傾向を助長するなどの理由で禁止です．でも，私は私立の病院に行き，性別を教えてもらいました．幸い，女の子でした．直接にではなく，「スカートとズボン，どちらを用意しましょうね」なんて遠回しに言われるんです．これって中国の政策の結果ですよね．親戚がニュージー

ランドにいますが，あちらでは性別が判明したら普通に教えてくれるそうです．私が払った額は500元で，安いほうでしたが，金額はいろいろだと思います．超音波検査のお医者さんと知り合いだったりすれば，また違うでしょうね．

　女の子だとわかったときは，それは嬉しかったです．願いがかなったことはもちろん，「娘」と「息子」が揃うと「好」の字になって，縁起がいいでしょ[7]．

　夫は一人っ子で，子どもは複数いる方がいいという考えです．親の老後の世話を考えると，自分の身に照らしても，1人では負担が大きすぎると言います．私としては，子どもが2人いると，親の手のかけ方がどうしても全く同じとはいかず，平等に育てられるかどうかが気がかりです．

（6）家庭を築く②──子育てにフル回転──

　上の息子は，今年小学校に入ります．下の娘は2歳9カ月で，今日から幼稚園に入りました．働きながら2人の子どもを育てるのは，もう忙しくていっぱいいっぱいです．子どもたちが寝てからが，ようやく自分の時間ですね．

　でも，私は恵まれています．両親が子どもを見てくれますから，おかげで私が仕事に出て，多少なりとも家計を助けられます．両親は歳を取りましたが，今のところ介護の心配もなく，ありがたい限りです．

　ただ，国の状況は，託児施設などを利用して自力で子育てできるようにはなっていません．Xさんの時代は，つまり60〜70年代に生まれた子どもは，親の職場に託児所があって，そこに預けられたそうですね．親戚の人から聞きましたが，当時は子どもを職場に連れていけたそうです．職場の託児所に預けて，専従の人が世話してくれたと．今はそうではなく，保育施設は不足しています．

　出生率は政府の予想に達しなかったようで，近年はもっと産みなさいという方向に政策が次々変わっていますね．2019年か2020年に，3人産んでもよくなりました[8]．でもそうなると，私たち女性の負担が増え，マイナスの影響が出ると思います．託児などの政府のリソースはまるで足りないし，民間の託児サービスはありますが，公立にくらべて値段が高く，2倍から5倍ほどもします．

　実際，子どもは1人か，せいぜい2人で十分という人は多いですよ．「90後」（1990年代生まれの世代）の人たちだと，そもそも子どもは要らないという傾向もあります．「00後」（2000年代生まれの世代）もそろそろ社会に出るころですが，結婚からして重荷でしょうね．周囲から「結婚はいつ」と急かされ，結婚すれば「子どもは」と言われ，子どもを持てば「2人目は」と聞かれて．

　親戚や友人との雑談で，冗談交じりに「3 人目どうする？」という話題は出ますよ．ただ私自身は，仮に最初の子が娘だったら，2 人目は考えなかったと思います．経済的にも精神的にも，負担がとにかく大きいですもの．

（7）家庭を築く③──住まい，子どもの就学──

　結婚したとき，親が一部援助してくれ，私たちも貯金して，最初の住まいを購入しました．夫の両親と同居したんです．その後，私が出産して 2 年後に，別居して私たちだけで住み始めました．ただ，そこは私の両親の家まで 1 時間ほどかかり，子どもを預かってもらうのが大変でした．夫に「私の親の近くに住めるようにがんばってみない？」と相談して，2017年に 2 軒目を買いました．今は 2 軒分のローン返済があり，かなりの負担です．

　私たち「80後」（1980年代生まれの世代）は，安定した職業に就けば住宅手当や積立金などの福利もあり，2 軒目の家を持つ世帯は多いです．でも，前は住宅の購入はもっと自由にできました．2000年ごろは購入に上限がなく，お金があれば，またはローンを組めれば，何軒でも買えました．たしか2008年ごろからだったと思いますが，購入規制が始まりました．不動産価格の上昇を抑えるためですね．今は，たとえ 3 軒目を買う経済力があっても買えません．ふだん住むための物件は，夫婦の名義での所有は 2 軒が上限です（別荘などは購入可）．

　住まいといえば，これも子ども関連ですけど，政策の規定で，居住する不動産と小学校の学区が紐づけられています．住まいのある学区の小学校に入学しなければならず，希望の学校を選ぶことはできません．そうなると，親としては，ありったけの知恵を絞って何とかしようとします．たとえば，子どもを入れたい学校の学区に家を買う．または，何とかして……，ええ，私自身，経験者ですから．または，祖父母の名義で家を買ってもらうとか，祖父母の家と自分たちの家を交換するとか．すべては，子どもをいい学校に入れるためです．

　新しい政策が出れば，また新たな規制が増えます．今は，住まいの物件は夫婦（児童の両親）の名義でなければならないという規定です．児童の両親名義の物件だけが対象になり，祖父母やおじ・おばなどの名義は不可だそうです．この先まだ娘が小学校に入るので，私は情報のチェックを怠りません．

　この政策ね，いま検討中らしいんですが，就学の公平性を図るとかで，住まいと学区の紐づけを廃止して抽選制になるかもしれないそうです．抽選で当たった学校に入学しなければならず，住まいと関係がなくなります．これは，

親としてはたいへん心配です．くじという偶然の結果，子どもがレベルの低い学校に入らされるかもしれないんですから，影響は計り知れません．

　そうですか，住む場所と学区の問題は，日本にもあるんですね．ただ，こちらは人口が多いし，それに発展の期間が短いせいか，政策も走りながら試してみるような感じで，頻繁に政策が変わる気がします．長期的な計画がないぶん，私たち親が対処すべきことは多いですね．

　私の親のことを思い返すと，仕事が忙しくて子どもに構わず，私は自分で何とかせざるを得ませんでした．インターネットのない時代で，先生から親への連絡や指示もほとんどなかったですね．今は，WeChat（LINEに相当する中国のメッセンジャーアプリ）のグループで幼稚園の先生から絶えず連絡が来ます．必要な時は個別にチャットします．グループ経由の情報は重要です．会社，学校時代の友人，趣味，教育関連など，いろんなグループに入っていますよ．

（8）ネットのある生活，趣味の生活

　いつごろからネットを使い始めたでしょう．大学時代は，携帯メールと写メールがありました．2013〜14年ごろにWeChatが広まりましたが，最初は音声メッセージが，文字入力不要で楽だということで人気でした．その後，QQも加わりました．QQは仕事で多く使います．シルバー世代の人たちは，WeChatで趣味の仲間や同窓生などと盛んに交流しています．便利で楽しそうですね．

　私は旅行が趣味です．上の息子が数カ月のときから，近隣の温泉地などに連れて行きました．海外にも行きましたよ．日本の沖縄，タイのバンコク，カンボジアのアンコールワット，マレーシアのサラワク．息子は小さいころから一緒に旅行していました．気になるのは，下の娘にはコロナ禍のため旅行を経験させてやれないことです．認知や感覚などの成長に支障がないかと心配です．

　結婚前は，私の趣味もいろいろありました．ネットショッピングに映画，ジム通い．でも今は，そんな余力はとてもありません．毎日，時間が飛ぶように過ぎ，すぐに次の朝が来ます．日本には，お子さんが十何人もいるご家庭があるそうですね．そういう親御さんは，つくづく尊敬します．

おわりに

　お二人の物語は，この40年ほどの間に改革開放政策がもたらした社会変動を，

細部においてよく反映している．Xさんが学んだB大学は，前身を含めると100年以上の歴史を持つ名門である．そこに1979年になって日本語専攻が新設されたのは，改革開放政策の要請に迅速に呼応したものであろう．大学が「翻訳機械みたいな人の製造工場のよう」だったというXさんの回想は，人材養成を急ぐ改革開放初期の現場の様子を鋭くとらえている．

　改革開放政策の実施により，従来の制度の多くが根底から変化した．労働市場が形成され，大卒の求職者と採用側企業の双方が選択を行うようになった．不動産市場も生まれ，住宅は個人が選んで買うものになった．Xさんはこれら変化の前と後をともに経験し，Yさんは変化後の時代を生きている．

　お二人の物語からは，レジャーとしての旅行市場の形成も確認できる．Xさんの家族が東京を訪れたのは海外への旅行が解禁される前で，「親族訪問」の手続を踏んでの渡航だった．他方Yさんにとって，旅行は所与の趣味であり，子どもにも教育上体験させたい大切な活動である．Xさんに視点を戻すと，彼の転職先はレジャー産業の性格を持つ．教員から転身して勤め上げたXさんが「性格的にサービス業に向いている」と自身を振り返る言葉は味わい深い．

　Yさんは，小学校入学と同時に英語名を得た．地域に外資企業の進出が増えた時期のことで，それはXさんに日系企業への転職の機会が訪れたときと重なる．大学卒業後のYさんのキャリアの変遷には苦労がしのばれ，コロナ禍の影響も加わった．また，彼女が家庭を日々切り盛りする奮闘ぶりは切実である．出産・育児・教育をめぐる彼女の悩みや所感には，日本の子育て世代のそれと共通する点が実に多い．他方，改革開放前の手厚い子育て支援（職場付設の託児所）は，Yさんにとって「話に聞いた」ある種の夢物語となってしまった．改革開放時代に浸透した競争と効率化が高福祉を淘汰した，皮肉な結果と言えよう．

　総じて，改革開放政策は個人にとって機会や選択の幅を広げ，かなりの程度の自己決定権をもたらした．[9]だが，それは競争の激化をも意味する．世の中が変貌するスピードに合わせて個人も絶えず時代に適応し，変わらなければならない，そのような緊張感が伝わってくる．Xさんは，新旧の両時代で，自身の意思によらない事態に直面しつつ，高い適応力を発揮してきた．Yさんも，頻繁に変わる政策に即応する意識を持ち，情報収集を怠らずに日々を送っている．

　Xさんは，いみじくも「自分の体験は，日本の大学生はもちろん，中国の若い人たちにもわからないだろう」と語る．それほどの激変がわずか四半世紀ほどの間に生じ，人生体験を異にする各世代が同じ社会に共存し同時代を生きているのが，2022年の中国のリアルな実態である．

Column 1

改革開放政策

改革開放政策は，1978年12月に中国共産党第11期３中全会で実施が決まった．「国内経済を改革し，資本主義の経済先進国に門戸を開放する」方式で経済発展を図る政策で，それまでの計画経済体制からの大きな転換である．

中華人民共和国の成立（1949年）後，中国共産党はソ連を手本に社会主義の国家建設を進めた．計画経済はその中枢である．国が資源を計画的に配分·活用し，生産計画も国が立案して，各部門・企業は国の指令に従い生産を行う．農業生産の集団化，産業の国営企業化，私企業や商店の公私合営化が進められた．また，貧富の格差を認めない平等主義が徹底された．人々は，都市では職場，農村では合作社（1958年以降は人民公社）に所属し，都市住民には賃金のほか食糧・生活物資・住宅・教育・医療・年金など生存に必要な一切を国家が所属経由で支給した．所属を離れて生存する方法はほぼなく，国家と個人の間には「統治－依存」の関係が生じた．戸籍制度もこの時期に作られた．

計画経済には，効率が低い，人々の意欲を削ぐなどの欠点があった．この時期には，経済発展は革命をしっかり成すことを通じて実現しようという政治優先の方針が採られ，資本主義的な政策は拒まれた．改革開放政策の実施は，1976年に文化大革命（Column 2）が終わり，鄧小平が復権してからである．

改革は農村で始まり，農業生産の請負制が導入された．国への上納分を超える収穫は生産者世帯が自由にしてよい制度で，生産者のやる気を刺激して生産は向上した．農産物の自由市場が出現し，政府が農産物を統一価格で買い付ける制度はのちに廃止された．都市経済の改革では，国が計画し命令する指令性計画を減らし，商品価格を市場にゆだねる範囲を徐々に拡大した．対外開放政策としては，深圳など南部の４都市に輸出加工基地「経済特区」をもうけた．外国企業の投資を促し，加工輸出で外貨収入を得るとともに，外国の先進的な設備・技術・ノウハウを導入することが期待された．

1992年，改革開放政策は新たな段階に入った．社会主義市場経済への移行である．２月，鄧小平は市場経済を強く推す談話（南巡講話）を行い，10月の第14回共産党大会で社会主義市場経済を目指すことが正式に打ち出された．社会主義を堅持しつつ市場経済を導入するという国家運営プランは，世界に前例がな

かったが，これ以降，個人経営や私営企業（非公有制経済）を含む多様な主体が経済成長に貢献した．国有企業の株式会社化（所有制改革）も断行された．反面，投機の流行，株価や不動産価格の高騰，地方政府の乱開発競争など，経済の過熱が生じた．

　市場経済化が進むと，個人にとっては多くのものが国の支給から自己負担に，低額負担から高額負担に変わった．商品化の進展により「好きなものを選び」「対価を払い」「手に入れる」ことが標準となり，つまり選択の自由が生まれたが，対価を払う経済的負担は増大した．選ぶ自由の到来とともに，「選んでもらう」競争も激化した．企業のリストラに遭う人，都市で出稼ぎする農民工など，社会の中で厳しい立場に置かれる人々も増え，経済格差が深刻化した．

　1978年に384.7元だった中国の1人当たりGDP（国内総生産）は，2000年に7942.1元，2020年には7万1999元に上昇した．2010年，中国はGDPで世界第2位になり，2015年にはハイテク産業で世界を主導する計画「中国製造2025」を打ち出すなど，中国の経済発展政策はステージを移しつつ現在も続く．改革開放政策はその起点であり，開始から40年余りを経てなお中国の経済政策の根幹である．

（日野　みどり）

第 2 章

中国人は日本をどう見ているのか？
──中国人の日本観における二重構造とその変化──

俞　　敏　浩

は じ め に

　中国人は日本をどう見ているのか？　根強い反日感情をもっているに違いないと考える読者は多いのではないだろうか．一方，コロナ禍以前，毎年数百万人の中国人観光客が日本を訪れ，大量の買い物（爆買い）をしていた光景を覚えている人も多いだろう．また中国にある程度詳しい人なら，中国の若者の間では日本の漫画やアニメが絶大な人気を誇っており，コスプレに興じる人も急増していることは，もはや旧聞に属する話であろう．こうした訪日観光客の規模や日本発のサブカルチャーの流行だけ見た場合，中国人はとても反日感情で凝り固まっているようには見えないのではないだろうか．

　筆者は中国人の日本観は「情緒的」（Emotional）な一面と「現実的」（Pragmatic）な一面からなる二重構造によって特徴づけられると考える．「情緒的」な日本観は近代以来の日中関係の不幸な歴史に強く規定されたもので，中国を侵略し，数々の蛮行を働いた加害者としての日本像を引きずる．「歴史的に中国文化の恩恵を受けてきた国に蹂躙された」と考えるがゆえに，「憤懣」「警戒」「軽蔑」などの感情が中国人の日本観の根底にない交ぜになっているのである．本文ではこれを「情緒的」な日本観と称する．「情緒的」な日本観は歴史認識問題における日本側の出方次第で増幅したり減退したりもする．他方で，「現実的」な日本観は，文字通り，ありのままの日本，現実の日本に対する認識であるが，そこには往々にして中国人が欲する何かしらの即物的なメリットに対する期待が込められる場合が多く，「役に立つ」日本，「憧れる」日本，または「消費対象」としての日本像がより鮮明となってくる．こうした日本像は理性的かつ実務的で，時には戦略的でもある．

　中国人の日本観は固定不変なものではなく，時代の変化に伴いその中身は変貌を遂げてきた．本章では改革開放政策（Column 1）以来の中国人の日本観が

どのように変化してきたかを解説すると同時に，中国人の日本観というユニークな切り口からここ40年来の中国社会の変動を時系列に沿って描くことを目的とする．

　もっとも，中国人の日本観を論じることは簡単ではない．広大な国土と巨大な人口規模の上に成り立つ社会の多様性と多層性，体制移行期特有の社会変動の激しさに加えて信頼できるデータの欠如などが中国人の日本観を客観的に論じることを困難にさせる．さらに，中国人の日本観は日中関係の歴史，中国の政治情勢と経済発展段階，歴史教育，文化的要素，日中関係の状況，突発的な事件など多種多様な要因によって形成されるものであり，こうした中国人の対日観を規定するあらゆる要因を客観的なデータに基づいて，バランスよく説明することは本章の限られた紙幅では到底カバーできるものではない．本章は中国人の日本観の変化を通じて中国社会の変貌を説明することに主眼を置くため，中国人の日本観を形成する社会的条件にとりわけ注目しながら，改革開放期以来の中国人の日本観の変遷過程の基本的特徴を浮き彫りにする．

1　1980年代の中国人の日本観

　1980年代の日中関係は「蜜月期」といわれるほど良好であった．改革開放政策を打ち出したばかりの中国政府は日本を近代化モデルとみなし，日本との緊密な協力関係を通じて経済発展を促進する方針であった．日本政府と経済界もそれに好意的に応じ，政府開発援助（ODA）の供与や政策・技術面のノウハウの伝授を通じて，中国の近代化を支援した．中国の研究者の間では日本経済研究が花形の学問となり，産業部門では日本の産業政策や品質管理に対する関心が高まった．中国人の日本留学は当初公費派遣に限定されていたため，小規模であったが，1980年代半ばから私費留学も認められるに伴い，日本留学ブームに火が点いた．1988年には中国の若者数百人が上海の日本領事館前に徹夜で並び，日本入国ビザの発給を求めて殺到したいわゆる「ビザ騒動」が日本のメディアで大きく取り上げられるほどであった（坪井，2006：4）．

　他方，日本の映画，テレビドラマ，アニメが中国で放映されるようになり，瞬く間に毛沢東時代（Column 2）の思想統制の下で文化的生活に飢えていた中国人の心をつかんだ．当時中国で放映された映画「君よ憤怒の河を渉れ」の主演・高倉健と中野良子，そして連続テレビドラマ「赤いシリーズ」の主演・山

口百恵らが中国でもっとも有名な日本人としての地位を不動にするほど，日本の映像作品は中国人を魅了した．また日本の松下，東芝，トヨタなど有名ブランドの電気製品や自動車が密輸ルートを含めて中国に輸入され，飛ぶように売れた．中国のメディアが日本を報道する際も，歴史認識問題を除けばおおむね肯定的かつ友好的なイメージを描いていた（崔，2011：58）．日本の映画・ドラマが描く日本社会，高品質な日本製品，メディアの好意的な報道の影響のもとで，中国では経済大国・技術大国の日本像が形成され，豊かで近代的な日本社会のイメージが中国人の脳裏に焼き付いた．

　ただ，こうした「現実的」な日本像は，この時期中国人の対日観のすべてを表すものではなかった．「現実的」な日本像が前面に出ていたとはいえ，中国人の対日観における「情緒的」な一面が消え去ったわけではないのである．

　それまで中国では日中戦争（中国では抗日戦争という）における中国共産党の輝かしい功績をたたえる映画や文学作品が多く創作されたが，そこで登場する日本人の役柄とは決まって残虐な（時には滑稽な）軍人であった．カーキ色の軍服を着て，ちょび髭をはやし，軍刀を腰から吊り下げ，「バカヤロー」を連呼しながら，殺戮，強奪を繰り返す．情報が極めて限られた時代に，映画は数少ない娯楽手段であっただけに，こうして作られた日本人のイメージは中国人の脳裏に焼き付き，一朝一夕に消えるものではない．加えて，この時代には日中戦争を経験した世代が多く生きており，戦争の記憶が依然生々しいところがあった．

　それでも1970年代までの歴史教育と宣伝は日本軍の残虐性を強調すること自体が目的ではなく，残忍な侵略者を打ち負かした中国共産党の指導と共産党の指導の下での中国軍民の勝利をたたえることに主眼があった．しかし改革開放政策が本格的に始まり，国際社会との接点が増えるに伴い，国民の中には海外の先進的な経済や文化に憧れ，国内体制に批判的になるなど，共産党指導部からの離心傾向が強まったのである．人々の愛国心をくすぐり，政府の求心力を高めるための一つの手段として，中国政府は列強により被った被害と挫折を強調する近代史教育と宣伝に力を入れるようになるが，その「屈辱の近代史」のクライマックスとなるのが日本による侵略であった．

　このような背景もあり，1980年代から中国では抗日戦争関連研究が強化されはじめ，日本の侵略が中国にもたらした被害を強調する動きがすでに始まっていた．[2] 中国の代表的な日中戦争関連の記念館である南京大虐殺記念館と中国人

民抗日戦争記念館が相次いで開館し，中学歴史教科書における「南京事件」に
関する表記が「南京陥落」から「南京大虐殺」に改められたのもこの時期であ
る（王，2010：32）．

　かくして，1970年代まですでに形成されていた残虐な日本軍人のイメージ，
戦争を経験した世帯の記憶，歴史教育と宣伝の相乗効果により中国人の意識の
中では強い被害者意識が芽生えることとなった．近代化モデルとしての日本に
対する驚嘆と羨望のまなざしの奥にはこうした「情緒的」な一面も横たわって
いたのである．とはいえ，前述したように1980年代は「現実的」な日本観が前
面に出ていた時期であったため，「情緒的」な日本観には抑制が利いていた．

2　1990年代の中国人の日本観

　冷戦終結とともに幕開けした1990年代はグローバル化の波がかつてなく高
まった時代であった．1980年代以来改革開放政策を実施してきた中国政府はグ
ローバル化の潮流に順応するかたちで経済成長を促進する戦略的決断を下し，
1992年に社会主義市場経済体制への移行を宣言した．社会主義市場経済体制へ
の移行に伴い，中国経済の対外開放も急ピッチで進んだ．「接軌」（世界共通の基
準に合わせるという意味）がキャッチフレーズとなり，市場経済の慣行に一致す
る方向へ国内経済改革が進められた．各地では外国直接投資の誘致合戦が繰り
広げられ，日本をはじめ欧米諸国，韓国，台湾，香港，東南アジア諸国の企業
が中国に殺到して，中国の現地企業と合弁会社を設立したり，または単独出資
の会社を設立したりした．こうした外資系企業は中国の対外貿易の半分以上を
担い，高度経済成長の重要な牽引力となった．海外事情に明るい人材育成を促
進するために，自費留学に関する規制も大きく緩和された．「支持留学，鼓励
回国，来去自由」（留学を支持し，帰国を奨励し，往来を自由にする）という留学政策
のもと，都市部の若者を中心に海外留学ブームが巻き起こった（孟，2018：10）．

　しかしすでに述べたように，対外開放が進み，中国社会と海外との交流が増
えていけば，海外の先進的な経済・政治システム，豊かで洗練されたライフス
タイルへの憧れの気持ちも自ずと膨らむ．またその裏返しとして自国の将来に
対する自信喪失や，国内体制に対する不満，ひいては共産党の支配に対する異
議申し出も広がりかねない．対外開放政策を推進しながらも共産党政府の求心
力を維持し，国内安定を保つために，中国政府がこの時期にとりわけ力を入れ

たのが愛国主義教育（Column 3 ）とプロパガンダであった.

　愛国主義教育は前述したように1980年代にすでに始まっていたが, 1990年代に入ってからは中国の対外開放政策の深化と比例するかたちで強化された. 愛国主義教育の一環として, 中国の学生たちは教科書を通じて列強に虐げられた自国の「屈辱の近代史」について詳細に学んだだけでなく, 前述した抗日戦争記念館のような近現代史関連の資料館, 記念館, 史跡の見学を通じて,「屈辱の近代史」を頭に叩き込まれたのである.

　中国人の対外観に学校教育に勝るとも劣らない影響を及ぼしたのが映画やメディアであった. 社会主義市場経済体制の下で中国のメディアは商業化が進み, 視聴率稼ぎや購読者拡大が死活的な問題となる一方, 政府の管理を受ける状況には変わりなく, 政府に都合の悪い報道や番組は規制対象となった. ただ, メディアがより多くの視聴者や読者を獲得するためにセンセーショナルな報道や番組作りに走りやすいことは各国に共通する特徴であるし, 中国メディアも例外ではない. むしろ中国メディアは報道の自由が限られているがゆえに, 許される範囲内ではより集中的に報道合戦を行う傾向がある. おりしも1990年代は日本の侵略戦争や植民地支配の歴史をどう認識し, 反省するかという歴史認識問題をめぐる応酬が日本と中国の間でエスカレートした時期であった. 中国のメディアにとって日中戦争や歴史認識問題は視聴者の感情に訴えやすく, センセーショナルな報道や番組作りに適し, しかも政治的に許される数少ないテーマの一つであった. こうして1990年代の中国のメディアは一部の日本の政治家の歴史認識を批判する記事で溢れかえり, 銀幕には日中戦争を題材とした作品が急増した. [3]

　学校での教育, メディアの報道, 映画やテレビ番組の相乗効果により, 1990年代の中国人の日本観は日中戦争の記憶によって大きく支配されるものとなった. 1996年中国の大手新聞社『中国青年報』が実施した青年読者の日本観に対する調査結果によると,「20世紀の日本を代表する人物」として中国人が選んだ人物の中で上位を占めたのは「東条英機」,「山本五十六」であった. また「日本という言葉を聞いて何を連想するか」の質問に対して, もっとも多かった回答が「南京大虐殺」と「日本軍人と抗日戦争」であった. 翌年『朝日新聞』と中国人民大学輿論研究所が共同実施した世論調査の結果でも, 同様の質問に対していちばん多かった回答が「東条英機」であった（魯, 2014：56-57）.

　こうして過去の戦争と犠牲に対する記憶の再生産と増幅により, 1990年代の

中国人の日本観は「情緒的」な一面が支配的となった．前述の『中国青年報』の調査では，93.3％の回答者が「侵略戦争に対する日本の態度は中日関係に影響を及ぼす最大たる障害である」と答え，「日本の一部の右翼勢力が侵略の歴史を美化することを到底受け入れることができない」と答えた回答者は97.4％に達した．

　とはいえ，この時期の中国人の日本観が「情緒的」な一面によってのみ規定されたわけでもない．中国の市場経済体制への移行が明確になると，日本企業の中国進出にも拍車がかかり，90年代を通して日中間の経済的相互依存関係が急速に進んだ．バブル崩壊後とはいえ，円高の影響でドルベースの日本の経済規模は拡大し続けており，1980年代に中国人が形成した経済大国，技術大国の日本のイメージは揺らぐことはなかった．

　たとえば，1990年代に行われた中国人の日本観に対する複数の世論調査では，「裕福」，「近代的」，「発展」，「繁栄」などのイメージが常に上位にランクした（魯，2014：56）．また『中国青年報』が1995年実施した青年読者に対する調査では，「もっとも裕福な国はどの国か」との質問に対して，80.6％の回答者が日本を選び，アメリカ（同58.4％）とスイス（同47.4％）を大きく引き離していた（劉・畢，1995：38）．家電製品やカメラ，自動車に代表される日本製の商品は相変わらず高品質の代名詞として中国の消費者のなかで絶大な人気を誇っていた．

　日本の経済的プレゼンスの大きさが注目されたほか，日本の大衆文化も引き続き根強い人気を誇った．日本漫画ブームは中国政府の海賊版取り締まり強化により一時下火になったが，1997年からアニメ「スラムダンク」，「名探偵コナン」などが放送され，若者を中心に爆発的な人気を博した．1980年代に中国のお茶の間を占拠した日本のテレビドラマも1990年代後半に捲土重来し，1995年に上海テレビ放送局でオンエアされた「東京ラブストーリー」が日本のトレンディドラマの人気に火を点けた（呉，2010）．村上春樹の『ノルウェイの森』や渡辺淳一の『失楽園』などの日本の文学作品が中国語に翻訳され一世を風靡したのもこの時期である．ただ，1980年代に日本の映画・ドラマ・アニメが中国のほとんどの世代に受け入れられたことと対照的に，1990年代の日本の大衆文化の人気はおもに若年層に限定されていたといえそうである．このように愛国主義教育を受け，さまざまな世論調査で極めて「情緒的」な日本観を示した中国の若者が同時に日本の大衆文化に熱中する現象をどう理解すべきなのか．

　中国では国民1人ひとりが国家の主人公としての意識を持つよう，中国政府

が描く画一的な国家観に基づいた政治教育が（愛国主義教育もその一環）長年行われ，個性の尊重や豊かな感性の育成など人間の私的な部分に触れる教育は比較的に貧弱であった．文芸作品も説教調のものが多く，人間の感性に訴えながら，異なる年齢層のニーズを満たす文化産業は未発達であった．1990年代市場経済が浸透し，住民の生活水準が向上するに伴い，多様なライフスタイルと都会的なセンスに魅力を感じる人々が増えたが，中国国内の文化産業が未発達であったために，彼らのニーズに応えることができなかった．自然と彼らの目が向かったのが日本やアメリカの映画，アニメ，ドラマであったのである．

　このように1990年代は中国人の日本観における「情緒的」な一面が支配的であったが，経済交流や文化交流を通じて形成される「現実的」な一面も控えめながら，中国人の対日観の底流をなしていた．

3　2000年代の中国人の日本観

　1990年代から高度成長軌道に乗った中国経済は2000年代に入ってさらなる好景気に包まれた．2001年のWTO加盟後，製造業の生産基地と輸出基地としての魅力が一層高まったこと，そして中間層の台頭により国内マーケットが拡大したことにより，中国は各国の企業を磁石のように吸い寄せた．1990年代の選択と集中の構造改革を乗り越えた国有企業が競争力をつけるようになり，市場経済の試練を勝ち抜いた民間の有力企業も多数台頭した．こうした好循環に恵まれて中国経済は年平均10％を超える成長率をキープし，国内総生産（GDP）が2005年，2006年，2007年にフランス，イギリス，ドイツを次々と追い越した．2007～2008年のリーマンショックに端を発した世界経済危機により先進諸国の経済が軒並み不況に陥るなか，中国経済の一人勝ちの様相がより鮮明となった．そして2010年には中国のGDPがついに日本を超え，アメリカに次ぐ世界二位の経済大国となったのである．中国経済が急成長を遂げるなか，中国人の間では伝統文化に対する肯定的な評価が強まり，西側諸国を痛烈に批判した書籍『不機嫌な中国』（宋・王・宋ほか，2009）がベストセラーになるなど，ナショナリズムがかつてない高まりを見せた．

　他方，中国経済の急速な台頭は日中関係にも影響を及ぼさざるを得なかった．これまで日中間には歴史認識問題をめぐってたびたび摩擦が起こったが，1990年代までは基本的に日本側が中国の国民感情に配慮しながら問題解決を図るこ

とが多かった．しかし2000年代に入ってから，日本国内には「歴史認識問題疲れ」現象が現れ，これ以上歴史認識問題において中国側に配慮することをやめるべきとの意見が強まった．また一部の日本人の歴史認識に過ぎない問題に中国が頑なに固執するのは，歴史問題を政治利用する意図があるからだという理解が広まった．こうした日本における歴史認識問題をめぐるナショナリズムの高まりを背景に，小泉純一郎総理は2001年からほぼ毎年靖国神社参拝を断行した．日本の総理大臣による靖国神社参拝は1980年代半ば以来日中関係の懸案となっており，中国では日本が過去の歴史を反省しないいちばん明白な証拠として認識されている．したがって，中国人が激しく反発したことは言うまでもない．しかも中国人の怒りは波が壁にぶつかって水位が上昇するがごとくかつてない高まりを見せた．

　ナショナリズムの高揚，そして靖国神社参拝問題に集中的に代表される日中間の歴史認識問題をめぐる論争の再燃に加えて，2000年代に中国がネット社会に突入したことも中国人の「情緒的」な日本観をエスカレートさせた．インターネット上の議論はその匿名性のゆえに本来過激化しやすいが，この時期中国のインターネット上の議論はとりわけ感情的で過熱しやすかった．表現や言論に対する統制が厳しい社会で長年溜めてきたエネルギーがようやくインターネットというはけ口を見つけて噴出したと言えばわかりやすいだろうか．情報リテラシーが不十分なままインターネット上の過激な言論に接するとその影響を受けやすい．こうしたインターネット上と現実の相乗効果もあって中国人の「情緒的」な日本観は2000年代半ばにはピークに達し，日中関係にも大きなダメージをもたらすこととなった．

　たとえば，2003年北京―上海高速道路建設計画に日本の新幹線技術導入が有力との情報が流れると，中国のインターネット上では反対する署名活動が行われ，8日間で8万人余の署名が集まった（清水，2006：113）．結局中国政府は新幹線技術を一部導入したものの，それをベースにした独自技術開発を行ったという説を貫いた．しかし日本側から見れば日本の誇る新幹線技術の盗用にほかならず，この問題は長く日本人の中国観にしこりを残すこととなった．2005年には日本の国連安保理常任理事国入り問題に反対する大規模な署名運動が中国のインターネット上で展開された．ネット上の署名運動はすぐに街頭デモに発展し，一部の地域では日系スーパーが暴徒により襲撃される事態まで発生した．運動のスローガンは日本の国連安保理常任理事国入り反対に留まらず，靖国参

拝，教科書など歴史認識問題，日本商品排斥，尖閣問題など，日中間のあらゆる争点にわたり，激しい日本批判が巻き起こった（清水，2006：52-53）．

　このように2000年代の中国人の「情緒的」な日本観は激しさを増したが，その背景には貧富の格差，腐敗の蔓延など社会問題の深刻化が人々の不満を強め，反日運動がこうした不満の捌け口を提供した側面もあった．

　実際，経済成長にアクセルがかかりすぎていたため，社会生活のさまざまな均衡が崩れ，政府の対策が後手に回ったことから，貧富の格差や腐敗問題のみならず，就職難，食品・薬品の安全，産業公害，医療・社会保障，高齢化など社会問題が噴出した．エネルギーと資源の利用効率，環境への負荷などの面で中国経済は極めて深刻な問題を抱えていることも認識され，持続可能な発展への関心が高まっていた．こうした社会問題を解決し，質の高い発展を実現するために，中国政府とエリートたちは先進諸国の経験を学ぶことに熱心に取り組んだ．日本も持続可能な発展モデルとみなされ，日本における都市と農村との均衡的発展，教育の普及，社会保障制度の整備，ごみ分別などの環境対策，公共危機管理などへの関心が高まったのもこの頃である．

　中国人の日本観における「現実的」な一面，すなわちバランスの取れた発展モデルとしての日本観は，日中関係の悪化に危機意識を高めた日中両国政府が関係改善に動き出した2006年以降より鮮明となった．この頃の中国の新聞紙では「近い将来，中国がGDPで日本を追い越すにしても，我々は日本に遠く及ばない．日本からもっと学ぼう」と訴える記事が多く現れた（道上，2010：153）．ナショナリスティックな論調で中国の「情緒的」な日本観の拡大に一役買った『環球時報』も「改革開放以来，中国が成し遂げた目覚ましい発展は国外の経験を謙虚に学習してきたことと密接に関連している．中国が今後も海外に学ぶ必要があることを認めるなら，日本を引き続き主要な学習対象の一つとすべきである．今こそ第三の日本学習ブームが必要だ」と主張する論説を掲載した（『環球時報』2009年1月7日）．

　こうしたトップダウンによって再構築された「現実的」な日本観は徐々に一般レベルでも浸透した．1990年代まで中国人が日本を訪れる場合は，公務員の公務旅行，ビジネスマンの商用旅行と留学目的に限定されており，観光目的は認められていなかった．2000年から段階的に団体客に対する旅行ビザが解禁され，2009年には富裕層に限定しながら個人旅行ビザが解禁されたことにより，観光目的で日本を訪れる中国人も2000年のおよそ4.5万人から2010年の83万人

強へと大幅に増加した（日本政府観光局）．日本を初めて訪れた中国人は日本の美しい景観，整然とした社会秩序，おもてなしに感銘を受け，これまで抱えていた日本と日本人のイメージとのギャップにショックを受ける人も少なくなかった．ストーリーの後半が北海道を舞台に展開する映画「狙った恋の落とし方」（中国名：非誠勿擾）が大ヒットし，映画を通じて北海道の美しい自然とユーモアと温かみのある日本人の登場人物に魅了された中国人の中で北海道旅行がブームとなったのも2000年代末のことであった．

4　2010年代の中国人の日本観

　日中関係は2000年代後半に一定程度改善したが，尖閣諸島（中国名：釣魚島）をめぐる対立によって再び悪化した．2010年9月に尖閣諸島付近で発生した中国漁船と海上保安庁巡視船との衝突事件は日本人に衝撃を与え，2012年9月の日本政府による尖閣諸島国有化決定は中国人の激しい反発を引き起こした．2013年12月には安倍晋三総理が小泉純一郎の靖国参拝以来，総理大臣として7年ぶりに靖国神社を参拝し，それに対して中国政府が諸外国を巻き込んだ宣伝戦によって対抗したため，日中関係は一時期国交正常化以来の最悪の状態に陥った．

　日本では尖閣問題と歴史認識問題は別々の問題として理解されているが，中国では関連付けて認識される傾向がある．中国人から見れば，尖閣諸島は中国が弱ったときに日本が奪ったものであり，「屈辱の近代史」が残した傷跡の一つなのである．日本の総理大臣の靖国神社参拝が中国人からみれば過去の侵略の歴史を否定，美化する動きとして映るのと同じく，尖閣諸島に対する実効支配を強化する日本政府の動きも侵略の歴史を認めようとしない「誤った歴史認識」の一つの証として理解される傾向がある．こうして領土紛争という現実的問題と歴史認識が結び付けられた結果，中国人の「情緒的」な日本観がさらに強化されることは避けがたかった．

　一方，2010年代は中国人の自国に対する自信がかつてなく高まった時期でもある．2012年に中国の最高指導者に就任した習近平は「中華民族の偉大な復興」を基軸にナショナリズムの再編を進めた．「苦難の近代史」を通奏低音としたこれまでのナショナリズムからの転換である．政府の意図を汲んで，メディアや一部の学者が「すごいぞ！中国」類の番組や言説を精力的に打ち出した．た

とえば，2017年4月，著名な学者である胡鞍鋼が「中国は経済，科学技術，総合国力の面においてアメリカを全面的に追い越した」との研究成果を発表し，世間を驚かせた．中国の国営テレビ局（CCTV）は「輝煌中国（アメージング・チャイナ）」，「超級工程（メガプロジェクト）」，「強軍」，「大国外交」など，中国の国家建設，軍事，外交面での成果を強調するドキュメンタリーシリーズを次々と制作，放送した．映画界も中国人としての誇りをくすぐる作品を次々と制作し，多くの観衆を夢中にさせた．

　実際，不動産ブームと関連産業の好況，IT産業の急速な台頭に牽引されて中国経済は2010年代に入ってからも成長を続けた．所得の向上，インフラの整備，社会生活のデジタル化が進み，住民の生活は確実に豊かになりつつあった．そのため，こうした宣伝が一般民衆のレベルで広く受け入れられる土壌が形成されていたことも事実である．

　日本の国力に対する中国人の認識にも変化が生じた．華中科技大学が2014～2015年に実施した全国世論調査によると，「日本は経済大国だ」と認識した回答者は39.8％に留まり，「中国は経済大国だ」と答えた63.2％を大幅に下回った．技術力に関しては，「日本は科学技術大国だ」と認識した回答者は52.9％で，「中国は科学技術大国だ」と答えた38.2％を依然大幅に上回っていたが，2017～2018年の調査では，中国を科学技術大国と認識した回答者が63.8％まで上り，日本を科学技術大国と認識した55.3％を上回った（張・崔，2016：112；華中科技大学国家伝播戦略研究院，2019：11）．2000年代前半まで圧倒的であった日本の経済大国，科学技術大国のイメージが部分的に後退したのである．

　日中関係の重要性に対するとらえ方も変化した．2006年から中国人の対外観を調査してきた『環球時報』傘下の「環球輿情調査中心」の調査結果によると，「中国にとってもっとも重要な二国間関係」という調査項目において，2013年まで「中日関係」は「中米関係」に次ぐ2番目に重要な関係と認識されてきたが，2014年から中露関係に逆転され，2021年にはさらにEU（欧州連合）とASEAN（東南アジア諸国連合）にも逆転された．

　中国国民の大国意識が強まり，大国日本のイメージが後退するなか，関係改善に動き出した両国政府の努力もあって，尖閣諸島問題や歴史認識問題をめぐって一時沸騰した中国人の反日感情は2010年代後半に入り次第に緩和する傾向を見せた．前述の2017～2018年に実施された華中科技大学の世論調査では，日本によくない印象をもつ中国人は依然多数派であるものの，51％の回答者が

日本に関心を持っていると答えた（華中科技大学国家伝播戦略研究院，2019）．日本の言論NPOが中国の関連機関と共同で実施した世論調査では，日本によい印象をもっている人（どちらかといえば，を含む）が調査対象者に占める比率は，2013年の5.2％から増え続け，2019年には45.9％に達した（言論NPO，2019）．

　中国人の日本観が改善されつつあったこの時期は，訪日中国人観光客の「爆買い」が日本で注目された時期にあたる．2013年の訪日中国人観光客はおよそ70.5万人であったが，2019年には857.6万人へと急激に増加した．商用客とその他客数を含む訪日中国人総数は2013年の131.4万人から2019人の959.4万人へと拡大した（日本政府観光局）．こうした訪日中国人の急増は，2000年代までほぼ富裕層に限定されていた日本旅行が中間層にも広まったことを物語る．日本に訪れた中国観光客は本場の日本料理に舌鼓を打ち，ショッピングを思い思いに楽しみ，各地の観光地を賑わした．日本では中国人観光客のマナーが問題視され，訪日中国人観光客の増加が必ずしも中国に対する日本人のイメージの向上には繋がらなかったが，中国人観光客は間違いなく日本社会の生の情報を中国社会へ伝達する重要なチャンネルとなった．彼らは1人ひとりがメッセンジャーとなって，日本のきれいな空気，清潔な街並み，経験した日本人のホスピタリティを，ソーシャルメディアを通じて家族や知人・友人に伝え，中国人の日本に対する関心の高まりと日本観の改善に一役買ったのである．

　こうして2000年代にトップダウンで構築され，富裕層を中心に浸透し始めていた「現実的」な日本観が2010年代には，大衆レベルでも浸透し始めた．他方，2010年代の中国人の日本観は2000年代のそれとくらべると，新しい特徴も観察される．2000年代，中国人はどちらかといえば，持続可能な発展モデルとしての日本に関心を寄せた．つまり1980年代と同様，学ぶべき対象というのが中国人の抱える「現実的」な日本観であった．こうした日本観は今も中国人の「現実的」な日本観の一部を形成しているが，2010年代に入ってより顕著となったのは，「消費対象としての日本」という日本像である．たとえば，一般の中国人が日本で追い求めるのは近代化のモデルよりも，高品質なのに割安な商品，心のこもった行き届いたサービス，自然豊かでのどかな風情のある町並みなど，中国ではなかなか満足に手に入らないもの，サービスや景観なのである．こうした中国人の現実的な日本観は基本的に即物的であるが，2010年代には日本文化の専門雑誌『知日』が創刊され，人気を博したことに示されるように，より洗練された高度な方向へ変化する可能性も内包していた．

　周知のように，コロナ禍により2020年以降中国人観光客が来日することはほぼ不可能となった．しかし「消費対象としての日本」の需要は高く，そのニーズを満たすために各地に現れたのが「日本街」や日本風の夏祭りであった．その中には，遼寧省大連市の「京都風情街」のように日中共同プロジェクトとして建設が進められたものもあったし，広東省仏山市に作られた「一番街」（のちに「食番街」に改名）のように著作権侵害が問題視されるものもあった．コロナ禍という特殊な時代背景があったとはいえ，このような施設やイベントが中国国内に多数現れたことは近年中国人の日本観がいかに大きな変化を遂げたかを物語る．しかし，こうした日本街や日本風夏祭りに対する風当たりも強く，ネット上では「過去の日本の侵略を忘れるな」，「文化侵略に反対」など感情的な反発が溢れかえるのも事実である．とくに日本の植民地支配下にあった大連市や南京事件の現場となった南京市に対する抗議がすさまじく，大連市の「京都風情街」は開業わずか1週間で営業停止に追い込まれ，南京市内で行われる予定であった夏祭りも中止となった．中国人の日本観における「情緒的」な一面が改めて示される結果となったのである．

おわりに

　中国人の日本観は，日中関係の歴史によって規定される一面，中国の経済成長と生活水準の向上，ライフスタイルの変化，歴史教育，メディアの報道など社会的要素の影響を受ける一面，日本（人）の対中姿勢や中国政府の対日政策などその時その時の日中関係の状況に規定される一面を網羅しており，多種多様な要因の影響を受けながら形成される．

　本章はこうしたさまざまな要因に目を配りながらも，どちらかといえば社会的要因に重点を置き，中国人の日本観の形成と変貌過程を辿った．そうすることで，中国人の日本観を描くと同時に，1980年代以来の中国社会の変貌過程をも浮き彫りにした．

　中国人の日本観は「情緒的」（Emotional）な一面と「現実的」（Pragmatic）な一面によって構成される．前者は近代以来日中の不幸な歴史に強く規定されており，加害者日本と被害者中国という単純かつ明確な図式に基づいている．他方，後者は往々にして現実的かつ実務的な問題関心に基づいており，中国人にとって「学ぶべき日本」，「参照対象としての日本」が浮き彫りになる．

　改革開放政策以降，中国人の日本観における「情緒的」な一面は時期によって強弱の違いはあったものの，比較的に一貫しており，今も中国人の日本観の底流を形成している．時代によってより大きく変化したのは「現実的」な日本観である．1980年代の近代化モデルから1990年代の経済・技術大国，そして2000年代には持続可能な発展モデルと，中国人は常に日本を近代化の優等生，中国が学ぶべき対象とみなしてきたが，2010年代からは「消費対象」としての日本観がより鮮明になってきた．

　こうした中国人の日本観の変化過程は，2020年代，さらにその先の中国人の日本観も現在と同じではない可能性を示唆する．中国の政治，経済，社会，教育事情そして対外関係は，程度の違いを伴いながらさまざまな角度からこれからの中国人の日本観を再構築していくであろう．

第Ⅱ部

国家と社会的少数派

第3章

中国における女性の地位
── 「男女対立」の虚と実 ──

李　彦　銘

は じ め に

　中国の女性の地位について，世界経済フォーラム（WEF）ジェンダーギャップ指数ランキング2022によれば，中国は102位（2020年106位，2021年107位）であった．同じく東アジア文化圏に属し家父長制伝統が強い韓国（2020年108位，2021年102位，2022年99位）に2年間連続で抜かれていた．

　一方で中国国内ではこのような評価を受け入れていない．また男女間に大きな認識ギャップが存在している．社会主義イデオロギーのもとで「男女平等」が1954年の憲法にすでに取り入れられ，毛沢東時代の「女性が天の半分を支える」というスローガン（中国語では〔婦女能頂半辺天〕．〔　〕内は原語．以下，同様）もいまだに健在している．中国の女性はとにかく気が強く，社会的・家庭的地位も高いというイメージが人々の心に残っている．とりわけ中高年男性と若い女性・新世代のフェミニストでは，女性がおかれた状況に対する認識は真逆であるといってよい．なぜこのようなギャップが存在するのか．本章はこの疑問を解くためのヒントと基礎知識を取り上げたい．

　第1節では，2022年の最新の社会ニュースを切り口に，中国社会にいまだに根深く存在する「重男軽女」の伝統や決して楽観視できない現状があることを提起し，さらに女性の権利をめぐる議論に対する認識のギャップとその背後にある論理に触れたい．このような論理を意識し，第2節は1949年以降の「男女平等」の歴史とその問題点を概観し，第3節では司法的手段を通じたジェンダー平等の実現の可能性と国家の役割に触れたい．この作業を通じて，文化大革命時代（Column 2）や改革開放時代（Column 1）の女性の境遇に対する誤解を明らかにし，ジェンダー平等の実現の困難さを理解するための手がかりを提供したい．

1　家庭のなかの女性の地位

（1）「鉄鎖女事件」が露呈したもの

　2022年の中国といえば，日本では北京冬季オリンピックやゼロコロナ政策が浮かぶだろう．しかし北京オリンピックを色褪せさせたといっても過言でないほど，中国社会を震撼させ大事件が別にあった．いわゆる「鉄鎖女事件」である．

　海外では，BBCやニューヨークタイムズなどの英字新聞で大きく取り上げられたものの，日本メディアによる報道が少ないため[1]，事件の経緯をまずここで簡単に紹介したい．発端は2022年 1 月27日，中国語版TikTok（「抖音」）に投稿された動画であり，小屋から出られないよう首に鉄の鎖を付けられた中年女性が，冬のさなかに庭の一角にある物置小屋で生活している様子が映っていた．この家庭は，子どもが 8 人もいるため，2020年から地方政府の支援を受けるようになり，それを皮切りにさまざまな団体から経済支援を受け，当地ではかなり有名な〔貧困家庭〕であった．

　中国政府が「一人っ子」政策を長期にわたり実施してきことや，脱貧困と共同富裕を掲げた習近平政権が2020年に絶対的貧困を撲滅したと宣言していたこともあり，この動画は非常に話題性を帯びた．また冬季オリンピック開催が目前に迫り，若い女性選手が脚光を浴びていたこともあり，中国社会には男女平等はすでに達成されたという雰囲気があり，それどころか女性が社会的にも家庭的にも優遇されているかのように報道する傾向すら見受けられた．しかし動画の女性は40代半ばに見えるにもかかわらず歯がすべて抜け落ち，精神障害を患っているようにみえ，現代社会の出来事だとは思えないほど悲惨な状況に置かれていた．夫に相当する男性による虐待・人身売買・貧困ビジネス（貧困をアピールすることで多額な経済支援を受けること）が行われていたのではないか，地方政府が人身売買を黙認し加担したのではないかなどの疑いがすぐさま浮上し，ネットの関心は一気に高まった．

　事件の早期幕引きをはかった江蘇省徐州市豊県の地方政府と，事件の真相を追求しようとしたネットユーザーの間で激しい応酬が展開されたことが，この事件をますますヒートアップさせることになった．多くの問い合わせを受けたため，豊県政府はすぐに状況釈明の広報を行ったが，ネットユーザーたちは広

報内容の問題点を次々と指摘し，真相究明の現地調査や女性救助にまで試み
た. ²⁾　その後，豊県政府を管轄する徐州市政府も調査に動き，報告を出して事件
の沈静化をはかろうとしたが，市の調査結果に対しても多くの疑問点が指摘さ
れた．これを受けて市政府が新たな広報を出し，出すとさらなる非難を受ける
というサイクルが計4回繰り返された．2月17日，ついに江蘇省の調査チーム
がもうけられ，その調査結果はネットユーザーの推測（人身売買と虐待行為, 結婚
証明書の偽造・改ざん, 計画出産管理の怠慢, 徐州市政府・豊県政府による調査妨害など）
を一部傍証するものとなったが，事実が十分に究明されることなく調査終了が
伝えられた.

　その後，3月に中国の国会に当たる人民代表大会が北京で開催されると，多
くの人民代表が鉄鎖女事件に対する質問と追求を行った．3月10日，最高検察
院は人民代表の質疑に対し，書面報告を提出し，地方政府の一連の調査発表も
含めて本件を〔鉄鏈女案件〕と名付け，今後江蘇省に調査を促し監督を強めて
いく方針を公表した．李克強総理も11日に「婦女権益を深く侵害する事件」を
言及して，人身売買などの犯罪行為を厳しく取り締まり，地方政府の責任を必
ず問う，と中央政府の姿勢を示した．ただし中央が直接関与するかたちでの事
実調査が行われなかったため，ネットでは2022年9月現在もなお，鉄鎖女を忘
れてはいけない，事実究明と責任究明はまだ終わっていないという声が上がり
続けている.

　鉄鎖女事件の調査報告が最後まで解明せずに終わった疑念の一つは，彼女の
本当の身分（雲南省農村部出身の52歳なのか四川省都市部出身の38歳なのか）である．
事件がネットで炎上した当初から，わが子など親族が誘拐され行方不明になっ
ている人たちもこの動画を閲覧していた．そのうちの1人が，鉄鎖女の容姿と
年齢，豊県に移住した時期から，1984年生まれの姪である可能性が高いと判断
し，DNA鑑定の再調査を懇願する申請書を2月に公安部に出した．豊県が最
初に鉄鎖女の身分を公表した（雲南省農村部出身の52歳）ときから，それが偽りで，
本当は都市部から誘拐されてきた未成年者であり，合法的な婚姻関係もなく，
強かん・多子出産や虐待によって精神障害を負ったに違いないという理解が，
すでにネットで広がっていた．だからこそ，事件は性別・年齢を越えたネット
ユーザーの関心を一気に引き寄せ，多くの人々が「あと一歩で自分だったかも
しれない」，あるいは「あと一歩で自分の娘だったかもしれない」と，自分事
として強く感情移入できたのである.

　しかし，農村に売られた女性に対する対処や女性の地位をどのように向上すべきかという話に移ると，意見が激しく対立する場面も現れた．

（2）コンセンサス不在の側面
　事件が炎上する過程で，ネットユーザーたちは人身売買が後を絶たない理由や，監禁下の女性を解放・救助できない社会的な構造要因について掘り下げ，女性に対する日常的な虐待，過去の人身売買を黙認・協力した地方政府・公務員・村という共同体の行動を問題視した．農村の「重男軽女」という伝統文化・女性を品物として扱う悪習に対する反省や猛烈な批判が繰り広げられた．なかでももっとも注目に値するのは，作家賈平凹の2016年の発言に対する蒸し返しのような批判である[3]．
　賈が人身売買で農村に誘拐された少女の生涯を題材に，最新作の『極花』を出版した際，女性の人身売買に対する見方が記者に求められた．男女比が極端に不均衡な農村地域で，「嫁を買う」ことは村を存続させる唯一の選択肢だと彼が答え，村ぐるみの女性に対する監視，人身売買への黙認と協力を弁護したのだ（蕭，2016）．この発言は2016年にもかなり話題を呼んでいたが，まさに鉄鎖女事件の当事者である農村男性などの行動，違法行為を正当化しようとする論理の集約ともいえるため，事件を機に再び注目されたのである．
　そのような論理に対し，農村部の「重男軽女」の伝統こそが男女のバランスを崩した元凶であり，家庭のなかでの立場が悪いから若い女性たちが自らの意志で都市部へ流出したのであり，人間としての基本的な権利や尊厳が確保されない野蛮な村は自然消滅するしかないのだなど，激しい反論が相次いだ．一方，賈の発言を擁護する側は，このような批判は徐州や農村に対する地域差別を引き起こしかねない，実際に人身売買された女性の多くは，極貧地域に生まれ，より裕福な生活を求めて，本人の意思で，あるいは親も承知の上で「売買され」＝嫁いだのであり，解放されても結局夫側に戻ることがしばしばだから，地方政府の介入には限界があるのだなどと主張した[4]．なかには，鉄鎖女にとって，介護してくれる肉親がいなくなった現在，現実的かつ最大の救済は，夫にあたる男性への処罰ではなく，男性に彼女をそっと預けておくことであり，地方政府には子どもたちの権利と家族を守る責任もあるのではないかなど，現状を追認し，事実究明に反対するような極論まで登場した．
　ネット上では，賈への同調やシンパシーが，フェミニストに対する攻撃にま

で発展していった．実は賈のコメントおよび小説は2016年当初も似たような論争を引き起こしていた．文学評論の世界でさえも，一部の文芸評論家は，女性の権利を擁護し賈の言説を批判するフェミニストたちが言説を恣意的に切り取ったに過ぎないと酷評した（たとえば蕭，2016）．ここにあるのは次のような論理である．すなわち，賈の小説は現状容認や誘拐そのものを正当化しているのではなく，急速な都市化がもたらした影の部分を問題提起することを目的としている．都会が農村の女性たちを略奪していったのに対し，村も一丸となって女性を「買う」ことで子孫を残し，存続をはからなければならない．このような抵抗さえ許されないのであれば，農村と伝統はともに消滅していくしかない．このような「郷愁」や「郷土中国」の運命がこの作品の命題である．小説のこうした部分が完全に無視され，賈の作品は，フェミニストひいては都会信仰者の「正義」によって勝手に審判されてしまっている，というものである．

（3）フェミニストをめぐる「男女対立」

〔女権主義者〕（フェミニスト）という名称自体が現在中国では過激派のイメージを持っている．[5]〔女権主義者〕と自称する者は，大きく分けてアカデミア・フェミニストと行動派フェミニストという2つのジャンルがあるが，ネットでよく知られているのは後者の方である．これは行動派フェミニストの登場とその活動方式と関係しており，ネットに頻繁に登場したきっかけは，2012年に一連の若い女性たちによって行われた，地下鉄内のセクハラに対する抗議活動や女性差別に反対するパフォーマンス・アートに遡ることができる．[6]これらの活動は視覚的な衝撃が強く，ネットやSNSですぐに拡散したため，運動に共鳴する若い女性も，全国各地で類似のアクションを起こした．

その社会運動的な性格から，政府はこうした動向を強く警戒するようになった．2015年3月，国際女性デーに行う活動の準備をしていた5人のフェミニストが警察当局に逮捕され，1カ月以上拘束されたという〔女権五姉妹〕事件が発生した．これによって，行動派の主張が過激だという批判，「女権」ではなく〔女拳〕（フェミニズムと称する恣意的な攻撃）だと茶化す言論がより拡散しやすい状況が生まれた．攻撃・侮辱のなかには，フェミニストたち，とくに影響力が大きい「女権の声」などの公式アカウントの運営者が，「外国勢力」の煽動の道具であり，中国男性に対するイメージダウンや「逆差別」を目論んでいるとする陰謀論まで繰り広げられた．

　2015年から行動派フェミニストの社会活動は低潮に入ったが，ネットでは女性の権利をめぐるさまざまな問題提起がなお相次いだ．学校の入試や職場運営，日常生活におけるセクハラなど，女性がさまざまな場面で自らの権利が侵害されたことをネットで告発し，問題提起をすると，たびたび炎上した．ネットユーザーたちは「女権提起」vs「反女権主義」あるいは「男女対立」ともいえるような構図のもとで激しい攻防戦を展開した．その意味では，広大な関心と同情を引き起こし，多くの人々を巻き込んだ鉄鎖女事件はむしろ異例だったと評価できよう[7]．

　ネットの炎上事件がもっとも頻繁に起きたのは，アメリカの＃me too運動と共鳴し，若い女性によるセクハラ告発が活発になった2017年末から2018年までの間だった．この中国版「me too」（当て字：米兎）運動においても，女性の告発をきっかけに，女性に同情し支持する立場から当事者の男性を激しく糾弾する人々vs当事者の男性に同情し擁護する「反女権」の立場から激しく反発する人々，という構図のもとで，乱闘のような状況さえ生まれた．しかし先述の賈の発言をめぐる論争で見られるように，そもそも女性の正当な権利をめぐる考えは単に「男女」で異なるというだけでなく，中国における「近代」と「伝統」の内実を問う性格をもつため，ある種のコンセンサスを形成することはまだ難しい段階にある．セクハラ告発となると，当事者男性と女性が全く違う感情・認識を抱く場合もしばしばであり，えん罪の可能性もたしかにゼロでないため，議論がさらに平行線を辿りやすくなる．フェミニストは過激だというステレオタイプや，彼女たちには男性を陥れる目的があると主張する陰謀論も加わり，対立はますます激しい様相を呈していった．

　「反女権」的な主張を改めて整理すると，大きく以下の3つに分けられる．

　① 女性のさまざまな権利の要求や侵害の告発は，そもそも事実無根か過激なものであるとするもの．社会主義革命を経験した中国では，女性の地位はすでに世界一高く，フェミニストを自称するのはただの利己主義者で，男性より優遇される特権を求めているに過ぎない．

　② 農村と都会の違いを強調するもの．都会では男女平等，女性の社会進出や経済の独立も実現しているが，農村ではたしかに重男軽女の伝統が強く，女性の人身売買まで行われている．その理由についてはさまざまな見方がある．急速な都市化や市場化，つまり改革開放路線そのものを新自由主義路線として批判し，その過程で農村が完全に見捨てられ，貧富の格差が大きくなった結果

だという認識が存在する一方（たとえば元，2022），農村の女性たちは拝金主義的
であるゆえ人身売買の罠に引っかかりやすい，凋落するふるさとを再興する責
任を捨て，都会に逃げ出すことしか考えていないなどと女性だけを責める認識
もある．また都会生活を享受するフェミニストたちの要求は基本的に中国，と
くに農村の現実を無視し，西側の洗脳をそのまま受け入れてしまった結果だと
一蹴する．

　③ 中国の現状はたしかに改善する余地が大きいが，ネット告発・糾弾の呼
びかけは文化大革命（以下，文革）の批判手法であり，感情論的な反発や道徳的
なジャッジメントは却って女性の立場を悪くする．なるべく法律的手段を通じ
て問題を解決すべきという主張である．

　これらの見方は，まず文革中の女性の境遇，改革開放時代・市場化がもたら
した問題に対し多くの誤解を持っている．また一般にミソジニー（女嫌い）と
呼ばれる，より普遍的な社会的心理構造に由来している面もあろう．さらに文
革を経験した世代は，有罪推定や世論によるジャッジメントを過剰に恐れ，ネッ
トでの告発や署名運動を文革中の紅衛兵たちの批判手段の一つである〔大字報〕
（打倒対象の罪状を告発する壁新聞を指す．しばしば捏造の場合があった）と同一視して
しまうという特有の問題もある．[8] 以下では心理構造の解明や解消方法を取り上
げるのではなく，歴史に対する誤解が存在することを提起したい．

2　1949年以降女性地位の変遷
──その言説と実態──

　「男女平等」のピークともいえる文革時代では，政治・社会における女性の
地位向上（「男尊女卑」の撲滅）が見られた一方，婚姻・家庭などプライベートで
は「重男軽女」の伝統が根絶されることはなく，言説と実態のギャップは実に
大きかった．改革開放期になると，文革反省のもとで伝統が強力的に復活し，
1990年代の急速な市場化が新な問題をもたらした．

（1）「男女平等」とその陰り
　1949年から50年代半ばまでに，中国では社会主義改造が達成され，伝統社会
の男尊女卑を一掃した．女性の法律的，政治的，経済的，社会的地位はたしか
に大きく向上した．[9] 憲法の制定に先立ち，1950年に実施された「中華人民共和
国婚姻法」と「土地改革法」には，「男女平等」の原則がすでに織り込まれて

いた．少なくとも法律上は，農村の女性は（そして大多数の男性も）初めて婚姻
の自由と土地の所有権を手に入れたのであり，都会でも〔同工同酬〕（同一職種
の男女収入格差の解消），女性の就学・就業差別の解消や産前産後休暇などの労働
保護政策の推進が始まった．

　1958年から大躍進運動が始まり，西側先進国に比肩できる社会主義国家を早
急に建設するため，女性に対する動員も一段と加速した．毛沢東はこの時期，
女性の解放と「真の男女平等」を実現するためには階級の消滅（土地を含む私有
財産の否定）や集団化生産への参加こそが唯一の道であり，中国女性は社会主
義建設のための「偉大なる人力資源」であるなど，女性に関する一連の見解を
発表し，女性動員のための言説を提供した．1960年代に入ると，『人民日報』
などの宣伝機関では，女性たちの社会的な生産活動に対する貢献を讃える「半
辺天」，〔鉄姑娘〕（鉄の娘，集団生産で実績を上げたさまざまな女性作業チームのこと）
などの言説が用いられ，地方政府もこれらを名誉称号として利用し，労働生産
競争を繰り広げた．文革中，若者・女性はまさに最も生産的・革命的な勢力で
あるとみなされるようになった．

　しかしこうした言説や大衆運動の特徴は，社会的な生産活動と女性の地位を
直接結びつけ，家庭内の女性の役割をあまり取り上げなかった．その結果，文
革期まではたしかに女性の〔三高現象〕（入学率，就業率，参政率の３つが高い現象）
が見られた一方，〔鉄姑娘〕言説が代表するように，権利の獲得というより，
女性の男性化，男性と女性が社会的な生産活動や文化大革命のなかで競い合う
ような状況が作り出された．

　近年は女性史，社会史，人類学研究，オーラルヒストリーの発達によって，
急速な社会主義化によってもたらされた「男女平等」の影の部分が，より明ら
かになってきた．1949年４月に成立した婦女連（注5も参照）は，社会主義改造
の過程において男女平等の推進に大きく貢献したが，婦女連のメンバーには民
主党派が多かったため，1957年の反右派闘争（Column 2を参照）で大きな打撃
を受け，1958年以降は地方での活動がすでに委縮し始めていた．さらに文革の
開始により，婦女連は完全に停止状態となり，『中国婦女』などの婦女連の宣
伝機関誌のように女性問題を専門的に取り上げる場もなくなってしまった（耿，
2016: 168-273）．文革の10年間は実際，共産党が誕生以来重視してきたはずの〔婦
女工作〕（注5を参照）が不在となった10年間でもあった．

　文革期はまた，毛沢東に対する個人崇拝がピークに達し，恐怖による社会統

制が行われていた時期であり，個人レベルではさまざまな選択が奪われた．ファッションから恋愛・婚姻の在り方に至るまで，あらゆるものが封建主義的伝統やブルジョア思想を一掃する革命の目標に従わなければならないとされた．その結果，女性性の存在が否定され，都会では禁欲化が進んだ．1968年末から都市部における若者の暴力化と失業状態を解消するため，全国規模の〔上山下郷〕運動（紅衛兵をはじめとする多くの若者が「知識青年」として農村へ移住させられた）が始まった．知識青年に農村で再教育を受けさせることが運動の目標として宣伝されたため，若者は農村の伝統を改造する先兵たり得なかったうえ，恋愛感情に基づかない不幸な結婚ないしは晩婚化を生み出した[10]．そして農村出身者同士の結婚は依然として，〔彩礼〕（結納金，地域によって意味合いが違うが，農村では婚姻の約束というより女性を育てた代価として親に支払うものという理解が強い）や売買婚が広範囲にわたり存在し続けた（李，2015：142-152）．

　強制的な社会的生産活動（農村部では農作業やダム建設などの重労働）への参加は，女性にも多大な代価を支払わせた．北方地域の農作業は南方よりもかなり重労働で，伝統的に家庭内労働のみを負担した農村女性は，集団化生産・農作業と家庭内労働の二重労働を強いられた．大躍進が失敗すると，急速な集団化生産も一時停止を余儀なくされ，各種人民公社が作った食堂や共同育児所もほとんどが解散し，その後復活することもなかった．いったん社会労働に転化した家庭内労働は，こうして家庭に戻されることになり，農村・都会を問わず女性の二重労働問題も深刻なものとなった[11]．

　〔上山下郷〕運動や紅衛兵たちの〔武装闘争〕においては，性暴力も多数存在した．このことは，1980年代の〔傷痕文学〕（文革中に個々人が体験した暴力や苦痛を描く文学）に多く反映されているが，あくまで個人の経験と文革の暗部として認識されており，構造的な研究が進んでいない状況である．1978年まで，社会的生産活動と政治領域において進展した急速な「男女平等」は，プライベートの領域において複雑な現実をもたらしていたが，このような認識はまだ研究としての領域を出ず，社会の共通認識とはなっていない[12]．

（2）改革開放期の反省と伝統の復活

　改革開放期になると，個人の権利が肯定されるようになった．1981年から新しい「婚姻法」が実施され，〔感情破裂〕（夫婦感情の破綻）が離婚を申請する根拠として正式に認められ，離婚時の財産分与や親権に関する細則も規定された．

これにより政府は，実質的な離婚の自由を人々に与え，文革で蓄積した社会の不満を包摂しようとしたのである．その結果，1950年の「婚姻法」の実施直後にみられた離婚ブームに次ぐ，第二の離婚ブームが起きた．

　研究面では1980年代半ばから，文革中の「女性の男性化」，無性別化が否定され，〔有性人〕（セックスの存在を肯定する），身体的違いから由来する〔女性意識〕（たとえばファッションなどにおける美意識や家庭・育児における特別な役割）の概念が提起された．〔女性学〕，〔女性主義〕研究も流行しはじめた．その中核的な問題意識は，主体としての個人や人道主義の肯定，脱集団主義と脱階級闘争にあった．そのため，多くの男性知識人からも関心が寄せられた．しかし身体の女性性の肯定は，1990年代からの消費主義ブームのさなかで，性の商品化を正当化する根拠にもなってしまったため，「市場女性主義」の言説として2000年代以降は批判されるようになった（宋，2012）．

　一方，社会の側では伝統を再評価する動きが強まった．文革に対する反省と相まって，伝統的な父権社会を正当化し，政治による過激な男女平等は非合理的あるいは非効率的で，経済の発展段階と乖離しており，家庭を混乱させたなどとする議論が，社会学，経済学の分野で浮上した（たとえば鄭，1994）．このような言説は国家の積極的介入を否定し，〔婦女回家〕（女，家に帰れ）という論調を助長した．市場化改革は，1980年代の助走期間を経て，1992年の鄧小平の南巡講話を皮切りに，急速に推進された．その直接的結果である企業改革や余剰人員整理のなかでは，女性が真っ先に切り捨てられた．企業組織におけるジェンダー格差が拡大し，女性の就業率も1990年代からは低下する一方となった．

　1980年代から2010年代前半までは，悪しき旧習の撤廃を目指した文革中でも根絶できなかった，誘拐による人身売買が多発していた．戸籍制度が全面的に導入された1958年以降，人の移動が厳しく制限されたが，それが徐々に緩和され，1990年代にはほぼ自由になったことが，その直接的な背景として挙げられる．誘拐の標的はおもに若い女性と児童であった．「一人っ子政策」のもとで，「重男軽女」伝統の強い地域では，都市部も含め，跡継ぎ欲しさから，男児に対する需要がとくに高まった．2000年代以降になって，行方不明になったわが子を捜す父母の活動が大きな社会的な反響を引き起こし[13)]，人身売買の買い手こそが張本人，少なくとも仲介者と同様に有罪であるとの認識が広がった．しかしこの児童誘拐をめぐる問題にくらべて，女性の人身売買はおもに農村部で行われていたこともあり，ネットでの注目度は比較的低かった．被害女性に対す

る同情も，第1節で触れたように限定的であった．

（3）市場化以降の問題

　2000年代になると，中国の高度経済成長が世界から注目されるようになった．
英語で出版されたノンフィクション『Factory Girl』は，中国でも一世を風靡
した[14]．第二世代の〔打工妹〕（出稼ぎ農村女性）が主体的に都市部へ流出し，出
稼ぎによって選択の自由と伝統からの解放を得られたという新自由主義的なス
トーリーは，それまでの〔打工妹〕イメージを完全に覆した．1990年代のテレ
ビドラマに度々登場していた第一世代の〔打工妹〕は，工場や都会に搾取され
る，経済成長の犠牲者として描写されることが多く，都市出身の知識人や中間
層にとっては救済の対象でもあった．

　一方で〔女性主義〕，〔女権主義〕，「マルクス婦女理論」研究は，1995年に一
つのクライマックスを迎えた．国連主催・婦女連運営の第四回世界女性会義が
北京で開かれた（北京会議）のである．しかしその後は，急速な市場化推進策
や新自由主義を擁護する言説に対し有力な批判を展開できず，研究においても
社会においても存在感を失った（宋，2012）．共通の言説や組織的な女性政策が
不在のまま，地域間格差やジェンダー格差はどんどん拡大していった．

　こうした退潮にもかかわらず，都市部，とりわけ北京，上海のような大都会
では，「一人っ子政策」の後押しもあり[15]，学校教育や家庭教育のなかで子ども
が男女平等を体験できる環境が依然と多く存在する．一方，家庭内において女
性の収入が男性より高い場合でも，伝統的な性別役割分担（子育てと家事は女性
が負担する）は大きく変化していない．しかし変化が見られた部分もある．た
とえば上海の中間層の若年夫婦に対する調査では，男女間の平等な関係への志
向やポスト父権制的な特徴が確認できた（沈，2019）．同時に，双方の親世帯と
関係が非常に親密であり，別居の場合でも親世帯が家事育児を負担するケース
がほとんどである．若い女性の家庭内権力は親世帯からの譲渡・親世帯の家事
育児補助に由来しているのである．また，婦女連のような組織的な介入が弱体
化したとはいえ，北京会議をきっかけにNGO活動が中国でも認められるよう
になり，ジェンダー概念も導入され，若い世代の育成と意識変革に役立った．
NGO活動に寛容な国際的な大都会は，行動派フェミニストに活動の可能性と
舞台を提供した．

　しかし広大な農村地域の実態はあまり注目されることがなかった．法律の実

践においては「公序良俗」の尊重，つまり男性中心の社会秩序や経済秩序，および現状維持が，社会主義イデオロギーよりも優先されることになった．改革開放期に導入された生産請負制は，「戸」（つまり家庭）を単位としていたため，財産相続，結婚・離婚のすべてにおいて，農村女性が非常に不利な立場に置かれて，結婚や離婚によって土地権利を失ってしまうなど，社会経済保障状況はむしろますます悪化した（李, 2022）．こうした状況に対する都市部の関心は薄く，婚姻条件としての〔彩礼〕相場の高騰ばかりが注目され，農村女性は拝金主義的で利己的だという印象が多くの人に植え付けられることになってしまった．

　市場原理の導入によって，社会的生産活動・政治領域における女性の地位の後退が目立ち，家庭内・私生活の女性問題に関して改革開放以前の時期にくらべて，国家の介入も研究面の進展も期待できなくなった．ジェンダー間の不平等は，2012年以降の行動派フェミニストの活動と国際的なフェミニズムの高揚によって，ようやく再び，公共の視野に入るものとして戻ってきたのである．

3　国家の態度

　こうした中国国内のフェミニズムの高揚は，すぐに研究者の関心と共感を引き寄せた．しかし，国家はこうしたアカデミックな議論と一線を画し，複雑な態度をとっている．

（1）法律の実践——イデオロギーと現状維持のはざま——

　中国共産党は，誕生当初から「男女平等」を党のイデオロギーに取り込み，同党が最初に立ち上げた政権である江西瑞金ソビエトのもとで急進的な社会実験を行ったものの，失敗を喫した．その後の延安時代も，1950年代においても，女性に離婚の自由を与えることで封建主義を排除しようとし，また家庭改造・社会改造を進めることを試みたが，いずれの時代も後に政策を反省し，社会の安定化や政権運営を優先し保守化するサイクルを繰り返した．

　その結果，全国レベルでみると，1950年代初期の離婚ブーム以降，1953年から離婚訴訟の数と離婚判決の数は急激に減り，1970年代まで低水準を保っていた（Li, 2022：170）．つまり，中国共産党は封建的な家庭の解体を提唱していたが，1949年以降の離婚は実際には非常に困難であり，党の当初のイデオロギーと現実の間には非常に大きな乖離があった．1980年代半ばから離婚数の増加傾向が

ようやく現れた.

　離婚数の増加, とくに1990年代に入ってからの飛躍については, 私生活に対する国家の積極的介入が後退したからだとする解釈が多い. しかし最近の研究では, 社会の統治術としての家庭・離婚管理が存在していること, 2000年以降, 私生活に対する国家の介入はむしろ強まったことが指摘されている (Li, 2022). また, 2010年前後に起きた29の離婚案件を取り上げた研究によると, 訴訟においては, 地方裁判官が法の原則ではなく効率化と社会の安定 (つまり当事者の男性による反発・暴力事件を引き起こさないこと) を最優先するため, 離婚判決をなかなか下さないという. たとえ離婚判決を下したとしても, 財産分与や親権交渉において男性の主張がすべて優先されたりするので, 女性の法的権利は守られていない (He, 2021). このように, イデオロギー上重要な意味を持つ離婚の自由でさえ, 法律的手段ではなかなか実現できないのだ.

　婦女連のような〔国家女権主義者〕(注5を参照) の努力は, 中央レベルの立法過程に限られるため, 地方政府の政策や裁判にまでは関与できない. たとえば婦女連の支援のもとで, 2005年に改訂された「婦女権益保障法」には, はじめて女性へのセクハラを禁止する条項が書き込まれた (馮, 2019：209-210). しかし実践面の細則がなかなか制定されなかった. 2018年12月,〔最高人民法院〕(日本の最高裁判所に相当) はようやく, セクハラと就業の平等に関する権利を, 訴訟を起こす根拠として認めた. この段階に至るまでのプロセスにおいて, 婦女連の努力よりも民間の法律支援団体や行動派の活動,〔米兎〕運動の刺激による前進のほうが目立った (馮, 2019：213-229).

（2）国家に対する期待

　行動派や〔米兎〕に対する抑圧や牽制が存在する一方, 社会の安定を目指す国家は, 現状容認を志向しながらも社会の変化に非常に敏感に反応している. 鉄鎖女事件についても同様のことがいえよう. これほどまでに注目されるようになった以上, 今後この事件が, 裁判官の意識変化や法律面での前進をもたらす可能性も十分にある.

　たとえばセクハラに関しては, 2019年7月劉猛セクハラ事案に対する第一審判決では被害者女性に対するセクハラの事実が認定された. これは上記の2018年12月以降, セクハラを根拠として起こした訴訟のなかで初めて勝訴したケースである. さらに2020年6月, 成都市〔中級人民法院〕(日本の高等裁判所に相当し,

第一審・地方裁判所の判決に対する控訴を扱う）は，加害者である劉猛の控訴に対し，棄却の判決を下した．この判決は，さらに「セクハラ」の具体的な定義を行ったため，法律実践の大きな一歩となった．

　一方でこのような前進はまだまだ不十分である．劉猛事案の二審では，被害者の慰謝料請求や雇用先に対する連帯責任の請求も棄却された．セクハラの具体的定義にも問題点がまだ残っていると専門家に指摘されている．また，同じく〔米兎〕運動・当事者告発を発端にセクハラ訴訟まで発展した〔弦子訴朱軍案〕は，一審・二審ともにセクハラの事実が証拠不足の理由で認定されなかった．このケースでは男性当事者は中国の著名司会者である上，女性当事者は行動派フェミニストたちと関係が親密だったことから，さまざまな推測や誹謗中傷に近い憶測が現在でもネットで飛び交り，まさに「男女対立」のような状況を呈している．[16]

お わ り に

　本章では，鉄鎖女事件を手掛かりに，中国における女性の地位やジェンダー平等に関する認識のギャップを確認し，「男女対立」が起こる背景には，都会と農村の分断，農村女性の境遇に対する無関心と無知，そして文革とその後の女性の歴史が断片的にしか理解されていない状況があることを指摘した．

　男性と女性（傍観者と当事者といった方が正確かもしれない）の認識と心理的な隔たりはまだまだ大きい．両者の合意形成が難しい状況では，女性の権利を主張するために，個人がめげずに国家に対しさまざまな手段で訴え続けることは，なお有効な戦略である．国家も，中国共産党の建党当初からのイデオロギーや，社会の変化に対応していかなければならない必要上女性の主張を支持せざる得ない側面がある．

　他方で，ジェンダー平等や女性の権利を掲げる社会運動は，中国社会の激動の部分であり，どのような方向に転ぶか予断を許さない，変化の激しい領域であるため，今後も注目・研究していく価値があるのはいうまでもないものの，こうした動きが民主化につながると結論づけるのはまだ早計かもしれない．とはいえ国家と社会の複雑な関係性，国家がどのような手段を通じて社会の包摂を図っているのかというテーマについて，こうした動向は格好の材料を提供しているといえよう．

第4章

LGBTQ＋は中国でどう生きているのか
——生存空間を模索する当事者たちの姿——

鈴 木　賢

は じ め に

　中国には8000万人を超える同性愛者が生活していると推定されている．一般に人口の5～10％程度がLGBTQに当たるとされるので（LGBT Capital），実はこれでも控えめな推計である．心身障害者に認定されている人（約8500万人，2021年）にほぼ相当する膨大な数字でありながら，LGBTQについてはこれまでほとんど公式には論じられることがなかった．有害で，下流な，いかがわしい存在との偏見にさらされ，周囲にカムアウトすることもできず，社会の片隅に隠れて生きることを余儀なくされた，いわば背徳の民たちであった．

　中国では古くから男性間の性的関係を男風と称し，龍陽，分桃，断袖などの表現で多くの典故に男性間の親密な関係の描写が登場していた．男性間の性行為に刑罰を科す鶏姦罪は，大清律例（1740年）に規定されたことがあっただけで，長い歴史のなかでは総じて公権力は同性間（おもに男性間）の親密な関係に強い関心を示すことはなかった．これをもって中国では伝統的に性的マイノリティに寛容であったとする向きもあるが，むしろ男性の私的な趣味の世界に閉じ込められていたというべきであろう．異性愛主義，儒教的家父長制に挑戦しない限りにおいて，大目に見るというのが中国の文化であった．

　中国や日本を含めてアジア（イスラム圏を除く）では，性的指向や性自認，ジェンダーの特徴において多数派とは異なる個性をもつ人たち（いわゆるLGBTQ，中国語では〔性少数群体〕または同志．〔　〕内は原語．以下，同様）は，私的な空間でひっそり生存することこそ許されていたが，これを政治的テーマとして公的空間に持ち出して議論することを避けてきた．この点，同性間の性行為を自然に反する罪（ソドミー）として刑事処罰の対象とし，権力が積極的に抑圧してきたキリスト教やイスラム圏の国々とは対照をなす．

　共産党政権の下ではLGBTQ（TやQが視野に入ってくるのはごく最近になってから

で，基本的には同性愛を指す）に対して，党と国（以下，党国という）は一般に「3
つの不」の立場をとっていると言われる．すなわち〔不支持，不反対，不提唱〕
（支持せず，反対せず，奨励せず）という沈黙と曖昧な態度で臨んできた．強い抑
圧や介入をすることもなければ，かといって権利・利益を保護したり，積極的
に支援することもない．つまり，同性愛の私化（＝非政治化）という伝統が基本
的には維持され，公共領域には存在しないことにされてきた．現状では
LGBTQという主体は，この国の正式の法や制度にはまだ登場していない．
　しかしながら，ソ連の影響もあり同性愛を堕落した資本主義的生活様式の表
れとして攻撃する傾向が加わったため，後述するように権力による一定の抑圧
的な対応が表面化することもあった．総じて同性愛に関わる話題は，扱いに注
意を要する政治的に〔敏感〕（デリケート）なものと認識されてきた．
　本章では近時，日本でも関心が高まっている性的マイノリティという視角か
ら現代中国のリアルに迫ってみたい．

1　LGBTQをめぐる歴史の概観

（1）伝統社会における同性愛
　儒教的道徳では〔不孝有三，無後為大〕（不孝に3つ類型あり，跡取りがないのは
最も深刻）が当然とされ，〔伝宗接代〕（父系血統を継承し，代を継ぐこと）がすべて
の人の人生の務めと認識されてきた．〔男大当婚，女大当嫁〕（男は大人になれば
当然，結婚し，女は嫁に行く）のが人生とされた．男女が結ばれ，生殖し，父系血
統を延続させるのが，人（とくに男性）としての当然の責任であり，それが果た
せないことは最大の不孝とされた．
　こうした社会から期待された道徳的責任を果たす限りにおいては，他方で同
性と（も）親密な関係をもってもとくに問題としないという社会だった．中国
伝統社会では性的指向に基づき人間を分類（異性愛者，同性愛者，両性愛者など）
したり，当事者自身も同性とも性的関係をもつことを個人のアイデンティティ
を構成する要素であると意識することはなかった．その意味では伝統中国には
同性間の性的行為はあったものの，同性愛者（というアイデンティティをもつ者）
は存在しなかったのである．
　女性の同性愛については明清期になってようやく一部の地方で，自梳，磨鏡
などとしてごくまれに文字記録に登場するが，家父長制に脅威をもたらすよう

な現象とは認識されず，男性同士の関係と比しても遙かに水面下におかれたま
まであった．

　性的指向としての同性恋（トンシンリィエン）という用語および認識は，五四運動以後，1920年
代になっておもに日本を経由して西洋流の性科学が活発に伝えられることで，
ようやく知識人の間で知られるようになる．当時の性科学では同性愛を一種の
精神病に分類し，異常な変態性欲とのレッテルが貼られていたので，民国期の
都市部ではそうした同性愛に対する否定的な認識が一般化していった．

（2）建国後のLGBTQ

　1949年に中華人民共和国が成立してからは，およそ30年間，同性愛についての（文学や芸術を含む）公の場での明確な言及がほとんど消失した．党国は同性
愛をいかに位置づけるかについて態度を決めかねていた．長い沈黙が破られた
のは，改革開放の時代に入った80年代以降のことであった．同性愛を理解し，
正しく対処すべきことを説く最初に公表された論文は，1985年阮芳賦の「同性
愛──一つの未解の謎」（『祝您健康』誌）であったという．同年には同性愛につ
いての記述を含む大学心理学教材，陳仲庚編『変態心理学』（人民衛生出版社）
も出版され，学界に大きな影響を与えた．

　1992年には中国と香港の男性同性愛者の実態調査をまとめた李銀河・王小波
の『彼らの世界』（山西人民出版社）が出版され，中国にも多くのゲイが存在し
ていることを広く社会に示した．社会学者でフェミニストである李銀河は，そ
の後も同性愛について研究や発信を継続し，同性婚法制化を提案するなど活発
に活動した．90年代までの文献では同性愛を外在的に異常性欲や変態として記
すものがほとんどで，当事者に寄り添ったり，権利や差別問題として論じると
いうことはなかった．そうしたなか1994年に出版された張北川『同性愛』（山
東科学技術出版社）は，建国後はじめての包括的な同性愛研究で，同性愛者にも
平等な権利があることを記す先駆的な著作であった．

　国際的潮流の影響を受けて，中国の精神医学の分野では，2001年4月に至り，
ようやく同性愛を精神病の分類から削除した（中国精神障害分類及び診断基準（第
三版）（CCMD-3））．しかし，本人が同性愛というアイデンティティに違和感を
もつ場合には，治療の対象とするという記述をまだ残している．つまり，非病
理化はいまだに完全には達成されていない．そのため性的指向を矯正するため
のさまざまな「治療」行為（薬物療法，電気ショック療法，嫌悪療法など）が医療機

関ほかでは現在も行われている．背景には同性愛者の親をはじめ一般には病理モデルからの脱却が完全には進んでいないこと，それとこうした「治療」が医療機関に利潤をもたらすことがある．

　とはいえ，不徹底ながらも一応，非病理化されたことで，これ以後，同性愛を題材にした影像や文学作品などが公表されるようになり，法学，心理学，医学，社会学などの学問分野でも同性愛に関する研究が行われるようになった．そうしたなかで最近になって，後述する男性同性愛者の妻（同妻）の問題が深刻な社会問題として注目されるようになる．

2　同性間性行為と刑罰

　ここでは共産党政権が建国後，LGBTQに対してどのような態度で法的に対処してきたかを概観する．特徴的なのは，中国法では同性愛はほぼもっぱら刑事法の分野で処罰の対象となるかが問題とされ（女性間の関係の可罰性は問題とはなっていない），権利主体として登場することはなかったということである．

（1）同性間の性行為の可罰性
　同性間の性行為に刑罰を科すかどうかがはじめて裁判で問題とされ，これについて権威ある見解が示されたのは，1957年4月29日の最高人民法院の司法解釈だとされている（郭，2007：62）．これは黒龍江省高級法院からの請訓に対する回答として示された〔批復〕と呼ばれる司法解釈[2]で，労働改造所内での男性[3]収容者間で同意のもとで行われた性行為に刑罰を科すかどうかが問題となったものである．請訓のなかではソビエト連邦ロシア刑法154条[4]では3年以上5年以下の自由剥奪刑を科していることに触れているが，最高法院は同意に基づく鶏姦を犯罪とするかどうかについては，現行法に規定がないので，罪とはすべきではないとした（「成人間の同意ある鶏姦が犯罪にあたるかという問題に関する批復」）．

　建国後，「犯罪と刑罰」がはじめて法律化されたのは，文化大革命後1979年の刑法採択による．法律化される以前の30年間，刑法も刑事訴訟法もないのに，刑事裁判が行われ，科刑されていた．権力による刑事制裁発動に法律を根拠とする必要がなかったのである．それゆえ法律だけを見ても，同性愛に対して党国が具体的にどのような態度で望んでいたかは，明らかにはならないことに留意すべきである．

1979年刑法には鶏姦罪という罪名の規定はなかったが，同性間の性行為への処罰にも使いうる条文が２つあった．１つは流氓罪という具体的にどのような行為がそれに当たるかが曖昧な，いわゆる〔口袋罪〕（何でも入るポケットのような罪．160条１項）である．本条では，① 衆をなして殴り合う，② 騒動を引き起こす，③ 女性を侮辱する，④ その他のチンピラ活動を行い，公共の秩序を破壊し，情状が劣悪な場合は，７年以下の有期懲役，拘役または管制に科すとしていた．[5]

さらに④に具体的に如何なる行為が含まれるのかについて，1984年11月２日，最高法院と最高検察院から「その他のチンピラ活動をし，情状が劣悪な場合」にあたる６類型の行為が，司法解釈によって示された．この６項目目には「幼い子どもを鶏姦，少年を強鶏姦，または暴力，脅迫などの手段により多数回にわたり鶏姦し，情状が重大な場合」が規定されていた．このように少なくとも条文上は同意の下での閉じられた空間での２人の成人同性間の性行為に刑罰を科すことを規定したものではなかった．

しかしながら，1979年刑法には刑法に明文規定がない場合でも，もっとも類似する条文を類推適用して処罰できるとする規定（79条）があり，最高法院の許可を経れば，同意のある同性間の性行為をも処罰することは可能であった．とはいえ，実際には成人男性間の同意のもとでの性行為が有罪とされた事例があったかどうかは確認できない．もっとも一般に流氓罪に当たるほどの情状には至らない軽微な流氓行為に対しては，公安機関による治安管理処罰や労働矯正などの強制措置が科されることはあり，同意による同性間の性行為もその対象となった可能性は否定できない．

この刑法は1997年に全面改正され，さらに部分改正を2020年12月までに11回繰り返して今日に至っている．1997年改正ではかねて構成要件が曖昧で包括的すぎるとして批判があった流氓罪を，以下のように６つの罪名に分けて規定した．① 女性わいせつ罪，② 女性侮辱罪，③ 衆を集めて殴り合う罪，④ 騒動惹起罪，⑤ 多人数乱交罪，⑥ 児童わいせつ罪．これにより前記，1984年の司法解釈は失効したので，同性間の性行為に刑罰を科しうる規定は明文上，刑法（およびその司法解釈）からは姿を消したことになる．

この刑法改正をもって中国では「同性愛の非犯罪化」が図られたと説明することがある（王，2017：50）．しかし，流氓罪分解の際に被害者のいない同性間の性行為に関する処罰の可否が議論された形跡はなく，むしろ被害者のいる他

の犯罪要件の明確化を意図した改正であり，意図的に同性愛の非犯罪化をした
ものという認識は正確ではない（郭，2007：89，91）．旧刑法でも同意のある同性
間の性行為を正面から処罰の対象とはしておらず，キリスト教圏におけるソド
ミーとは次元を異にする．党国は刑罰をもって同性間の性行為に介入する意図
を強く持っていなかったというべきであろう．

（2）同性愛者に対する刑罰以外の制裁

　刑事処罰はないとしても，1997年刑法改正後も警察による同性愛者（おもに
ゲイ）に対する連行，拘束，嫌がらせは続いている．たとえば，2000年7月28
日夜には大連のゲイバー「名人」から合計で50名を超えるゲイを警察署に連行
し，同性愛は〔傷風敗俗〕（社会風俗を破壊する）とのかどで過料を科すという事
件が起きた．経済的余裕のある者は1万元，それ以外の者には2000元から8000
元を請求し（過料には領収書の類いは一切発行されず），支払いに応じなかった者に
ついては職場や家族に通報したという．
　さらに，夏季の北京オリンピックの直前2008年3月には，ゲイの出会いの場
として名高い北京東単公園から40名を超える市民（ほとんどがクルージングしてい
たゲイ）を警察署に連行して，1人ひとり身分証をチェックし，顔写真を撮影
したという．類似の事件は2009年に広州の人民公園でも起きている．
　こうした警察権力による公園やバーなどでの同性愛者などに対する法的根拠
の薄弱な取り締まり，嫌がらせは，中国ではめずらしくない．とくにトランス
ジェンダーの場合は，売春の容疑で執拗な取り調べに遭うことがある．この国
の公権力がLGBTQは価値が劣る人間であり，いじめても構わない（問題とされ
ない）と認識していることを意味する．
　同性愛のような主流のライフスタイルから外れる者には，党内の警告，党籍
剥奪，公職解雇，行政拘留，矯正収容など，党や公的機関内ではさまざまな制
裁が科されることがあり，それは刑罰に勝るとも劣らない打撃を個人に与えて
いた（郭，2007：95）．一般に中国では犯罪や違法行為の線引きは曖昧である．

（3）同性間の組織売春罪，乱交罪

　同性愛が犯罪に問われうる問題として次に浮上したのは，同性間の組織売春
をめぐってであった．リーディングケースは2003年の南京市秦淮区法院の判決
で，刑法358条の「他人を組織し売春を行わせた」の「他人」には男性も含ま

れるとして，男性同士の組織売春の成立を認めた．主犯には懲役 8 年，罰金 6 万元の判決が下され，控訴後の第二審もこの結論を維持した．この判決は事前に江蘇省高級法院，最高法院を経て，全国人民代表大会常務委員会にまで請訓され，口頭により組織売春罪を同性間にも適用するよう指示されていた．男性間にも組織売春罪を適用する法理はその後も各地で適用されており，すでに定着した扱いになっている．

　ついで問題となったのは，男性 3 人以上による集団での淫乱，乱交行為にも刑法301条の乱交罪が適用されるかどうかであった．2013年12月にはじめて江蘇省で男性 6 名による乱交に有罪判決が下され，懲役 6 カ月，罰金1000元に処せられた．その後もしばしば多人数の男性による乱交が罪に問われている．

3　司法に訴えるLGBTQ

　LGBTQが公共的テーマとなり始めていることは，裁判の場でとくに顕著である．以下のような類型の事件で，同性愛などが問題とされるケースが登場している．

（1）コンバージョン治療をめぐる訴訟

　中国の精神医学では同性愛の非病理化がまだ不徹底であり（先述），トランスジェンダーについては〔性身分障碍〕として精神病の一種に位置づけている（CCMD- 3 のF64）．そのため性的指向や性自認を〔正常〕（異性愛，シスジェンダー[6]）に治すための「治療」が続いている．国際的にはとうに性的指向や性別違和は治療すべきものではなく，治療により変更可能なものでもないばかりか，むしろ「治療」は本人の心身に重大な害悪を及ぼしうることが常識とされている．2019年11月時点で全国の116の病院，心理カウンセリング機構で，こうした「治療」が行われていたという．

　実際に治療を受けた当事者からは，医療機関に対して損害賠償や謝罪を請求する訴訟が起こされ，なかには勝訴しているものもある．2014年12月19日，北京市海淀区人民法院は原告に電気ショック治療を行った重慶心語飄香心理カウンセリングセンターに対して公開の謝罪と経済的損失の賠償を命じ，当センターの広告を掲載していた百度（バイドゥ）には広告の削除を命じた．判決では「同性愛は精神病ではない．心語飄香が治療を引き受けるとしているのは虚偽広告に当た

る」と指摘している.

　類似の訴訟は河南省でも起こされ,原告が第二審(最終審)でも勝訴している.
2017年9月19日,駐馬店中級人民法院は同性愛の矯正治療を19日間にわたって
施された原告が,駐馬店精神病院に対して提起していた訴訟で,公開謝罪と精
神損害賠償5000元の支払いを命じる一審判決を維持する判決を下している.原
告は既婚の男性同性愛者で,妻に性的指向が知られ,妻の家族に病院へ連れて
行かれ,投薬などの治療を強要されたという.

　中国では同性愛者のほか,トランスジェンダーに対する非人道的な矯正治療
も行われている.この背景には親や妻などの家族が「矯正」を願うということ
があり,営利獲得を目的として病院やカウンセリングセンターがそれに便乗す
るという構造がある.しかし,党国が断固として禁止すれば即時に杜絶するこ
とができるはずなので,要は当局にその意思がないということになる.

(2)就職差別をめぐる訴訟

　同性愛であることが会社のイメージを損なうとの理由で,職場を辞めさせら
れた元従業員が,人格の尊厳と平等な就業権を侵害されたとして,公開の謝罪
と精神損害賠償(5万元)を求めて会社を相手に提訴した例がある.一審法院
が原告の請求を棄却したので,原告は広東省深圳市中級法院に上訴した.

　2015年9月7日の同法院判決では,労働契約解除の理由が同性愛であること
の証拠が不充分であるとして,一審判決を維持する判決を下している(劉,
2020：17).同性愛者であることが職場に知られ,その後解雇された者が,職場
を提訴する事例はほかにもあるが,被解雇者が裁判で勝訴することはきわめて
困難なのが現状である.

　トランスジェンダーについては同性愛者にも比して可視化が進んでいないの
が現状で,社会の無理解は相当に深刻である.俗には変性人,人妖,娘娘腔,
仮小子などと蔑称され,いまだに法令などにトランスジェンダーが明記される
ことはない.海外の華語圏から跨性別（クゥアシンビエ）という用語がトランスジェンダーを意味
する中国語として移入されているが,まだ広く社会に定着したとは言いがたい.
トランスジェンダーに対する教育や就業における差別やいじめ,嫌がらせ,排
除,嘲笑が頻繁に横行している.トランスジェンダーは正規の職業に就きにく
いので,違法なセックスワークに従事する傾向があり,売春などの容疑で警察
による取り締まりを受ける例が後を絶たない.

　性的指向が同性に向くこと，トランスジェンダーであることを理由に解雇された人が，これを差別であるとして，ごくまれに裁判を起こす事例が現れている．

　トランスジェンダーの就業差別についてリーディングケースとなったのは，貴州省貴陽市雲岩区人民法院2017年7月26日判決である．トランス男性（いわゆるFTM）[7]である小Cは，挙動が男性化していた（性別に対応する制服を着用しなかった）ので，会社から同性愛者であると認識され，入職後わずか7日後に会社のイメージを損ねるとして解雇された．原告は解雇されたのち，仕事が見つからず，精神的なダメージを受けて，不眠症になったので，労働法，就業促進法，女性権益保障法などに基づき，書面による公開の謝罪，精神損害賠償5万元を求めて提訴した．判決は平等に就業する権利を侵害したとして，精神損害賠償2000元の支払いを命じたが，謝罪請求は棄却した．原告は上訴したが，第二審の貴陽市中級法院は2018年1月22日，原審を維持する判決を下した（劉，2020：21）．

　中国法ではトランスジェンダーに対する差別を明示的に禁止する法律はないので，この例は広い意味での性差別の一環として救済したものといわれる[8]．性別違和の問題が性的指向と混同されることも多く，多様な性に関する知識の普及が遅れていることも深刻である．トランスジェンダーが勇気を振り絞った，就業差別にかかわる訴訟が他にも提起されているが，本件が法院により差別を認定され，原告が勝訴した唯一の事例である．差別禁止を明確に規定する法を欠く現状では，提訴自体が困難であり，勝訴することはもっと難しい．

（3）同性間の婚姻をめぐる訴訟

　日本では2019年にようやく同性間の婚姻を求める訴訟が5つの地方裁判所に提起され，現在，なお地裁および高裁で係争中である．これに先行して，中国ではすでに裁判が終わっている事例がある．

　2015年，湖南省長沙に住む男性カップルが，長沙市芙蓉区民政局を相手に婚姻登録を求めて同区法院に行政訴訟を提起した．一審判決では同性間の婚姻は婚姻法，婚姻登記条例に照らして不適法であるとして，請求棄却となり，原告らは長沙市中級法院に上訴した．上訴理由では，明文で同性間の婚姻を禁止する規定はないこと，乱交罪では同性間の行為も処罰の対象となること，憲法の平等権の規定に照らし，同性間の婚姻を排除することは差別に当たると主張し

た．これに対して長沙市中級法院は2016年 6 月23日，以下のような理由から上訴を棄却する終審判決を下した．

　① 婚姻法の規定では婚姻登録は男女間でなければ受け付けられないとしていて，男性間の婚姻は法律の規定に適合しない．② 婚姻法の男女平等を，男性が女性とも男性とも平等に婚姻できると解するのは，婚姻法の「男女」の文意を曲解するものである．③ 同性婚を排除することは差別であるとの主張は，法律の効力を否定するもので，成立し得ない．

　法的婚姻から同性間の関係を排除することを，このように同性愛者が平等原則に反し，差別であると裁判において主張し，敗訴する事例が少なくとも 1 件現れた．中国の司法には法律と憲法の抵触関係を審査する違憲審査権がないので，憲法に反することを理由に法律を否定するような判決は期待できない．しかし，同性愛に対する社会的スティグマが強いなか，実名を出して訴訟を提起した原告の勇気は，この国のLGBTQを大いに励ました．原告の一人，孫文麟氏は「愛成家」というWeChatのグループを作って，全国レベルでネットワークを運営し，おもにオンラインで同性家族の承認を求めるための活動を続けている（**写真 4 - 1**）．

**写真 4 - 1　同性間にも婚姻成立を求める訴訟を起こ
した孫文麟氏（左）とそのパートナー**

孫氏提供．

（4）教科書の記述をめぐる訴訟

　大学の心理学の教材が同性愛について「性的指向障碍」,「性的倒錯」などとする間違った記述をし, 性的マイノリティにスティグマを貼るホモフォビアに基づくものであるとして, 広州の大学に在学するレズビアンの学生が教育部を相手に行政訴訟を提起した例がある. 北京市第一中級法院は, 大学教科書の内容については信訪条例第2条の申し立て事項に含まれるが, 本件は原告自身の合法的権利利益に不利益をもたらすものではないとして, 行政訴訟の原告適格がないとして訴えを却下した (2016年9月27日). 第二審の北京市高級法院は上訴を棄却, 原審を維持する判決を下した (2017年3月2日).

　訴訟はこのように敗訴に終わったものの, 一当事者学生の勇気ある行動が, 社会的な関心を喚起し, 教育におけるLGBTQの扱いに一石を投じることとなった. しかし, 半面でこのケースを通じて, 大学教育を含めて中国の学校教育におけるLGBTQの扱いには, 深刻な問題があることも浮き彫りになった.

4　いわゆる「同妻」問題

（1）同妻とは何か

　前述のようにすでに同性婚を求める訴訟が起こされてはいるが, 中国では目下のところ, 同性愛者の婚姻と言えば, むしろ同性愛者と異性との婚姻 (いわゆる〔直同婚〕[9]) を想起することが多い. 一人っ子が多い中国では男性同性愛者の90％以上が異性と結婚していると言われる. そのため男性同性愛者と結婚した異性愛女性の悲劇が同妻 (同性愛者の妻) として,近時,社会問題化し,研究テーマともなっている.

　2009年ごろに「発見」された同妻は正確な統計は困難であるが, 少なくとも1000万〜2000万人はいると見られる. ゲイ男性の大多数が女性と結婚する (せざるを得ない) ことが引き起こす諸現象, およびそれをめぐる活発な言説は, 世界的にも中国独特のことであろう (唐ほか, 2018：2). 中国の同性愛者にとって生きづらさの根源が, 家族からの〔伝宗接代〕に対する期待から来るものであることを裏付ける現象である.

　相手の女性のほとんどは異性愛の女性であり, その多くは結婚する前には夫になる男性が同性愛者であることを知らずに結婚している. なかには相手に同性愛傾向があることを知りつつも, 結婚すれば「治る」であろうと見込んで敢

えて結婚する女性もいる．さらに同性愛の女性（レズビアン）と形式的に婚姻し〔これを〔形婚〕という〕，ともに周囲を欺く異性愛者を演じるゲイもいる．ゲイとレズビアンの間のマッチングのために，婚活サービスを提供するネットワークもある．

（2）同妻の背景と悲劇

多くのゲイがなぜ女性と結婚するのかについては，以下のような背景が指摘される．① 周囲，とくに親からの結婚し，子どもを持つことへの強い期待に応えるため．いわゆる適齢期になると，男の子は日常的に親からの〔催婚〕，〔逼婚〕攻勢にさらされる．子孫を残さないことが，人生最大の不孝とされる中国では親からの結婚プレッシャーは極めて強い．② 自らの性的指向を隠し，偏見やスティグマから逃れるための〔保護傘〕（隠れ蓑）として利用される．親に恥をかかせたくないという心理もある．③ 同性間の婚姻が承認されていない現状では，異性を結婚相手に選ぶしかない．④ 年金，介護など社会保障給付が不十分なため，老後の生活は家族に頼る度合いが高く，家庭を持たないわけにはいかない．いずれにせよ，ゲイにとって異性婚は避けて通れない関門になっている．

こうした偽装的な婚姻は，当然ながら以下のように当事者およびその周囲に多くの悲劇的結末をもたらしている．① 妻が性的に相手にされず，一生，ほぼ性とは縁のない生活を余儀なくされる（これを〔守活寡〕という）ケース．② 夫の性的指向が原因で，不仲となり，耐えられず離婚に至るケース．③ 子どもの養育や経済的理由などにより，簡単には離婚に踏み切れず，苦しみ続けるケース．④ 自殺（ないし未遂）に追い込まれるケース．⑤ ゲイの夫からの暴力やネグレクトなどを受けるケース．⑥ 夫（〔橋梁人群〕という）を通じてHIVに感染してしまうケース．

同妻問題が社会的関心を集めたことで，同妻同士の情報交換，親睦を目的とした緩やかなネットワークも形成されている．同妻会，同妻連合会，同妻家園などである．

同性愛の男性に騙され，利用された被害者としての同妻が社会問題化する一方で，ゲイ男性を異性婚へと追い込む異性愛規範に根本的な原因があることにはなかなか議論が及ばない．中国の伝統文化では家族倫理がことさら重んじられ，家庭は政治ガバナンスの基礎に位置づけられていた．婚姻は家庭延続の保

障であり，男性が妻を娶り，一家を成すことは一人前になる大前提なのである（王，2017：112）．同妻からの離婚請求によって夫が同性愛者であることが問われ，社会的に同性愛者の存在が明らかになるという構造がある．

　こうした家庭についての政治的，社会的イデオロギーは現在も変わっていない．たとえば，2021年1月から施行された民法典婚姻家庭編1043条では，以下のように家庭について規定している．

　　① 家庭は優良な家風を樹立し，家庭の美徳を弘陽し，家庭文明建設を重
　　　　視しなければならない．
　　② 夫婦は互いに忠実で，相互に尊重し，相互に愛し合わなければならない．
　　③ 家庭構成員は互いに高齢者を敬い，幼い子を愛し，互いに助け合って，
　　　　平等，和睦，文明的な婚姻家庭関係を維持しなければならない．

　2021年には家庭教育促進法を制定するなど，近時，党国は家庭の価値や倫理をより重視する伝統回帰傾向を強めている．ここで言う家庭とは，男女の婚姻を出発点とする異性愛家庭が当然の前提とされており，同性家族など多様な家族形態は視野に入っていない．こうした状況では同妻が生み出す一連の悲劇は当面，解消されそうもない．

　また，レズビアン女性も少なからず，異性婚に追い込まれていると想像されるが，〔同夫〕（同性愛者の夫）の方はまだ社会的に可視化されるには至っていない（王，2017：123）．ゲイにくらべるとレズビアン自体の可視化の度合いが低く，その結婚の問題はさらに隠された問題なのである．

5　LGBTQ組織化の困難

（1）団体規制とLGBTQ

　LGBTQが少しでも生きやすい世の中にするためには，個々の当事者がばらばらに声を発しても効果は限られる．団体を結成し，継続的，専門的に活動を運営し，組織的な発声をすることが不可欠である．LGBTQにかかわる問題は中国では政治的にデリケートなものであり，一般的にはホモフォビック（恐同）な考え方が支配するなか，LGBTQによる当事者組織，アドボカシー組織，権利獲得をめざす運動団体などが生存する空間はきわめて限られている．そうしたなかでも，1990年代以降，各地でさまざまな団体が多様な形式で活動を続け

てきた．しかし，習近平体制の確立とともに，近年その空間はますます狭まり，多くの団体の活動継続が困難になりつつある．

　一般に中国では結社の自由が厳しく制限され，正式な登録を経ていない任意団体は，すなわち地下組織であり，違法とされている．しかし，正式の登録をすることができないまま，やむなく草の根組織として活動する団体も多い（鈴木，2017：538以下）．規模が大きくなって，事務所を借りたり，銀行口座を開設したり，スタッフを雇ったり，国内外の補助金を申請したりするには，正式な法的地位が必要となる．

　非営利の組織に関しては社会団体，民営非企業単位，基金会の3つの法的ステータスが用意され，中央レベルでは民政部，各クラスの地方では民政庁（局）などがその登録業務を管轄している．民政部門での登録のためには通常，それぞれの管轄分野の団体の設立を承認，管理，監督する主管部門を見つける必要がある．つまり，いわゆる二重の管理体制と呼ばれるしくみが取られている．非営利団体として正式な登録ができれば，免税待遇を受けられるなどのメリットもある．しかし，LGBTQに関する事務を管轄する公的部門は定まっていないため，LGBTQ団体が主管部門になってくれる部局を探すのは困難を極めている．それぞれの行政機関にとってLGBTQ団体の主管部門を引き受けることには，政治的リスクこそあれ，メリットは見当たらない．

（2）「上に政策あれば，下に対策あり」

　こうした制度のもとでは同性愛や多様な性に関する活動を正面から掲げる団体が，正式な承認を得ることはほとんどない．民政部門で正式に社会団体としての登録を果たしているのは，ほとんどがHIV／AIDSに関する予防啓発，感染者へのサポートをする団体に限られる．中国でもHIV陽性者のかなりの割合を男性同性愛者が占めており，感染拡大予防，感染者へのケアのためには，当局も当事者NGOの力を借りる必要があるからである．その意味でHIV関連の団体は公益性が高いことを証明しやすいのである．

　ゲイ関連の団体の多くは正面にHIV予防を掲げることで，正式登録に至る場合が多い．これに対してレズビアン団体はこうした「名目」がないため，正式に登録された団体はひとつもないと言われる．NGO／NPOとしての登録が難しいので，仕方がなく営利企業として工商登記をすることで，法的地位を得ている団体も多い．筆者はLGBTQ全般にわたる当事者活動をしていた北京同志

**写真4-2 北京同志センターオフィ
ス内の掲示板**

2013年3月．筆者撮影．

センターの事務所を，2013年3月に訪問
したことがある．当時，同センターは桃
紅文化伝播有限会社という名称で，文化
芸術交流活動などを営業範囲とする企業
として登録を受けていた．営利企業とし
て登録される場合，納税義務があり，毎
年の決算報告をする必要があり，活動が
制約されるというデメリットもある（写
真4-2）．

　2014年からは一定の類型の社会団体に
ついては主管部門がなくても，民政部門
で直接登録することを認める改革が試行
されたが，LGBTQ関連の団体でこの恩
恵を受けた例は確認できない．社会団体
の設立，管理については，法律ではなく，
国務院の行政法規しかなく，各地での運
用には大きなバラツキがある．民政部門の裁量の幅は広く，その裁量に働きか
けるべく，それぞれの組織が知恵を絞り，工夫を続けている．

　たとえば，理事に当局にとって政治的信頼性の高い人物（肩書，経歴，党籍，
知名度など）を並べる，日頃からまめに民政部門の担当者とコミュニケーショ
ンを重ねて，信頼を得る，組織の規約などの文書ではできるだけ同性愛，同志
などのデリケートな表現を避けるなどである．

　海外NGOの中国内での活動を制約するために，2017年から域外非政府組織
域内活動管理法が施行され，おもに外国から資金提供を受けて活動していた
LGBTQ関連団体は，これでほとんど資金源を失ったと言われている．現在，
法的地位の獲得に加えて，新たに活動資金の調達にも大きな困難が立ちはだ
かっている．

（3）家族をキーワードにする戦略

　こうしたなか全国的に大規模に活動を展開する〔同性恋親友会〕（PFLAG
China．出色夥伴True Selfとも称している）が異色を放っている（魏，2017：74）．こ
の組織は2008年に広州で同性愛者の母，呉幼堅とゲイであることをカミングア

ウトしている阿強こと胡志軍が立ち上げた，同性愛者とその家族（おもに母親）からなる草の根民間団体である．当局からの妨害をかいくぐって，一時は全国の主要都市に分会を組織し，各地で同志親友懇談会なるイベントを開催していた．

　親友会は使命として，「各種のコミュニティ活動を通じて，性的マイノリティのアイデンティティ確立，家庭での受容，社会との融合を推し進め，このグループの平等で尊厳ある生存環境を獲得する」ことを掲げている．そして会の核心的価値を「家庭和諧，相互助け合い，家族同士の愛」に設定する．電話相談や交流会，座談会などを通じて，連携，親睦を図ったり，小冊子『認識同志』を[10]発行し，同性愛に対する社会の理解を深めるための活動を行っている．

　この組織の特色は，家族，父母を同性愛者の運動と結びつけている点である．これは人権や反差別，アンチホモフォビアを掲げ，時に権力や主流の体制，規範と敵対的になる西側の社会運動のスタイルとは一線を画するものである．家族という体制側にも受け入れられる価値を前面に出すことで，政治的リスクを低下させ，組織と活動のレジティマシーを獲得する戦略をとる．不安定な法的地位をカバーし，組織の安全性を確保する工夫であり，濃厚な中国的特色に富む組織だと言える．

6　ビジネス化するLGBTQ

　仮に中国のLGBTQが人口の5％だとすると，それだけでかなりの規模の市場ともなりうる．ゲイをおもな市場のターゲットとして企業化した成功例としては，Blued淡藍がもっとも著名である．元警察官の創始者，馬保力（ニックネーム耿楽）は，2000年から淡藍網という同性愛者（おもにゲイ）のための情報ウェブサイトを立ち上げ，情報発信を始めた．このサイトはゲイ向けの中国語情報サイトではもっとも人気を博した．娯楽，流行や消費，生活に関する情報のほか，HIV／AIDSについての情報も含まれ，公益性をも併せ持ったサイトであった．2008年には淡藍公益を立ち上げ，HIVの予防啓発，無料ウィルス検査などの活動も本格化させていた．

　折しも携帯電話の普及時期と重なり，2012年，男性同士の出会いのためのソーシャルネットワークアプリBluedを立ち上げたところ，爆発的に会員を増やした．現在，世界中で4900万人がこのアプリをダウンロードし，うち49％は中国

写真4-3　Blued淡藍の経営者, 耿楽こと馬保力氏 (右) と筆者
2015年10月, 筆者提供.

以外の会員だという. 猥褻な画像などがア プリ上にアップされると当局の取り締まり を受けるので, オフィスでは24時間体制で アプリ上をパトロールをしている. 2020年 にはこのアプリの運営親会社 (BlueCity藍城 兄弟) が, ナスダック市場への上場を果た し (2022年8月上場廃止), インターネット上 の大きなピンクビジネス (Pink capitalism) へと成長した.

藍城兄弟は今や〔科技, 創新, 多元, 公 益〕(テクノロジー, イノベーション, ダイバー シティ, パブリックインタレスト) をモットー とするグループ企業へと成長している. 董 事長の馬保力は企業家, 公益活動家として 体制からも評価され, 李克強総理と会見す るなど多方面で活躍, 2021年には北京市朝陽区の人民代表にも選ばれている (写 真4-3).

このようにBlued淡藍はHIVの公益活動を展開し, 体制にも接近することで, ゲイビジネスを成功させている.

7　トランスジェンダーのおかれた現状

中国の精神医学界ではトランスジェンダーを〔易性癖病患者〕と位置づけ, 国際的には脱病理化が進むなか, なお病理化モデルを継続させている. 2016年 に公表された論文によれば, トランスジェンダーが十数万人, すでに性別登録 を変更した人は1000人を超えていると推計される (翁・万, 2016：101).

中国では全ての国民が基本的に終身変わらない18桁の番号が振られた顔写真 付きの居民身分証 (ICチップ付き) を公安部門から発行され, この番号には性別 (男か女) 情報が含まれている. 高速鉄道や飛行機の搭乗, ホテル宿泊, 銀行口 座, 携帯電話, パスポート, 社会保険カード, 運転免許証など, あらゆる行動 がこの番号と紐付けられている.

性別情報の変更についての法律はなく, 公安部の2つの通達 (公治〔2008〕

478号, 公治〔2002〕131号）が規定している．通達によれば性別変更に当たっては，以下の書類の提出が必要とされる．① 申請者による申請書，② 戸口簿，居民身分証，③ 国内の三級病院[11]が発行した性別鑑定証明書，公安部門によるその公証書，または司法鑑定部門の証明書，④ 有職者については職場の組織人事部門による性別変更同意書．③の病院の証明書発行には性別適合手術（生殖器の切除，形成）を経ていることが前提となる．本人の望まない去勢手術を強要するのは，国際的には時代遅れになりつつあるが，日本もこの点は同様である．なお，性別変更にあたって職場の同意を求めるのは，本人の性別自己決定権を過度に制限するものであろう．

　性別変更の前提となる外科手術は，国内では「性別適合技術管理規範」（衛生部，2017年）に基づいて行われている．これによれば性別適合手術を受けるためには，以下の5つの文書を提出することが必要とされる．① 地元の公安部門による犯罪記録がないことの証明書，② 精神科医または心理科医による変性病診断証明書，③ 本人の手術希望書およびその公証書，④ 手術についての直系親族への通知証明書．

　さらに同規範は以下の5つの要件を満たすことも要求している．① 性転換の望みが5年以上継続し，それが安定していること，② 手術前にカウンセリングを受け，精神科治療を1年以上受けても効果がないこと，③ 未婚状態，④ 20歳以上で完全民事行為能力者であること，⑤ 手術の禁忌がないこと．

　このように手術を受けるためには多くの障害を乗り越える必要があり，タイなど外国で施術を受ける人，リスクの高い闇手術を受ける人も多い．こうした中国の手術要件には以下のように多くの問題がある．① トランスジェンダーを精神病の一種と見なし，病理化モデルから脱却できていない．② 変性病の診断にあたっては，自認する性別とは異なる性別に性的に惹かれることを要件としており（CCMD-3），トランスジェンダーをすべて異性愛とする間違った認識に立っている．③ 犯罪記録がないことを求めることは，そもそも意味不明であり，加えてセックスワークに従事することが多いトランスジェンダーには高いハードルともなる．④ 直系血族の反対があると手術ができない．⑤ 未婚を条件にしている．⑤は実は日本も同様であるが，性別変更後に結果として同性間の婚姻となることを避けるため（同性婚の徹底排除）であると想像される．性別変更後は異性（変更前の同性）との婚姻は可能とされている．

　首尾よく手術を経て，身分証の性別の変更ができたとしても，現状では大学

などの卒業証明，学位記などの性別表記を事後的に変えることが認められていない．そのためトランスジェンダーの人は，性別変更後も正業に就くことが難しい．このように中国のトランスジェンダーは自分の性別を自分で決める権利を大幅に制限されており，自分の望む性別で生活することは極めて困難な状況にある．そのため生きる希望を失い，自殺や自傷行為などが多発していると想像されるが，それに関する統計すら存在しない．

8　強まるメディア規制

　中国ではラジオ，テレビ，映画，出版，インターネット空間など，あらゆる言論，表現活動に対して，当局による規制，統制が行われている．言論表現規制を媒介する規定には，しばしばLGBTQにかかわる内容の規制が含まれている．

　電波放送，映画規制を管轄するラジオテレビ部（当時．現国家ラジオ映画テレビ総局）が制定した「映画テレビ審査規定」（1997年）では，削除ないし改変すべき内容として，「具体的に淫乱，強姦，売春，同性愛などを描くもの」（傍点は筆者．以下，同様）を明記していた．また，「ラジオ映画テレビにおいて未成年者思想道徳建設強化，改善の実施方案の通知」（2004年）でも，正常な倫理道徳と相容れない不健康な情感内容を宣揚することを断固として禁止するとし，その例示として，「フリーセックス，カジュアルセックス，享楽的性および同性愛の言説，画像および描写は断固として削除しなければならない」と規定していた．

　さらに「映画審査基準についての再度の通知」（2008年）では，映画において削除すべき内容として，「猥褻な色情，低俗な内容を含むもの，淫乱，強姦，売春（婦），性行為，性的変態，同性愛，自慰などの情景および男女の生殖器などその他の隠された部位を露わにするもの」とされていた．

　図書の出版についても内容について厳格な事前審査が行われ，無許可で出版すれば犯罪となる．同性愛に関する内容を含む図書を，〔書号〕という書籍番号を事前に取得して，正式に発行することは厳格に抑制されている．そのためNGOなどが発行する図書は正式の刊行物として発行することができず，地下出版的な形を取らざるを得ない．

　インターネット空間でもさまざまな表現規制が行われていることは周知の通

りである．中国インターネット協会の「インターネットサイト猥褻色情等の不良情報禁止自律規範」(2004年)という業界内部の規定では，同性愛が依然として「性的変態」に区分され，禁止の対象とされている．工業及び情報化部の「コンピュータにインターネットグリーンフィルターを装着することに関する通知」により，PCソフトで「同性愛」という単語がキーワードに入れられているので，LGBTQに関する情報へのアクセスを困難にしているとされる．最近は多くのLGBTQに関するインターネットサイトの継続が困難となり，閉鎖されるケースが相次いでいる．中国国内のサーバーからはLGBTQ情報が急速に姿を消しつつある．

　最近はさらに規制が強まる傾向にあり，当局のLGBTQに対する寛容度は下がっている．2017年には業界団体から「インターネット動画音声番組内容審査通則」が出され，あらかじめ削除しなければ公開できない内容として，「非正常な性的関係，性行為」のひとつに近親相姦，性的変態，性的暴行，性的虐待，性暴力とならんで同性愛が上げられている．さらに国家ラジオテレビ総局から「文芸番組及びその人員管理をさらに強化することに関する通知」(2021年)が全国の放送局などに出され，低俗番組を放映しないこと，中華の優秀な伝統文化を発揚すべきことが命じられた．ここでは「"娘炮"などの奇形的な審美を断固として杜絶させる」ことが明記されている．〔娘炮〕は男性らしくない，女性化した男性を貶む言葉であり，男女のジェンダー秩序を攪乱するような表現を規制しようとするものである．

　このように党国は「正常な」性の在り方なるものが存在することを前提に，LGBTQを示唆するような表現をそれに反する有害なものとして排除しようとしている．伝統文化や社会主義イデオロギーによってそれを正当化するが，要は性別二元主義や異性愛主義を動揺させるような内容を警戒し，排除しようとしている．

おわりに

　異性愛主義を基盤とする儒教的家族道徳と，それに支えられた共産党による超権威主義的政治体制の下で，中国のLGBTQがいかなる状況におかれているかを概観した．2020年の民法典制定時には同性カップルに対する法的保障を与えることを求める声が一部から上がったものの，結局，立法当局はそれが中国

の国情や伝統文化に反することを理由に，まともな議論の俎上に載せるまでもなく拒絶した．

　習近平体制は露骨に一党独裁体制の維持自体を政権の目的とし，アメリカを中心とする西側の近代的価値観との対立を一層深めている．中米間の対立，緊張は短期的には解消しそうもなく，こうした状況では党国が伝統的家族観の基底にある異性愛主義を相対化し，LGBTQの人権尊重へと方針を転換する兆しは見いだしがたい．

　しかし，これほど困難な状況のなかでも勇気を出して訴訟を提起する人，バーチャルなネットワークを築く人，HIV（公益），家族イデオロギー，ビジネス，体制内化するなどの工夫により，生存のための空間を懸命に広げようとする人，マイノリティの人権の角度から研究する人など，地道な努力も重ねられている．そうした先駆者たちの勇気には敬意を表すると同時に，これらの努力がいずれは実を結び，誰もが自由に多様な性を生きることができる日が来ることを望まずにはいられない．

第5章

プロテスタント教会
—— 共産党政権下での信仰生活 ——

上 野 正 弥

は じ め に

　キリスト教の教会というと，読者の多くは屋根や正面に十字架が掲げられた建物を連想するだろう．中国にもそのような教会はあり，三自教会や公認教会などと呼ばれている（以下，公認教会と記す．**写真5-1**）．筆者は，2013年に初めて上海市内の公認教会を訪れた．そこは1925年に建てられたゴシック式建築の教会堂で，数百名を収容できる礼拝堂を備える大きな教会だった．午前10時からの礼拝を見学しようと9時50分に教会へ入ったが，礼拝堂の座席はもうすでに信徒たちで埋め尽くされ，入ることができなかった．礼拝堂に入ることができない者は，別館の2階の部屋へ行き，礼拝堂の様子を中継で見ることで礼拝に参加した．その会場も信徒で埋め尽くされ，3階にも同様の中継会場が準備されているようだった．

　一方で，中国ではオフィスビルの一角や集合住宅の一室を教会として使っているケースも多くある．それらは家庭教会や非公認教会と呼ばれており（以下，非公認教会と記す），看板等の表示もなく，外見からではそれが教会だとはわからないものが多い．筆者は中国西南部の都市にある非公認教会を訪れたことがあるが，そこは集合住宅の一室を集会に使っているところで，毎週の主日礼拝に集まる信徒は50人ほどであった．主日礼拝では，信徒たちはまずリーダーによる説教を全体で聞いたり讃美歌を歌ったりし，その後10〜15人ごとのグループに分かれて説教の感想を言い合ったり，説教のテーマに関連した個人の生活上の問題や社会問題についての議論をしたりしていた．非公認教会の多くはこのような小規模のものであるが，中には規模の大きなものもある．筆者が訪問したことのある別の非公認教会は，商業ビルのワンフロアを教会として使っており，500人ほどを収容できるホールを備えていた．1回の礼拝では信徒を収容しきれないため，日曜日には午前中に2回礼拝が執り行われていた．

　中国政府が示す統計では，2018年時点で公認教会およびその傘下にある集会所は約 6 万カ所あるとされている．非公認教会についてはその数を示す公式統計は存在しないが，非公認教会は 1 グループあたりの規模が小さいものが多く，公認教会を上回る数の非公認教会が国内に広く点在していると見られる．北京だけを例にとってみても，北京市内には郊外にあるものも含めて22の公認教会があるが，非公認教会は2000から3000ほどあると見積もられている（Yang, 2018）．中国で大きな広がりを見せている非公認教会とは何なのか．また，公認教会とはどのような教会なのか．これらを理解するために，まずは中国において宗教がどのような政治的環境の下に置かれているのかについて紐解いてみたい．

　なお，本章ではキリスト教の中でも信徒の増大が著しいプロテスタントの状況を中心に論じていく．カトリックとプロテスタントとでは，教義や布教のあり方，政府からの扱われ方などの面で違いがあり，分けて理解する必要がある．言葉の面でも，中国語ではカトリックは「天主教」，プロテスタントは「基督教」と分けられることが多い．本章においては，カトリックとプロテスタントをとくに区別する必要がない文脈では「キリスト教」の語を用い，カトリック，プロテスタントを問わずにキリスト教の信仰を持つ人々のことを「クリスチャン」と呼ぶこととする．

1　公認教会と非公認教会

（1）愛国的宗教組織を通じた宗教管理

　古来，中国社会にはさまざまな宗教や信仰があった．中国宗教についての社会学的研究のさきがけであるヤンが言うように，中華人民共和国が建国される1949年以前の中国において，寺や祠，祭壇，その他礼拝場所を見つけられない地域はなかった（Yang, 1970：6）．その多様な信仰を，中国共産党政権は宗教，封建的迷信，反動的宗教結社（中国語では会道門と呼ばれる）の三種に分類し，それぞれに異なるアプローチで管理や取り締まりを行っていった．中国共産党政権が宗教に厳しい態度で臨んだ理由は，マルクス主義の政党である同党が無神論を党是として掲げているという点の他に，宗教が持つ組織力を可能な限り抑え，社会の不安定要因になったり政権に対抗する勢力になったりするのを防ぐというのもあった．また，キリスト教の場合には，教会を外国勢力（とくに米国）

写真5-1　成都市内の公認教会
2015年8月，筆者撮影．

から引き離すという目的もあった．

　政権によって宗教と認められたのは，仏教，道教，イスラム，カトリック，プロテスタントの五教のみであった．その他の多様な民間信仰などは封建的迷信や反動的会道門とされ，厳しい取り締まりの対象となった．宗教と認められた五教については，それぞれに愛国的宗教組織が結成され，その組織に加盟する寺や教会，あるいは聖職者の下でのみ信仰活動が認められるという制度がつくられ，それが今日まで続いている．プロテスタントの愛国的宗教組織としては「中国基督教三自愛国運動委員会」（以下，三自委員会）が1954年に正式に発足し，実質的に当委員会に加盟する教会でのみ信仰活動が認められる体制となった．「三自」とは，中国基督教の「自治」（外国教会からの自立），「自養」（経済的自立），「自伝」（伝道における自立）の3つを指す語である．

　こうして公認教会のしくみがつくられていったが，国内の全ての教会が三自委員会の傘下に収まったわけではなかった．次節で詳述するが，三自委員会のリーダーらと神学的立場を異にするために当委員会への加盟を拒んだ教会や，毛沢東時代に宗教への締めつけが苛烈になっていくなかで，家庭で密やかに信仰活動を続けたグループなどが存在し，それが今日の非公認教会の源流となっている（松谷，2021：211）．

（2）共産党党員数を超える信徒がいる？

　中国政府は，2018年時点で国内に約3800万人のプロテスタント信徒がいると発表した（中華人民共和国国務院新聞弁公室，2018）．これは基本的に公認教会に通う信徒数を示したものと見られ，非公認教会に通う信徒は含まれていない．非公認教会は政府に登記されないため，非公認教会の数やそこに通う信徒の数を示す統計は存在せず，それらの数は推計するほかない．非公認教会に通う者を含めた信徒の数について，研究者や研究機関はさまざまな推計をたてている．北京大学の研究者は2010年の「中国綜合社会調査」から得られるデータを基に，中国には2572.3万〜2905.5万人のプロテスタント信徒がいると推計したが（盧・張，2016），これは数ある推計の中でも控えめなものである．米国のピュー・リサーチ・センターは2010年，中国にプロテスタント信徒が約5800万人（カトリックは900万人）いると発表し（Pew Research Center, 2011），宗教社会学者のスタークらは統計データを基に2007年時点で6000万人のクリスチャンがいると推計した（Stark and Wang, 2015）．さらに，元『タイム』誌記者のエイクマンは2006年の著作で中国に8000万人のクリスチャンがいると言い（Aikman, 2006），世界宗教データベースは2017年時点で１億3000万人あまりのクリスチャンがいるとした（Grim, Johnson and Skirbekk et al., 2018：201）．宗教社会学者の楊鳳崗は，2030年には中国が２億4700万人のキリスト教人口を有する世界一のキリスト教国になるという予測を示し，中国内外から注目を集めた（Phillips, 2014）．このように，中国のキリスト教信徒数に関する推計にはかなり幅があるが，1982年時点の政府公式発表では300万人とされていたプロテスタント信徒数が，人口増長率を上回る勢いで増加してきたということは言えるだろう．

　ちなみに，2021年６月時点での中国共産党（以下，共産党ないし党と記す）の党員数は9500万人あまりである．上記の推計値の中に，中国のクリスチャンが共産党員数に引けを取らない，あるいはそれを凌ぎうる数に上っていることを示すものがある点には注目してよいだろう．1999年の法輪功事件を経験した共産党政権にとって，宗教や信仰が持つ組織力は，現実的な脅威として認識するに足るものである．14億の人口を抱える中国にとって，クリスチャンが仮に１億人いたとしてもそれは人口の１割にも満たない数ではある．しかし，上述の点を考えると，急激な勢いで拡大したプロテスタント教会を共産党政権が脅威視していても，決して奇妙なことではない．

2　中国政府のプロテスタント政策の変遷と教会の成長

　ここからは，中国政府のプロテスタント政策を時系列に沿って辿るとともに，時々の政治状況の中で中国プロテスタントがどのように成長してきたか，さらに詳しく見ていく．

（1）毛沢東時代

　1949年10月 1 日に中華人民共和国の建国が宣言され，ここから新国家としての歩みが始まるが，当時の党・政府にとっての至上命題は，中国が長年受けてきた帝国主義列強の干渉を排除し，中国人民の手による独立自主の強い主権国家を建設していくことであった．この文脈において，キリスト教は厳しい視線を向けられる存在であった．なぜならば，キリスト教はアヘン戦争以降に欧米列強と結ばれた不平等条約の庇護の下，本格的に中国での布教活動を進めたために，列強諸国の中国侵入の道具として機能したとみなされたためである．国共内戦以降は，米国政府が中国国民党の蒋介石を支援したこともあり，国内の米国宣教師はスパイ活動をしているのではないかという疑いの目で見られた．共産党政権は建国以降，各地で土地改革（Column 2 ）を進めていくが，その過程の中で多くの教会が収容されたり，活動を停止させられたりした地域もあった．

　このようにキリスト教に警戒のまなざしを向ける一方で，共産党は建国当時の国内におよそ100万人のプロテスタント信徒（カトリックは220〜300万人）がいるという現実にも向き合い，彼らの忠誠心を新国家へと向けさせ，信徒たちを帝国主義の側につかせないようにする必要があった．そこで党がとった方針は，建国以前から共産党と一定のつながりを有していた教会関係者に政治的地位を与え，彼らを中心に教会や信徒たちを新国家の中で新たに組織化させるというものだった．党は，基督教青年会（YMCA）の呉耀宗という人物を中心に三自委員会を組織させ，実質的に当委員会に加盟する教会のみが信仰活動を許されるというしくみをつくっていった．具体的には，信徒に対し，「新中国建設における中国基督教の努力すべき道」と題する文書（通称，「三自宣言」）に署名させたり，帝国主義のスパイなどと目された牧師らを糾弾する告発大会に参加させたりするなどして，信徒たちを三自革新運動（「三自」の教会を打ち立てる運動）

へ引き込み，三自委員会のしくみの中へ取り込んでいった．

　この三自委員会のしくみをつくる過程で，教会内では少なからぬ軋轢が生まれた．信徒の中には，三自委員会のリーダー層と神学的立場を異にするために，三自委員会への加盟を拒む者たちがいた．その代表格が王明道という人物である．彼は神学上保守的な信仰を有していたこともあり，自由主義神学の立場に立つ人々によってリードされている三自委員会への関与を頑なに拒否し，三自委員会のリーダー格の人物らを鋭く批判する言論を展開した[2]．この他にも，三自委員会への加盟を拒否したり，三自革新運動に消極的な抵抗を示したりする者もいた．「三自宣言」への署名者数は最終的に41万人あまりとなったが，これは当時の中国プロテスタント信徒の半数以上または約3分の2にあたる数とされる（羅，2014：694；中国基督教三自愛国運動委員会，1993：43）．これは見方を変えれば，中国プロテスタント信徒の少なくとも3分の1は「三自宣言」への署名をしなかったと言うこともできる．運動への参加を頑なに拒んだ王明道は，1955年8月，当局によって逮捕された．その後，王明道の他にも，三自委員会に加盟せずに活動を続ける教会リーダーたちの中で影響力が大きいと目された者が逮捕されていった．党は，物理的強制力までも用いて，中国の教会を三自委員会の下に一枚岩の組織にしようとしたのである．

　王明道逮捕以降も，教会に対する締めつけは大躍進運動や文化大革命（文革）といった数々の政治運動（Column 2）を経て強まる一方であった．大躍進運動の時期には，プロテスタント教会で連合礼拝が進められた．連合礼拝とは，各地の公認教会を合併させることであり，これにより公認教会の数は大幅に減っていった．たとえば，上海の市街地では208あった教会堂が22カ所に減らされ，北京では65あった教会堂が4カ所に減らされた（羅，2014：739）．合併によって取り潰しとなった教会の土地や建物は国家に供出させられ，倉庫や学校など宗教以外の用途に使われるようになった．また，建国後も残されていた全国規模のプロテスタントの各宗派組織（バプテストや聖公会など）も，この時期に消滅した．

　文革期における宗教を取り巻く状況は，とくに過酷なものだった．紅衛兵たちが「破四旧」（旧思想・旧文化・旧風俗・旧習慣の四つを打破する）の名の下に，仏像や聖像を打ち毀したり，僧侶や牧師，神父，修道女らをつるし上げたりして，国内の宗教は大きな被害を被った．プロテスタントでは，公認教会における信仰活動はもちろん，三自委員会も機能を停止する事態となった．しかし，その

ようななかでも自身の信仰を守り，三自委員会や政府の目の届かないところで信仰活動を続ける人々が存在した．連合礼拝によって異なる宗派の伝統を持つ人々が1つの教会堂での礼拝を強制されるかたちとなったが，それに不満を持つ人々は教会堂に行かなくなり，家庭などで小規模な集会を持つようになった．農村部では，山奥や草原など人目のつかないところで密やかに信仰活動が続けられた．それだけでなく，各地で非公認の伝道者が秘密裏に布教活動を行い，信徒が増えもした．文革期のプロテスタントの実態については，資料の不足もあり今後の研究がまたれるが，1966～1978年の間にプロテスタント信徒の数は5～6倍に増え，1970年代末には全国の信徒数が500万～600万へと拡大したのではないかと推測する研究者もいる（Bays, 2012：186）．三自委員会制度の枠外での非公認教会の流行は，早くも文革期から始まっていたと考えられる．

（2）改革開放政策以降

　毛沢東が1976年に死去し，鄧小平の下で改革開放政策（Column 1）が進められていくと，宗教への締めつけもいくらか緩和されていった．そのなかで，三自委員会も活動を再開し，傘下の教会が徐々に再開していったが，1980年代においてはおもに農村部で信徒が増加していった．人民公社が解体されて以降の農村部では，政府の社会保障提供能力が実質的に低下し，今日もそうであるが，人々は医療や福祉をなかなか得られない状況になった．そうしたなかで教会や伝道者らは，重病人がいる家庭などのために家事を手伝ったり寄付を募ったりして住民の間で信頼を獲得していき，信徒を増やしていった．政府による社会サービス提供が不足するなかで，キリスト教などの宗教が住民の互助組織として機能していったのである（朱, 2003）．また，慢性病に悩む高齢者は，キリスト教に救いを求めることで自身の心理的負担や不安を軽減させていった．高齢者に限らず，女性などの社会的弱者が教会に近づいていき，信徒が増えていったというのが，農村部キリスト教の特徴である．人々は，病気治癒といった現世的な利益を求めて入信していったのである．

　キリスト教への需要が高まる一方で，各地の地方政府の多くは，教会の土地や建物の返還や，新たな教会堂の建設にはあまり積極的ではなかった．なぜならば，地方政府の幹部にとって，自分の任地で宗教が流行したり信徒数が増加したりする事態になれば，自身の昇進に響くからである．そのような要因もあり，プロテスタントの需要は増大する一方で，公認教会や公認の聖職者だけで

はその需要に応えることはできなかった．その需要を満たすように，農村部の
あちこちで非公認教会がつくられていき，プロテスタント信仰が広まっていっ
た．

　1990年代に入ると市場経済化や都市化が急激に進み，農村から都市への人の
移動が活発になった．そのなかで，農村部で流行していたプロテスタント信仰
が都市部にまで広がり，教会拡大の中心が都市部へと移った．急激な市場経済
化や都市化は社会のあらゆる側面に大きな変化をもたらし，人々の行動様式や
価値観をも変化させた．市場経済の荒波に揉まれるなかで，自分が生きる意味
を見失ったり心のよりどころを求めたりする人々が現れて，宗教への需要が都
市部でも高まっていった．そうした人々にとって，プロテスタントの非公認教
会は魅力的なものに映った．「はじめに」で触れたように，非公認教会は公認
教会にくらべて小規模のものが多く，信徒らは膝をつき合わせての交流を行う
ことができ，メンバー間の関係性がより密である．非公認教会というコミュニ
ティの中で，人々は帰属感を得ることができ，それが精神的満足へとつながっ
ていき，そのコミュニティに根を下ろしていった．また，対外開放が進むなか
で，都市部では外国籍の宣教師が活動しやすい状況が生み出された．欧米や香
港，台湾などから来た宣教師は，英語教師やビジネスパーソンとして中国に入
り，各地で布教活動を展開していった．

　都市部では，大学生などの若者，知識人やホワイトカラーなど比較的学歴の
高い階層の人々がプロテスタントに入信していったことが注目される．1989年
の天安門事件[3]を経て，党・政府や社会主義に失望した人々や，政治運動による
改革に限界を感じた若者らの一部が，宗教に精神的よりどころを求めたり，西
洋の市民社会の源流をキリスト教に求めたりして，プロテスタント信仰を持つ
ようになったのである．知識人の信徒の多くは，公認教会に通うことを選択し
なかった．なぜならば，彼らにとって公認教会の牧師の説教はレベルが低く，
満足することができなかったからである．彼らは自分たちで聖書学習会を開き，
それがやがて多くの信徒を集めていき，教会組織へと成長していった．このよ
うな非公認教会は新興都市教会と呼ばれている．

　新興都市教会の多くは，参集者が10〜50人ほどの小規模なものである．なぜ
ならば，参集者が多くなればなるほど当局に目をつけられるリスクが高まるた
め，信徒たちは小さいグループに分かれて活動していくからである．北京のあ
る非公認教会に所属していた宋軍によると，参集者が50名近くになると必ず分

かれて集会を持つことにしており，1995年に成立した非公認教会が98年には2つに分かれ，2002年には10カ所に分かれることになったという（宋，2019）.

3 教会や信徒による社会貢献活動の来し方と行く末

以上のような過程を経て，中国では農村部，都市部を問わずにプロテスタント信徒が増加し，非公認教会が成長を遂げていった．以下では，都市部の非公認教会に焦点を当て，彼らの存在や行動と政府，社会との関係について考えてみよう.

（1）胡錦濤政権期までの動向

前節で，改革開放政策以降はまず農村部において，その後都市部でプロテスタント信仰が広がっていったことを述べたが，農村部の教会と都市部の教会とでは，教義や神学理解の面で異なる特徴を有する．歴史的な経緯から，農村部の教会は保守的な神学理解を有し，病気治癒など信仰者自身の利益や個人の霊的救済に強い関心を注ぐ傾向がある．それにくらべて，近年の都市部の教会は，教会による社会貢献活動を意識するなど，信仰を個人に留めるだけでなく，教会と社会との関わりについてより積極的に考え行動する動きが見られる.

都市部の教会が行っている社会貢献活動として，たとえば災害復興や社会的弱者の救済といったボランティア活動や福祉活動がある．筆者が2015年に訪れた非公認教会では，貧困地域に毛布を無償で送るというプロジェクトが行われていた．また，2008年に発生した四川大地震では多くのボランティアが被災者支援や復興に携わったと言われている．ある統計によると，四川大地震のボランティアの50％はクリスチャンで，そのうちの80％は非公認教会の出身だったという（高・何，2011）.

中国政府，とくに胡錦濤政権は，宗教が持つこうした社会貢献の側面を積極的に活用しようとしていたと見られる．2007年の中国共産党第17回全国代表大会の際に改訂された党規約に，「党の宗教工作基本方針を全面的にやり遂げ，信教大衆を団結させて経済社会発展に貢献してもらう」という文言が書き加えられた．無神論の原則を掲げてきた共産党の党規約に，宗教が持つプラスの側面に期待を寄せるこのような文言が書かれたことは，これが初めてであった．2000年代は，貧富の格差の拡大など，急速な経済発展がもたらした社会矛盾が

顕在化してきた時期である．これに対して胡錦濤政権は「和諧社会」（調和のとれた社会）といったスローガンを掲げ，人々の抱く社会不安が政権にとっての不安定材料にならないように腐心した．政権としては，宗教団体の力も借りながら国民への社会保障や福祉の提供の機会を増やすことで，それをよりよい統治につなげ，国民が政権に不満を抱かないようにしようとしていたと考えられる．

さらに，プロテスタント信徒の中には，弁護士として活動する者もいる．彼らは，中国の憲法に書かれている宗教信仰の自由の実質化を求めたり，維権運動に携わったりしている．「維権」とは，中国語の「維護権利」を短縮した言葉で，日本語では「権利擁護」などと訳すことができる．1990年代以降の中国ではさまざまな領域で維権運動が展開され，消費者問題や労働問題などにおける権利侵害に対する抵抗や要求が繰り広げられてきた（呉, 2014）．その中には，信仰の自由をめぐる維権運動もある．2004年，北京の非公認教会で牧師を務めていた蔡卓華が，彼の行っていた聖書などのキリスト教関連出版物の印刷や配布が「違法ビジネス活動」にあたるとして逮捕される事件が発生した．これに対して范亜峰や高智晟といったプロテスタント信仰を持つ弁護士が弁護団を結成し，蔡の弁護にあたった．2006年には彼らを中心に「中国クリスチャン維権弁護士団」という弁護士のネットワーク型組織が結成された．彼らは中国クリスチャンの権利擁護，中国における公正・正義の実現，中国の法治建設の実現のために当組織を結成したと宣言し，非公認教会に対する法律支援活動を行った．たとえば「クリスチャン維権ハンドブック」という冊子を発行し，既存の法律を用いてどのように当局からの権利侵害に対抗できるかアドバイスする活動を行った．この冊子は全国の非公認教会に1万5000冊が配られたという．また，弁護士団の一部は，法輪功の修練者やその家族に対する権利侵害をめぐる裁判の弁護も行った（邢, 2015）．

（2）習近平政権期の動向

以上のように，胡錦濤政権期においては，キリスト教を含めた宗教の公益活動に対して政府は肯定的な評価を示し，クリスチャン弁護士による維権運動も見られた．しかし習近平政権期に入ると，これらを取り巻く環境は大きく変わった．キリスト教に対する政府からの抑圧的な言論や行動が，多く見られるようになってきている．浙江省温州を皮切りに始まった十字架強制撤去運動は，そ

の象徴である．2014年，「中国のエルサレム」と称されるほどクリスチャン人口が他地域にくらべて多い浙江省温州のある公認教会の建物が，「違法建築」を名目に取り壊された．その後，温州市内では公認教会，非公認教会を問わずに十字架の強制撤去が相次いだ．以後，十字架強制撤去の動きは，河南省，安徽省，江西省でも見られ，中国各地に拡大していった．十字架強制撤去だけでなく，教会内への監視カメラ設置や国旗掲揚が義務付けられたり，未成年者の教会立ち入りの制限や日曜学校の禁止が広がったりしていった（佐藤，2020；松谷，2021）．

　維権運動に取り組む弁護士らの逮捕や拘束も相次いでいる．2015年7月，著名な維権弁護士らが相次いで拘束される事件が発生したが（「709事件」と呼ばれる），拘束された弁護士の中には，クリスチャンの李和平が含まれていた．彼は非公認教会の法律顧問を務めたり，法輪功修練者の弁護にあたったりし，信仰の自由や政教分離を訴えてきた．しかし2016年12月に「国家政権転覆罪」で起訴され，執行猶予付きの有罪判決を受け，弁護士資格も剥奪された．

　習近平政権は，キリスト教に限らず，他の社会団体や宗教一般への管理や統制を強化している．社会団体への統制強化の動きとして挙げられるのが，海外（香港・マカオ・台湾を含む）に本部を置くNGOの中国国内での活動に対する規制の強化である．中国政府は2017年に「海外非政府組織国内活動管理法」を施行した．習近平政権は，国外勢力が武力を用いずに平和的な手段で中国の体制を転覆させるという「和平演変」に対する警戒を高めている．米国を中心とする海外勢力はNGOを通じて「和平演変」をしかけるという認識から，海外NGOへの規制強化に踏み切ったと考えられる．「海外非政府組織国内活動管理法」第5条には，「中国国内での活動において，違法行為，中国の国家統一・安全・民族団結に対する危害，中国の国家利益や国民の合法的権利利益の侵害，営利活動・政治活動への従事・支援，宗教活動への非合法な従事・支援は禁止される」とあり，宗教を通じた「和平演変」への警戒心もここに現れていると言える．その他，同法では海外NGOが民政部門ではなく公安部門に登記することが義務付けられていたり，活動の資金源や収支状況についての詳細な開示が求められたりしている．

　宗教一般に対しては，「宗教の中国化」の方針が強調されるようになった．宗教の中国化とは，2016年の全国宗教工作会議での習近平の発言によれば，各宗教が持つ基本的な信仰や核心的な教義などを保持させつつも，教義に対して

現代中国の発展の度合いや中華の優秀な伝統文化に沿った解釈を作り出させることであるという．ここでは，各宗教と中華の伝統文化との融合が目指されている．宗教の中国化というスローガンを政府が声高に掲げて以降，国家宗教事務局の関連機関は，仏教や道教，中国土着の民間信仰を振興させるためのシンポジウムなどのイベントを積極的に開催している．その一方で，キリスト教やイスラムに関連するイベントの開催は，少なくとも表立っては行っていない．中国政府は，外国勢力からの影響を受けやすいキリスト教（およびイスラム）を主要な対象として中国化を推し進め，キリスト教を通じた外国勢力の国内侵入を防ごうとしていると考えられる．また，宗教の中国化を実現するための具体的な施策としては，教会などの建物の建築様式を中華風のものにさせるなどの方法が採られている．さらに，国旗，政府の宗教政策や関連法規，優秀な伝統文化,社会主義核心価値観の４つを教会に導入させるという「四進」の活動が，各地の政府によって展開されるようになっている.「宗教の中国化」の名の下に，人々の信仰や宗教活動に対する政府の介入がますます強くなっている現状である．

　このように，習近平政権は，宗教をよりよい統治に活用する姿勢を見せていた胡錦濤政権とは大きく異なり，キリスト教への締めつけを強めている．政府によってキリスト教の活動空間が狭められているなかで，教会や信徒による社会貢献活動をめぐる環境はより厳しいものになりつつある．

お わ り に

　中国では，建国初期に愛国的宗教組織のしくみがつくられ，その制度が基本的には今日まで続いている．ただ，この制度は当初から十全に機能していたわけではなく，人々は公式の制度の枠の外で，政府の管理や統制をかいくぐりながら，したたかに信仰活動を続けてきた．その結果として，今日におけるプロテスタント非公認教会の急速な成長がある．

　中国のプロテスタントをはじめとする宗教がたどってきたこのような軌跡を，宗教社会学者の楊鳳崗は「宗教三色市場論」という枠組みを使って説明している．人々の宗教活動の空間には，赤色市場，黒色市場，灰色市場の３つがある．赤色市場は合法の宗教活動がなされる場で，プロテスタントで言えば公認教会などの政府公認の宗教活動の場である．黒色市場は完全に非合法とされ

る宗教活動の場で，政府の厳しい取り締まりの対象となる．ここには，キリス
ト教系の異端信仰（政府からは「邪教」と呼ばれる）も含まれる．灰色市場とは，
赤色市場と黒色市場の中間にあり，合法ではないものの政府からその存在が黙
認されている宗教団体の活動空間である．多くの非公認教会はここに位置づけ
られる．楊によれば，国家が赤色市場という一定の枠の中での信仰活動を認め
ても，その中では自身の宗教的需要を満たせないと感じた人は黒色市場に流れ
る．黒色市場に対する抑圧が強くなると，今度は灰色市場が出現する．国家が
赤色市場での規制や黒色市場への抑圧を強めれば強めるほど，灰色市場はつか
みどころのないまま拡大し，灰色市場特有の曖昧さを生かして，政府の規制は
骨抜きにされる．すなわち，国家の宗教への規制や抑圧は，国家の本来の目的
である非合法宗教の撲滅という結果を生み出さず，むしろ宗教市場が複雑化し，
国家が宗教をより管理しにくい事態が生み出されるのである（Yang, 2006）.

　本章で見たように，習近平政権は社会の安定の名の下に，キリスト教に対す
る管理や統制を強めようとしている．この方針や政策はどのような結果を生み
出すだろうか．上記の宗教三色市場論の見方に立てば，国家にとってはむしろ
キリスト教の管理が難しい状況が続くであろう．楊も指摘するように，「歴史
の語るところでは，無数の高徳の人々が密かに宗教と呼ぶべきものを求め，実
践してきた」（Yang, 2006：邦訳：40-41）．宗教の社会における存在感や影響力を
減じたいと願う政府の思惑とは反対に，人々は今後も信仰を求め続けるだろう．
しかし，その前途は決して明るいものとは言えないのが現状である．

Column 2

毛沢東時代の政治運動

　毛沢東は中華人民共和国建国の父とされており、北京の天安門の楼閣には彼の大きな肖像画が掲げられている。1949年の建国から1976年の毛の死去までの間、彼は国政運営に絶大な権力を行使し、中国という巨大な国を治めてきた。

　彼の統治手法の特徴の一つは、大衆動員型の政治運動を大規模に行うことで、自身の政治目的を達成しようとすることである。毛沢東時代には実にさまざまな政治運動が展開された。多くの政治運動において、たとえば「資本家階級」や「反革命分子」などの標的が設定され、彼らに対して大衆が闘争を仕掛けるというスタイルがとられた。共産党政権はこうした政治運動を通じて社会への支配を固めていったが、その過程ではさまざまな混乱が引き起こされることもあった。以下では、本書でも触れられる土地改革、大躍進運動、文化大革命という3つの政治運動を取り上げ、それぞれでどのような大衆動員がかけられ、どのような結果を見たかという点を中心に見ていこう。

　土地改革とは、少数の地主によって所有されている土地を、小作農などの貧しい農民に分配するというものである。「土地改革法」が公布された1950年から1953年の間に、約7億畝（約47万km²）の土地が地主から没収され、約3億人の一般農民に分配された。各地の農村で、農民が地主を批判する闘争大会が開かれ、各地域の事実上の支配者であった地主の権威は地に落とされた。新しく自身の土地を獲得できるようになった農民は、土地を分け与えてくれた共産党政権を支持するようになり、党・国家権力の農村社会の末端への浸透が一定程度実現することとなった。その一方で、地主への闘争が過熱し、悪徳地主とされた人物が司法制度によらずに処刑されるといった事態も各地で発生した。

　大躍進運動とは、急速な経済発展の実現を目指して展開されたもので、1958年から1960年にかけて繰り広げられた。中国独自の社会主義社会を打ち立てると意気込んだ毛は、「15年で英国に追いつく」という現実離れした目標を掲げた。鉄や穀物の急速な増産が目指され、大量の労働力が製鉄やダム建設に駆り出された。また、農村各地に人民公社と呼ばれる集団農場が創設された。しかし、以上の企てはことごとく失敗に終わった。製鉄に労働力を奪われた農村での農業生産の停滞などの原因により、多くの農村で深刻な食糧不足や大飢饉が起き、

大量の死者が発生した。これまでの研究では、大躍進の失敗に伴い、3000万～5500万人が「非正常な死」を遂げたと見積もられている。

　大躍進の失敗後、毛沢東は政治の第一線から退き、代わって劉少奇や鄧小平らが経済調整政策を率いていった。これにより、経済状況は回復に向かったが、毛は彼らの政治運営に不満を募らせていった。彼らから権力を奪い返し、党組織を刷新すべきと考えた毛が仕掛けた運動が、1966年から始まった文化大革命である。党組織を信頼できなくなっていた毛は、毛沢東思想に忠実な若い学生たち（紅衛兵）に対して動員を仕掛けた。紅衛兵は各地の高校や大学で現職の幹部らに言葉や暴力などで批判を浴びせ、彼らから権力を奪った。このような造反運動は社会全体に広まっていき、「反革命的」と目された人々が拘束されたり、家財を奪われて焼かれたり、恐怖に怯えて自殺を選んだりした。各地の党組織は革命委員会に取って代わり、国家主席だった劉少奇も権力の座から下ろされ、監禁先で悲惨な死を遂げることとなった。紅衛兵の運動は毛でさえも統御できないほどに過激化し、社会は混迷を極めた。結局毛は、大量の学生を農村部へ移住（下放）させるなどして、事態を収拾させていった。

（上 野 正 弥）

第6章

多民族国家中国の社会構造と民族問題

星野昌裕

はじめに
──多民族国家中国との出会い──

　この章でテーマに取り上げるのは多民族国家としての中国で，とくに民族問題のリアルに焦点をあてる[1]．

　私が中国の民族問題に関心をもったのは，およそ30年前の学生時代にバックパッカーとして新疆ウイグル自治区を旅行したときのことである．その当時，北京から新疆ウイグル自治区の中心都市ウルムチまでは列車で3泊4日かかり，2等寝台車でたどりついたウルムチの景観は，北京や上海で目にした中国のイメージとは完全に異なるものだった．そこで出会ったウイグル族の人々は，イスラム教を信仰し，漢語（いわゆる中国語）とは大きく異なるウイグルの言葉を使用し，顔立ち，服装，食文化の面で中東風情にあふれ，総じていえば東アジアの文化とは非常に異質な空間のように感じたものである．

　こうした学生時代の経験は，中国が多民族国家であることを強く認識させてくれたが，とくに私が興味を持ったのは，社会主義を標榜する中国が，如何にして多民族国家としての統合を保持しているのか，すなわち中国の民族政策はどのようなものだろうかという政治学的な問題であった．

　本章では，現代中国の民族問題について，政治学や国際関係の視点を踏まえながら，そのリアルな実像を描き出すことにしたい．

1　人口面からみる多民族国家中国の特徴

　現在中国では56の民族が公認されている[2]．2020年に実施された第7回全国人口調査をまとめた国家統計局のデータ[3]によれば，全国人口14億1177万8724人のうち，もっとも人口の多い民族が12億8631万1334人の漢族で，全国人口の91.11％を占めている．漢族以外の民族は少数民族と総称され，その総計は1億2546万7390人で全国人口の8.89％となっている．これら2020年の漢族と少数

民族の人口は，10年前の第 6 回全国人口調査（2010年）に比べて，漢族の増加率は4.93％，少数民族の増加率は10.26％となっており，あくまでも中国政府の公式な説明としては，少数民族の人口増加率の方が高いことになっている．

　ここで少数民族の人口を考察する上で重要な，中国の人口統計の読み方を簡単に示しておきたい．さきほど示した国家統計局のデータ表記を例にとるならば，「全国総人口」は14億4349万7378人，「全国人口」は14億1177万8724人といったように，さまざまな表記で人口データが示されている．国家統計局の説明によれば，「全国総人口」とは，22の省，5 つの自治区，4 つの直轄市および現役軍人の人口，香港特別行政区の人口，マカオ特別行政区の人口，台湾地区の人口を包括する概念として用いられ，もう一方の「全国人口」は22の省，5 つの自治区，4 つの直轄市および現役軍人の人口を指し，これら31の省・自治区・直轄市に居住する香港，マカオ，台湾の住民と外国籍者を含まない概念とされている．したがってこの統計においては，「全国人口」に香港特別行政区人口747万4200人，マカオ特別行政区人口68万3218人，「台湾地区」人口2356万1236人を加えた合計が「全国総人口」となっている．さらに人口統計のなかには，[4]31の省・自治区・直轄市の人口14億977万8724人，つまり「全国人口」から現役軍人の人口[5]を差し引いた数字を中国人口の総数として示すものもある．

　このように，少数民族の人口数や比率などを調べる際には，そこで利用しようとする人口データの根拠等に注意する必要がある．ただし，漢族と少数民族の人口比を考える上では，漢族の比率が極めて高いために，どのデータを使ったとしてもそれほど大きな差異は生じない．試しに31の省・自治区・直轄市の人口14億977万8724人をベースに少数民族の人口比率を計算してみよう．このデータによれば漢族は12億8444万6389人，55の少数民族は 1 億2447万9252人となっており，人口比率はそれぞれ91.1％，8.83％となる．先に利用した人口データの比率とほぼ変わらない．[6]

　中国の少数民族は人口比率こそ 9 ％に満たないものの，その総数が 1 億2447万人にのぼっていることに注意する必要がある．2022年 2 月における日本の人口が 1 億2519万4000人であることを踏まえると，中国の少数民族人口の総数が，世界第11位の日本の人口に匹敵する規模であることが分かる．個別の民族人口をみても，ウイグル族1177万4538人，チベット族706万731人，モンゴル族629万204人，朝鮮族170万2479人など18の民族が100万人を超えており，少数民族のなかで最多の人口を擁するチワン族にいたっては1956万8546人となってい

⁷⁾
る．ここで例えば新疆ウイグル自治区に隣接する国々の人口を調べてみると，カザフスタンは1900万人，キルギスは670万人，タジキスタンは1000万人で独立国家を形成していることが分かる．また内モンゴル自治区に隣接するモンゴル国の人口は340万人ほどで，中国国内のモンゴル族629万人の約半数でしかないこともわかる．中国の少数民族が「少ない数」の民族と位置づけられてしまうのは，全国人口の90％以上を占める漢族との相対的な関係でしかないのである．たしかに3544人のタタール族や3479人の高山族など文字通り「少ない数」の民族も存在するが，民族問題，宗教問題，人権問題などの観点から国際社会が高い関心を寄せるウイグル族やチベット族などは，独立国家を形成しうるほどの人口規模を有していることを理解しておくことが重要である．

2　民族自治地方の特徴からみえてくる中国の社会構造

　少数民族の伝統的な居住地域のなかには自治区，自治州，自治県が設置されているところがあり，それらは民族自治地方と総称されている．自治区とは省レベルの民族自治地方のことで，内モンゴル自治区，新疆ウイグル自治区，広西チワン族自治区，寧夏回族自治区，チベット自治区の5つがあり，自治州は延辺朝鮮族自治州など30州，自治県（自治旗）が120となっている⁸⁾．中国各地にはこれほど多くの民族自治地方が存在するのである．

（1）民族自治地方の広大さ

　民族自治地方はまず総面積の大きさが特徴的である．民族自治地方の総面積は613万km^{2}で，中国の総面積960万km^{2}の63.9％となっている．いいかえれば，中国国土の3分の2は民族自治地方が占めているのである．

　とくに新疆ウイグル自治区は166.49万km^{2}で省や自治区のなかで最大の面積を持ち，新疆ウイグル自治区だけで中国国土の6分の1（17％）を占めている⁹⁾．第2位がチベット自治区の122.84万km^2（13％），第3位が内モンゴル自治区の118.3万km^2（12％）で，新疆，チベット，内モンゴルの3つ自治区の面積を合計すると約407万km^{2}となり，それだけで中国国土の約42％を占めることになる．民族自治地方の広大さが伝わる数字といえよう．

（2）陸地国境線を占有する民族自治地方

　民族自治地方は，中国と周辺国の陸地国境線の占有率が高いという点でも特徴的である．中国は14の国々と国境を持っており，そうした周辺国との陸地国境線は述べ2万2800kmにのぼる．このうち新疆ウイグル自治区は約5700km，チベット自治区は3842km，内モンゴル自治区は約4200kmの陸地国境線を擁している．つまりこの3つの自治区だけで中国の陸地国境線の60％を占めているのである．これに広西チワン族自治区や延辺朝鮮族自治州，さらには省内に多くの自治州や自治県を抱える雲南省の陸地国境線を加えると，陸地国境線の大部分が民族自治地方で占められていることがわかる．

　このことは，中国の国境部が広大な民族自治地方で占められていることを示している．新疆ウイグル自治区，チベット自治区，内モンゴル自治区は，中国の内陸部に小さく存在する自治区ではなく，国境部に広大な領域を持って存在する自治区であり，その特徴ゆえに，ひとたび民族騒乱が発生すると，中国からの離脱力が強く働きやすい構造になっている．また，中国の周辺国のなかには，モンゴル，カザフスタン，北朝鮮など中国の少数民族と同じ民族による国家や，民族問題や宗教問題などの理由で政情不安を抱える国々が存在する．民族自治地方を間に挟むかたちで隣接している中国と周辺国は，民族や宗教の問題を媒介にして，相互の国内問題が連動しやすい関係にあるといえよう．

（3）民族自治地方における民族別人口比率の特徴

　民族自治地方は，それぞれの民族別人口比率が大きく異なる点も特徴的である．民族問題の観点から国際社会の注目を集めやすい新疆ウイグル自治区やチベット自治区といった民族自治地方には，それぞれ特有の民族比率があり，その特徴が民族問題の内実を規定する側面がある．新疆ウイグル自治区，チベット自治区，内モンゴル自治区について，2020年の人口データから民族別人口構成の特徴をみてみたい．

　新疆ウイグル自治区[10]の総人口は2585万2345人で，そのうち漢族が1092万98人で42.24％，少数民族が1493万2247人で57.76％である．このうちウイグル族は1162万4257人で自治区全体の44.96％，少数民族に占める比率は77.85％となっている．2010年とくらべて，自治区人口は約403万9000人，漢族は約217万4000人，ウイグル族は約162万3000人の増加となっている．ウイグル族よりも漢族の増加幅が大きく，とくに漢族の増加人口約217万4000人のうち約194万8000人

が他省等からの流入であることが示されている．自治区総人口に占めるウイグ
ル族の比率44.96％は，2010年の45.8％より低くなっており，とくに1949年の建
国当時に自治区のウイグル族比率が約76％，漢族比率が約7％だったことを考
えると，それからおよそ70年の間にウイグル族比率が約31％低下し，漢族比率
が約35％増加していることがわかる．こうした民族比率の増減要因は，統計に
も示されているように，多くの漢族が新疆ウイグル自治区に移住してきたこと
によるものである．このことをウイグル族人口の視点からも考察してみると，
中国全土のウイグル族人口1177万人のうち1162万人が新疆ウイグル自治区に居
住している．ウイグル族の自治区居住率は98.7％となっており，ウイグル族が
他の省等へ流出している程度が極めて低いことがわかる．こうした特徴ゆえに
ウイグル族の民族運動は，自治区への流入を進める漢族との敵対性を高め，漢
族を自治区外に押しやった上での独立を求める機運をもたらしやすい．
　チベット自治区[11]の総人口は364万8100人で，そのうち漢族が44万3370人で
12.15％，チベット族は313万7901人で自治区全体の86.01％となっている．2010
年にくらべて漢族は19万8107人，チベット族は42万1512人の増加がみられるが，
比率でみれば漢族の増加率が極めて高い．そのため自治区のチベット族比率は
90.48％（2010年時点のチベット自治区人口300万2166人のうち，チベット族は271万6389人）
から4.47％低下した86.01％になっている．とはいえ新疆ウイグル自治区におけ
るウイグル族比率（44.96％）にくらべれば，チベット自治区におけるチベット
族人口比率は依然として高い状況にある．しかし，注意が必要なのは，チベッ
ト自治区に住むチベット族人口313万7901人という数字は，中国全土のチベッ
ト族706万731人の44.44％にすぎないことである．いいかえれば，チベット族
の半数以上はチベット自治区以外の青海省，四川省，甘粛省などに居住してい
るのである．1959年にインドへ亡命したダライ・ラマ14世は，自らが提唱する
中道路線のなかで独立を求めずにチベットでの高度な自治を要求しているが，
ここでいうチベットとは，チベット自治区の範囲にとどまらず，青海省，四川
省，甘粛省などにも住むすべてのチベット族が居住している伝統的な領域を指
している．しかし中国側は，そのような広大な領域をチベットとみなす考えを
拒否し受け入れていない．
　内モンゴル自治区[12]の場合，自治区総人口2404万9155人のうちモンゴル族は
424万7815人で自治区に占める比率は17.66％でしかない．これに対して漢族は
1893万5537人で自治区の78.74％を占めている．さきほど，モンゴル国の人口

が340万人であることを指摘したが，このモンゴル国の人口に内モンゴル自治区のモンゴル族人口を合計しても764万人あまりにすぎない．1893万人近い漢族の存在を考えれば，仮にモンゴル国と内モンゴル自治区が統合されたとしても，モンゴル系の人口規模は漢族に対して少数者にならざるを得ない構造となっている．

3　中国共産党一党支配体制と民族問題

（1）中国共産党の民族政策史

　異民族間の王朝交代を繰り返してきた中国史において，満州族の清を倒し，1912年に中華民国が誕生してから今日までの約110年間に生じた政治社会の変動は，多数派としての漢族の政治権力が絶対化されていくプロセスであった．

　その中心的な役割を担った中国共産党は1921年の結党以来，少数民族地域をいかに統治するかについて，中国国民党との関係や日中戦争の展開に応じて，少数民族の自決権を承認しての連邦制にするか，中央集権制のもとで少数民族に自治権を与える制度にするかで揺れ動いた．日中戦争が終わり，中国国民党との内戦にも勝利すると，少数民族地域を中央集権制のもとで統治する方針を決定し，非連邦制国家としての中華人民共和国を樹立した．この事情に関して周恩来は，「国家制度で問題となるのは多民族連邦制かどうかである」とし，「帝国主義者がチベット，台湾，新疆を分裂させようとしている」ことを理由に，「国家の名称を中華人民共和国とし，連邦としなかった」と説明している[13]．

　中国共産党の民族政策は，建国後には民族区域自治制度として政治体制に組み込まれた．民族区域自治制度は，自治区，自治州，自治県とよばれる民族自治地方に居住する少数民族に，一定の自治権と優遇策を与えることを基本的な理念としている．しかし，民族自治地方には少数民族だけでなく多数の漢族も居住していたため，民族区域自治制度を導入するにあたっては，少数民族への優遇策を掲げつつも，各民族の平等という理念も掲げることになった．しかし現実の政治プロセスにおいて，少数民族に優遇策を与えつつ，同時に漢族も平等に扱うことは難しく，その時々の政治路線の変化に影響を受けながら，どちらか一方に政策の比重が置かれてきた．

　毛沢東時代はどちらかといえば民族平等の理念が強調され，少数民族への優遇策は有効に機能しなかった．政治や文化社会の特殊性から民族区域自治の導

入が見送られていたチベットでも社会主義化が急速に進められ，1959年3月に
ダライ・ラマ14世はインドへ亡命した．1965年にチベット自治区が樹立されて
民族区域自治制度に組み込まれたが，チベット自治区の領域は，伝統的なチベッ
ト社会の領域にくらべて，はるかに狭い領域でしかなかった．

　1970年代末に改革開放（Column 1）が始まると，少数民族への優遇策が法的
に保障されるようになった．政治面では民族自治地方のリーダーに少数民族も
登用されることが定められ，民族自治地方の人民政府や人民代表大会（議会）
の役職者には少数民族の枠がもうけられた．たとえば，新疆ウイグル自治区人
民政府主席はウイグル族が担当しているように，自治区の名称に掲げられる少
数民族がその地域の政府主席を担当するようになった．

　しかし，政府や議会に関する優遇措置が法的に保障されたにもかかわらず，
民族自治の形骸化を懸念する声はやまなかった．なぜなら，中国共産党の一党
支配体制をとる中国では，民族自治地方においても政治の実権は中国共産党が
握っており，政府や議会のポストには少数民族枠がもうけられたものの，中国
共産党の書記については少数民族の枠が確約されなかったからである．そのた
め，主要な民族自治地方では，党書記を漢族が担当する状況が生まれている[14]．

　1980年代末になるとチベットのラサで抗議行動が頻発し，1989 年3月には
戒厳令が出された（1990年5月に解除）．新疆ウイグル自治区でも1990年4月5日
にバレン郷事件とよばれる大規模な民族騒乱が発生した．これらの民族騒乱が，
1989年6月の天安門事件前後に発生したことや，1980年代後半から1990年代初
頭にかけて冷戦終結やソ連崩壊といった中国の安全保障をめぐる国際環境が大
きく変化したことも影響し，中国共産党は民族問題に厳しい姿勢でのぞむ方針
を固めた．1992年に社会主義市場経済路線がとられて経済面から脱社会主義の
動きが鮮明になると，社会主義思想を使った多民族社会の求心力が低下し，愛
国主義教育（Column 3）のなかで国家統合を強化する政策がとられた．少数民
族の祖国は中国でしかないこと，少数民族は中華民族の一員であること，少数
民族の歴史は中国史の一部であることなどが強調されるようになり，やがて少
数民族に対する漢語授業開始時期の低学年化と書き言葉としての漢字学習を推
奨する方針も示されるようになった．

　このように中国の少数民族は，中国共産党の一党支配に加えて，漢族による
政治支配という二重の支配を受けており，民族騒乱の誘発につながっている．

（2）2つの北京オリンピックと民族問題

　これまで中国では北京で2度のオリンピックが開催されている．2008年8月の夏季オリンピックと，2022年2月の冬季オリンピックである．1回目の夏季オリンピックでは，開催5カ月前の2008年3月にチベット騒乱が発生したことによって，夏季オリンピックの開催をめぐって中国の民族問題が国際社会から高い注目をあびることになった．また2022年2月の冬季オリンピックにおいても，欧米の主要国は本項で後述するウイグル族への人権侵害などに反対する意思を示すためのとして，国家元首や首脳の開会式への派遣を取りやめている．中国で開催された2回のオリンピックは，いずれも民族問題とリンクする大会となった．

　2008年3月のチベット騒乱は，チベットの伝統を保持したい僧侶たちの抗議行動をきっかけに，漢族との民族間経済格差に不満をもつ民衆と，政治実権をもてないチベット族幹部の不満が共鳴し，3月14日にラサ市中心部での大規模な騒乱に発展し，3月下旬までにチベット自治区以外の甘粛省，四川省，青海省のチベット族居住地に飛び火した．この時の騒乱が北京オリンピックの開幕5カ月前だったこともあり，中国は国際社会から厳しい批判を受けた．これをきっかけに中国共産党とダライ・ラマ14世の特使との間で対話が行われたが，両者の溝が埋まることはなかった．

　2008年8月の夏季オリンピックから1年後の2009年7月5日，新疆ウイグル自治区のウルムチでウイグル族の騒乱が発生し，7月7日には反ウイグル族の色彩を帯びた漢族による騒乱も発生した．騒乱が発生した地名をとってこの2つの騒乱を総称してウルムチ騒乱と呼ぶなら，ウルムチ騒乱はウイグル族の騒乱に対して漢族が報復的な騒乱を引き起こしたという意味で，ウイグル族と漢族の対立構造を視覚的にも鮮明にするものだった．

　このときウルムチでは7月7日になってようやく午後9時から翌朝8時まで全面的な交通管制が敷かれたが，新疆ウイグル自治区党書記の王楽泉はその理由として，一部の漢族労働者が街頭をデモするなど社会秩序を乱し感情のままに行動してウイグル族と対立した点を挙げている．この事例は，今日の民族政策を検討するうえで非常に重要な示唆を与えてくれる．中国政府がウイグル族の騒乱よりも漢族の騒乱を政治的な脅威として受け止めていたと考えられるからである．すでに言及したように，新疆ウイグル自治区は民族自治地方でありながらも漢族の人口比率が高くなってきている．漢族人口の流入が進む民族自

治地方を安定させるには，漢族の不満を爆発させないことが重要な政治課題なのだろう．なぜなら，少数民族をおさえこむために警察や軍を動員しても全人口の9割を占める漢族から批判的な声は上がりにくい，すなわち中国共産党の統治能力は低下しにくいが，マジョリティ集団である漢族の不満を高めることは党の統治能力の低下につながりやすいからである．その結果，少数民族が政治的経済的社会的な不満をいくら訴えたとしても，中国政府は少数民族の優遇策を拡大することでそれに対処する政策をとりにくくなった．もし少数民族への優遇策をとりすぎれば，漢族による政治体制への反発がさらに大きくなる可能性が高まったからである．中国の民族政策は少数民族を抑え込む方向にさらに大きい舵を切らざるを得なくなったのである．

　2012年11月に胡錦濤政権から習近平政権に変わったが，この政権交代期にはウイグル問題が継起した．習近平政権のスタート期に，ウイグル族が関係したとされる事件のうち，とくに国際社会から大きな注目を浴びた事例としては，2013年10月の天安門車両突入事件，2014年3月の雲南省昆明駅襲撃事件，2014年4月30日のウルムチ南駅での爆発事件などがある．とくにウルムチ南駅の事件は，習近平の新疆ウイグル自治区訪問最終日と重なっていたこともあり大きな注目を集めた．こうした事件の発生を受けて，2014年5月23日から「新疆を主戦場とする暴力テロ活動取り締まり特別行動」が展開されるなど，少数民族に対する統制を一層強化していった．こうした統制強化の背景には2013年以降習近平政権が一帯一路政策を推進していることも関係している．中国内陸部から中央アジアを通ってヨーロッパへつながろうとする一帯一路構想において，新疆ウイグル自治区はヒト・モノ・カネの流通拠点となることが期待されており，習近平政権が一帯一路政策を推進するには，新疆ウイグル自治区の安定が不可欠だからである．

　2015年になると習近平は「宗教の中国化」を推し進めた．ウイグル族はイスラム教を信仰しており，「宗教の中国化」政策は民族政策にも大きな影響を与えた．宗教の教義を深めるには外国の価値観を信奉するのではなく，中国の社会発展や中華文化の伝統に則る必要があり，宗教活動は中国の法律が認める範囲でのみ行えるものだとして，あらゆる宗教活動を党のコントロール下におくための政策が徹底された．

　2016年8月には，新疆ウイグル自治区党委書記に陳全国が任命された．陳全国は，それまでチベット自治区党書記を担当し強硬な政策を用いてチベット問

題を抑え込んできた人物だった．陳全国は新疆ウイグル自治区においても極め
て強硬な路線で新疆統治を図った．近年，欧米諸国を中心に中国のウイグル政
策に厳しい批判が向けられている．そのきっかけは陳全国が推進した「職業技
能教育訓練センター」なる収容施設の運用実態が世界に伝えられたことにある．
2018年 8 月，国連人種差別撤廃委員会は100万人近いウイグル族が刑事手続き
を経ないで再教育を目的とした「強制収容所」にいれられているとの報告をあ
げ,2019年にはニューヨークタイムズや国際調査報道ジャーナリスト連合(ICIJ)
が中国政府の強硬なウイグル政策に関する内部文書を入手したとして，その一
部を公開している．中国側はこの収容施設を「職業技能教育訓練センター」と
呼び，漢語（中国語）と就業技能を学ぶことで就業機会を増やし，宗教活動は
法律が認めた範囲に限られることを学ぶことで，過激な思想を除去すること等
に目的があると主張する．しかし欧米諸国はジェノサイドの温床となる強制収
容施設であり,少数民族の人権が著しく侵害されていると厳しく批判している．
　2019年12月にショハラト・ザキル新疆ウイグル自治区政府主席は記者会見で,
教育・訓練に参加した受講生は全員修了したと説明しているが，先に言及した
2022年 2 月の北京冬季オリンピックの開幕式をめぐる欧米主要国の対応や,
2022年 8 月に国連人権高等弁務官事務所が中国政府による新疆ウイグル自治区
での深刻な人権侵害を指摘する報告書を発表するなど，国際社会はウイグル問
題の根本的な解決とはとらえていない．

4　民族政策をめぐる論争

　先ほども述べたように中国の民族政策は民族区域自治制度を軸に展開されて
おり，民族自治の形骸化が新たな問題を誘発しつつも，表向きには民族自治地
方に居住する少数民族に一定の自治権と優遇策が与えられている状況が継続さ
れている．
　こうした民族政策の原則を今後も維持すべきなのか，あるいは思い切って転
換すべきかについて，2015年に元中国共産党中央統一戦線工作部副部長朱維群
と国家民族事務委員会との間で，民族政策論争が起こっている．朱維群は，中
国共産党中央統一戦線工作部の要職を歴任し，2008年の北京夏季オリンピック
後に行われた中国共産党とダライ・ラマ14世の特使との対話では，中国共産党
側の代表としてチベット側に強硬な路線を主張し続けた人物である．朱維群は

2014年12月に四川省作家協会主席でチベット族作家の阿来と民族政策のありか
たについて対話を行い，その内容が2015年5月31日の鳳凰網で発表された．こ
れに対して国家民族事務委員会傘下の『中国民族報』が，朱維群に対する7つ
の反論文章を掲載することで，民族政策のあり方をめぐる公開論争ともいえる
状況が起こったのである．

　朱維群は民族政策を転換すべきとの立場をとる．彼の考えによれば本来民族
政策とは，中華民族の一体性を強化するのに役立つべきであるのに，現行の政
策はかえって民族と民族の差異を広げる結果をもたらしていると主張する．朱
維群は，中国人が自らのアイデンティティを考えるとき，性別や年齢といった
自然属性を除いては，どの民族に属するかという民族性のプライオリティが際
立っているとし，中国には民族の差異を意識させられる環境が多く存在し，そ
の一例として身分証に民族籍が記載されていることをあげ，身分証から民族名
を削除することを提案している．朱維群は，ある特定の歴史段階においては民
族と民族の相違点を認めあって，少数民族に対する優遇策を採用する必要があ
ることは認めるものの，今日にいたっては民族の差異が強調されすぎるあまり
異なる民族の間で発生したささいな問題さえも，すべて民族問題として認識さ
れる危険性が存在すると指摘する．これに対して国家民族事務委員会は朱維群
の意見を否定し，民族政策の現状維持を主張した．朱維群が民族政策に関わる
経歴をもっていることからも，この論争は民族政策の根本的なあり方を問う，
政治色を帯びた論争といえる．

　この論争を中国共産党系統の中央統一戦線工作部と国務院系統の国家民族事
務委員会の政策論争とみるならば，この論争は組織改編というかたちで事実上
の決着がついたといえる．2018年3月の党と国家の機構改革において，党中央
統一戦線工作部が国家民族事務委員会を統一的に指導する方針が示された．同
様に，民族政策と関わりの深い国家宗教事務局も党中央統一戦線工作部の傘下
となった．つまり，民族政策の転換へ舵を切る可能性の高い党中央統一戦線工
作部が，民族政策と宗教政策に極めて大きな権限を一元的に掌握したのである．
その一端を示すように，2020年12月に国家民族事務委員会のトップがモンゴル
族の指導者バートルから漢族の陳小江に交代している．国家民族事務委員会の
トップに漢族指導者が着任するのは，1954年にモンゴル族のウランフが着任し
て以降初めてのことである．なお2022年6月に陳小江の後任となった潘岳も漢
族である．

　また2021年8月に開催された第5回中央民族工作会議では，公開論争のなか
で朱維群が述べていた「本来民族政策は中華民族の一体性を強化するのに役立
つべき」との考え方を採用するとも受け取れる方針が示された[17]．習近平はこの
会議で，「中華民族共同体意識をしっかり確立することを，新時代における党
の民族工作の主軸にし，各民族が偉大な祖国，中華民族，中華文化，中国共産
党，中国の特色ある社会主義に対する高度な共通認識を不動のものとするよう
促し，中華民族共同体建設を不断に推進しなければならない」と述べて，今後，
党の民族工作の主軸を中華民族共同体意識の確立に置く方針を示した．さらに
「中華民族共同体意識と各民族意識の関係を正確に把握し，各民族が常に中華
民族利益を第一に考えるよう導き，各民族意識が中華民族共同体意識に従い奉
仕しなければいけない」，「中華文化と各民族文化の関係を正確に把握しなけれ
ばならず，各民族の優れた伝統文化はいずれも中華文化の不可欠な一部であり，
中華文化が根幹であり，各民族文化が枝葉であり，根が深く幹が太くなってこ
そ枝と葉が茂るようになる」とも述べたのである．

　以上の議論を踏まえるならば，中国の民族政策はいままさに従来の原則から
の転換にむけた転換期にさしかかっているといえるだろう．

おわりに

　本章では，人口面や民族自治地方の特徴を踏まえながら多民族国家中国の社
会構造を明らかにしたうえで，政治学や国際関係の視点から，中国共産党一党
支配体制における民族政策と民族問題について，その現状と今後の行方につい
て論じてきた．

　第4節で論じたように，現在の中国の民族政策は，少数民族の多様な文化社
会を十分に尊重することよりも，中華民族の一体性を強化する方針のもとで少
数民族の多様性ある活力を抑え込もうとする政治力学が強く働いている．その
結果，民族問題といういわば負の側面から中国の少数民族への国際的な関心が
高まり，その解決に向けた研究の必要性が高まっている．

　しかし，負の側面を入り口に多民族国家中国に関心を持つのが苦手な読者も
多くいることだろう．そうした読者のみなさんには，いったん政治的な問題か
らは距離を置き，私が30年前の新疆ウイグル自治区で経験したような少数民族
の文化，食生活，宗教，言語などに触れることで，多民族国家中国への前向き

な関心を高めてもらいたい．そうした少数民族の人々の多様性に魅了され心を寄せることが，結果的には民族問題を解決するための強い後押しにつながるからである．

第7章

中国の大都市に現れた外国人街
——上海と北京の事例——

趙　貴花

は じ め に

　中国の改革開放政策（Column 1）の実施による市場経済の活性化とグローバリゼーションの進展は，中国への人の移動を大いに促進した．中国の国家統計局の第7次全国人口統計データによると，2020年の調査時の中国在住の外国人は約84万5697人とされる（中華人民共和国国家統計局，2021）．彼らはとくに北京，上海，広州のような大都市に集中する傾向があり，これらの都市においては外国人の流入により，従来とは異なる商業，文化，居住の空間が創り出されている．上海の古北日本人街，北京の望京コリアンタウン，そして広州の小北アフリカ人街がその典型的な例である．

　1990年代以降に中国の都市に外国人が集まる街が現れはじめた．「世界の工場」と呼ばれる広州は，2000年以降に小北から三元里の一帯に広州の周辺地域で作った商品を安価で販売する卸売の店舗が急増した．その安価な商品のアフリカへの輸入販売で利益を得ることを求めて，多くのアフリカ人が地下鉄小北駅周辺の街に集まることで，この街は「リトル・アフリカ」と呼ばれるようになった．この街が，アフリカ人の商業を目的に短期滞在する場や情報交換のための場として存在感を増していく中，中国の製造業における原材料価格の上昇や人件費の高騰などの影響により，アフリカ人は急激に減少した．広州のアフリカ人街の特徴について，呂・郭は「彼らの集合性は主に市場と街頭の共有と利用において現れており，居住空間の共有ではない」（呂・郭，2020：82）と指摘した．

　一方で，上海の古北日本人街と北京の望京コリアンタウンは，中国政府の都市開発と貿易促進，そして，グローバル人材の積極的な受け入れの中で形成された居住と商業を一体とする都市コミュニティである．本章では，この2つのコミュニティの形成過程とそこの住民たちの生活の実態についてみていく．

1 上海の日本人街

　外務省の海外在留邦人数調査統計によれば，2021年10月1日の調査時に中国に在住していた日本人は約10万7715人とされる（外務省，2022）．中国は米国に次いで日本人が多い国であり，上海は中国内で日本人がいちばん集住している都市である（約3万7968人）．また，調査時の上海の日系企業拠点数は世界でもいちばん多く，約2万2475社に達している．

　上海は中国の経済の中心であり，外国企業の拠点や領事館が集中していると同時に，中国内でいち早く外国人の開業許可政策を打ち出し，外国人の創業を支援してきた．また，1843年の開港以降多くの移民を受け入れてきた歴史のある上海は，改革開放後に外資企業の投資や留学生の受け入れなどにより，中国で外国人がいちばん集中する都市となった．

　それでは，上海で日本人が集住する古北地区はどのような街で，そこに住んでいる人々はどのような生活を送っているのだろうか．以下では，戦時中の旧日本人街に触れながら，改革開放後の古北地区に現れた新日本人街についてみていく．

（1）上海の旧日本人街

　上海に日本人が住み始めたのはアヘン戦争による上海の開港以降になる．初めて上海に上陸した日本人は，1862年に千歳丸という日本の官船に乗って上海に派遣された51人とされる（譙，1989：57）．この時期から上海における日本人の商業活動が行われはじめ，陶磁器や綿花，金属製品などを扱う店や企業が上海に進出することになった．また，1871年に上海には日本領事館が設置された．1880年の上海共同租界工部局の人口調査によれば，上海の日本人居留民は168人に増加した（譙，1989：62）．

　第一次世界大戦から20年代にかけての時期は，上海における日本人居留民の人口がイギリス人居留民を超えていちばん多くなった．1937年の第二次上海事変以降，上海の日本人は急激な増加を見せ，1943年には10万人を超えた（藤田，2010：122）．この時期に日本人居留民の多くは上海共同租界の一画である虹口地区に集住していた．藤田によると，「1930年以降，虹口および隣接地域は『リトル・トーキョー』としての外観を備えるようになっていき，日本人居留民は

中国人や他の外国人居留民とほとんど交流せずに，自己充足的かつ排他的な生活を送っていた」(藤田，2010：123).

　1945年の日本の敗戦により，租界は中国に返還され，多くの日本人が引き揚げた．租界だった日本人街から日本人の姿は見られなくなったが，彼らが住んでいた虹口地区の建築物は今日まで保存されている．

（2）改革開放以降の古北日本人街

　1972年に日中国交正常化が実現され，1978年には中国の改革開放政策が実施されることで，日本企業の対中進出が始まった．したがって，上海には再び日本人が増え，日本人の集住地区が形成されていった．

　1990年代に，上海の8大中心区の1つの長寧区の古北路近くに，当時最大規模の外国人集住地区としての古北新区が建てられた．上海で初めての国際ビジネス住宅区である古北新区は，1986年に建築工事が始まり，1993年に第一期の工事が完了した．当初は，外資企業の誘致と外資の導入を目的に，外国の専門家や香港，台湾の商人たちの居住施設として建てられ，オフィス，ビジネス，娯楽，教育などの施設が完備されている総合ビジネス住宅区でもあった (周・劉，2015).

　2003年に，中国における外国人の居住地制限が解除された．それまでは上海に居住していた外国人のほとんどが古北新区に住んでいたが，居住地制限が無くなることで，日本人以外の外国人は浦東新区や閔行区に移り住む傾向があった (周，2014). 一方，日本人のほとんどは古北新区に住み続けることで，この地域は上海で日本人がいちばん集住する街となった．

　2004年に，中国政府による中国在住の外国人の小規模投資に対する規制が緩和されることで，上海に進出する日本の中小企業や自営業者が増加した．彼らの多くは古北地区で創業し，日本人向けのスーパーマーケットや居酒屋，病院，美容院，不動産屋などを開業した．古北地区は日系幼稚園も多く，閔行区にある日本人学校虹橋校にも近いため，子育て家庭が好んで住む地域となった．

　2009年には，古北二期の国際マンション (写真7-1) 12棟が建てられ，入居が始まった．この住宅区は地下鉄10号線の伊犁路に近く，上海のいちばんの繁華街である南京路までも地下鉄で約20分の距離にある．住宅区は真ん中を歩行者道が通り，両側にマンションが立ち並ぶ．各マンションの敷地内に小さな公園があるほか，住宅区の中央には大きな広場がある．その広場は住宅区の子ど

写真 7-1　古北二期の住宅
古北の知人による撮影.

もたちが遊び, 住民たちが交流する重要な場所になっている. さらに, 住宅区内にある「黄金城道」という名前の歩行街は上海の有名な観光スポットである. 秋になると銀杏の色に染まるこの歩行街の美しい風景と流行の最先端が集まる街の魅力は, 多くの若者たちを惹きつけている.

（3）古北の人々の生活の実態

　上海の日本人はおもに海外駐在員や留学生, 自営業者, 現地採用者および彼らの家族で構成されている. それでは, 古北に住んでいる人々の生活はどのようなものなのか, いくつかの事例[1]をみていこう.

【事例1】Rさん（男性, 51歳, 日本人, 大学教員）

　Rさんは, 日本で知り合った上海人の紹介で2018年から中国の大学で教鞭を取ることになった. 北京と西安の大学からの依頼もあったが, 自由度や安全性, そして中国語があまりできなくても生活できるなどの条件を全部満たしたのが上海だった. 上海は日本人にとって馴染みのある都市でもあり, 東京との行き来も便利であるため, 最終的に上海の大学で教えることを決意した. 古北に住むことになったのは, 大学のキャンパスと教員専用のマンションがここに位置しているからである. Rさんは古北に住みはじめてからこの地域の居心地良さを実感することになった. Rさんは古北の生活環境について次のように語った.

　　「（古北は）暮らしやすいです. 上海には, セブン-イレブン, ローソン, ファミリーマートなど, 日系のコンビニだらけです. 金虹橋商場がすぐ近くにあって, そこには大勝軒もあります. 金虹橋にあるアピタ, ドンク（パン屋）, ダイソー, コメダ（喫茶店）は日本人の生活に不可欠です. 同僚の日本人教員はコメダで試験の採点をしていました. 私的には朝食はパンが多いので, ドンクが重要です. アピタには日本風の惣菜や寿司などもあります.

地下鉄 2 番線も便利ですし，歩いて20分で高島屋にも行けます．日本人の職人がいる和菓子屋があるのは驚きました．同僚や中国人の先生，研究者とは古北の日本料理屋などで会食したり，飲み会をしたりします．日本的生活は古北周辺で十分です」．

　Rさんは，古北において言語や食生活，友人付き合いなどについて自分の慣れ親しんだ「日本式」が維持できることに安心し，満足している．Rさんは日本の食品を地域の日系スーパーマーケットで購入する以外に，中国の通販サイトの淘宝網もよく利用している．淘宝網は2003年にアリババ・グループによって設立されたオンラインショッピングサイトであり，現在登録会員数は約 5 億人に達している．世界中の商品を購入できる同サイトでは，中国で日本の商品を購入する重要なルートの一つになっている．しかし，インターネットショッピングがますます便利になっている中，地域の日系スーパーマーケットの存在意義について，Rさんは「直接物を見て買うかどうかを判断するのも重要だ」と語る．

　それでは，古北での生活に不便を感じていないRさんは，普段どのような人たちと関わりを持っているのだろうか．

　　「私の場合は，日本語教師会だけですね．日本人との交流は少ないです．同僚の日本人教員は県人会の付き合いがあるようですが，私は東京人なので，その辺はクールです．（中略）日系企業の駐在員とは話題も生活感覚も異なりすぎて，交流は難しいところが大きいと思います．ネットのおかげで，普通に日本にいる友人と交流できるので，わざわざ新しく友人を探そうとも思わないです」．

　上海には数十におよぶ日本人の県人会，同窓会（日本留学の経験のある中国人を含む），同好会などがある．しかし，古北に住んでいる日本人や日本国籍の中国人の多くは，自分の普段の仕事や生活と関わりのある必要最低限の人的ネットワークを構築していることが見られた．Rさんの場合には，日本にいる友人との繋がりを保ちながら，移動先の中国において仕事に関わる人たちとの繋がりを築いている．SNSの発展は，国境を越えるネットワークの構築をより容易にしている．したがって，Rさんのように地域に根づいた複雑な人間関係を構築しなくても，古北という「日本的」な言語・文化空間において自由な生活を

送ることができる．しかし，半年に１回の頻度で帰国していたRさんは，新型コロナウイルスの影響と中国のコロナ対策により，移動が大きく制限されていることに不自由を感じ，「『ゼロコロナ』が続くなら，あと１年で終わろうかと思っています」と語った．

【事例２】Sさん（女性，52歳，日本国籍の中国人，主婦）

Sさんは，2015年に上海の古北での約５年間の生活を終え，家族とともに東京に戻った．Sさんは2000年初期に中国から日本の大学に留学し，卒業後は日本で就職した．その後，結婚と出産を経て，2008年に夫が海外駐在員として中国に派遣されたため，同行することになった．上海に住む前には深圳と北京にそれぞれ１年間住んだことがあった．しかし，北京に住んでいた時は居住環境に慣れず，子育ての大変さからサポートを求めて青島にある実家に頻繁に帰ったりしたという．

Sさん一家が古北に住むことになったのは，夫の会社からの薦めがきっかけだった．Sさんはマンションをいくつか見学したが，古北のマンションとその周辺の環境がいちばん気に入り，ちょうど空いている部屋もあったため，迷わず住むことにした．Sさんは子どもの習い事や日常生活に必要な買い物などはほとんど古北一帯で済ませることができた．また，古北には日本人が経営する飲食店や日本風のカフェもあるため，友人と会う場所も古北になることが多く，この地域の住み心地の良さを感じた．長男はマンション近くの中国人が運営している水泳教室と台湾人が教える英語教室に通っていた．古北では中国人が運営している教室でも経営者自身が一定の日本語力があることや，日本語の話せるスタッフがいることが一般的である．Sさんは長男が日本人学校に通っていたため，長男のクラスの友だちの母親たちとの交流も多かったという．Sさんは古北での生活を思い出し，次のように語った．

　「古北はまるで一つの小さな世界みたいです．日本人学校も近いし，マンションの敷地内には日本人が開いた幼稚園もあります．近くには子どもの習い事ができる教室や塾もあります．そして，家から少し歩いたところに日本食材が買えるしんせん館や大型スーパーの家楽福，そして地元の市場もあるので，とても便利です．ほかに，カフェや和食，イタリアンのレストランなど何でもあるので，ほかの場所に行く必要がありません．また，古北で働く阿姨（家政婦）たちは日本のおかずも作ってくれるのでとても

楽です．（中略）私の今までの人生の中で，古北で過ごした時間がいちばん忘れられません」．

　Sさんの場合には，日常の食生活，子どもの教育，友人付き合いなどの需要が全部古北一帯で満たされることで，当時の生活満足度が高かった．Sさん自身は日本国籍を取得した中国人であるが，日本ですでに10年以上の生活を続けていたことから，日本の生活に慣れ，古北の「日本式」の生活に居心地良さを感じている．

　ここで，Sさんの話にあった中国の「阿姨」（家政婦）雇用文化について少しみてみよう．近年，中国の都市中間層の生活において家政婦（住み込みあるいはパート）の需要はますます高まっている．女性の高学歴化と社会進出の増加，そして生活リズムの加速化により，出産，育児，介護をめぐる女性の負担が増加し，女性の仕事と家庭の両立が難しくなっているのが一つの要因である．このような需要に応じて，1990年代に農村の女性の余剰労働力を生かしたビジネスとしての「家政」業界が現れた．2018年に家事サービス業界に従事している人は約3000万人に達しており，その約90％が農村から来た人々であった（経済日報—中国経済網，2019）．

　古北の駐在員家庭では家政婦を雇う場合が多い．古北の家政婦は柔軟性があり，それぞれの家庭の飲食習慣に合わせて食事も用意してくれるため，駐在員の妻たちは家事から離れて日本人同士の交流や中国文化の理解に時間を使うことができる．このような生活は，異国で生活する駐在員の妻たちの孤独やストレスを軽減させるため，彼女たちの生活満足度を一層高めるものとなっている．

2　北京の望京コリアンタウン

　韓国の外交部が発表した「2021在外同胞現況」によると，2020年12月時点で中国に滞在している韓国人（筆者注：韓国国籍を有する者を指す）は約25万6875人（永住権者は約8979人，留学生は約3万4074人，一般滞在者は約21万3822人）とされる．その中で，北京に滞在している韓国人がいちばん多く，約6万2839人である（대한민국외교부，2021）．

　北京には高等教育機関が集中しており，大学進学のための学習塾も多い（김의기，2006）ことから，韓国人留学生（約1万4839人）もほかの都市より多い．

2016年4月に，語学研修を含む高等教育機関に留学している韓国人数は，初めて米国を抜いて最多の約6万6672人となった．しかし，2021年4月には新型コロナウイルスの影響などにより，中国への留学者数は前年より47％減少した．韓国人留学生が北京で好んで住む場所の一つが清華大学や北京大学などの名門大学のある海淀区の五道口駅周辺である．この一帯は韓国人が経営している飲食店が多く，韓国語の看板が目立つのが一つの特徴である．

　一方で，韓国人の海外駐在員や留学生，自営業者，現地採用者および彼らの家族が集住している街は，朝陽区の望京にある「韓国城」と呼ばれるコリアンタウンである．ここは中国で韓国人がいちばん集住している街として知られている．

（1）「郊外の村」から「国際人材コミュニティ」へ

　北京市は16区から構成され，そのうち中心市街地とされる6区の1つに朝陽区がある．朝陽区は北京の東側の三環道路と四環道路の間に位置する．朝陽区には大使館・領事館が多いため，外交官や海外駐在員の子女たちが通うインターナショナル・スクールも多い．

　朝陽区の東北部に望京という地域がある．望京は1980年代までは北京の郊外の小さな村だった．しかし，1990年代以降に都市開発により大規模な住宅地が建設されることで，大きく変貌した．2007年に北京首都国際空港への直行バス路線が開通することで，国際空港への移動の利便性から外国人に注目される地域の一つになった．また，望京は多くの多国籍企業の拠点地域になることで，「北京の第二CBD（Central Business District）」と呼ばれるようになった．

　中国の教育部の発表によると，2016〜2019年に中国から海外への留学生数は約251.8万人で，その8割の約201.3万人が帰国した（中華人民共和国教育部, 2020）．また，智聯招聘が発表した「2021中国留学帰国者就職調査報告」によれば，留学帰国者を優先するポストが一線都市では約44.5％，新一線都市は約34.4％を占めるとされる[2]（中国新聞網, 2022）．すなわち，留学帰国者に対する大都市の受け入れが積極的であることがわかる．一方で，人材獲得をめぐって，2018年に西安，南京，武漢などの20以上の都市においては，国内の大学生の卒業時期に合わせて，一連の人材受け入れ政策（住宅付与や助成金，都市の戸籍の付与など）が打ち出された．

　このような熾烈な人材争奪戦の中で，北京市政府は1990年代から帰国留学生

を積極的に受け入れはじめた．1999年には朝陽区に「留学者創業園」を設立し，同年に「望京科学技術創業園」，また2002年には「中国北京（望京）留学者創業園」を設立することで，海外で留学している中国人全般に対して彼らの帰国創業をサポートしてきた．北京市はより多くの人材を獲得するために，彼らに多くの利便性を提供しようとしている．たとえば，朝陽区の望京，中関村科学城などを含む 8 つの地域で，「国際人材コミュニティ」を建設し，ワンストップ型総合サービスプラットフォームを構築することで，就労や居住に関する問題の迅速な対応や手続きの簡素化を目指している．

（2）望京コリアンタウンの形成

　韓国人が望京に住み始めたのは，1996年の望京新城住宅区の一期完成後である．2003年に中国における外国人の居住制限が解除され，望京が新型住宅地として開発されることで，それまで外国人専用のマンションに住んでいた多くの韓国人が望京のマンションに移り住んだ．マンションの賃貸価格が外国人専用のマンションより安いことや，地理的に北京首都国際空港に近く，朝陽区内に韓国大使館や韓国国際学校があるなどのことから，望京における韓国人の入居者が急速に増え始めた（趙，2012）．望京の韓国人が集住している街を，中国人の人々は「韓国城」や「韓国村」と呼び，韓国人の人々は「望京コリアンタウン」，「韓人タウン」，「韓国城」，「僑民村」，「北京の中の韓国」と呼ぶ．

　地下鉄15号線の望京駅と大通りを挟んで，望京で韓国人がいちばん集住している望京新城西園 4 区が見える．この住宅区は19棟のマンションがあり，入り口では24時間警備が行われている．住宅地内は緑豊かで，各マンションに小さな公園があり，住宅区の中央には全体で共有する大きな広場（**写真 7 - 2**）がある．この広場は住民たちが体を動かし，交流を行う重要な場所である．

　住宅区内の飲食店街やその他の道路沿

写真 7 - 2　望京西園 4 区内の広場
筆者撮影．

いには，飲食店，コンビニ，スーパーマーケット，郵便局，銀行，不動産屋，
美容院，語学教室，テコンドー教室などがある．店の看板は中国語と韓国語の
二言語で書かれているものが多く，店には韓国人の店員や韓国語ができる中国
人の店員がいるため，望京は韓国人の間では「中国語ができなくても生活がで
きる場所」として知られている．

　西園4区住宅区の飲食店街には，大きな文字で「望京美食城」と書かれてい
る看板が見える．この飲食店街における看板の変化は，この地域の変化と中韓
関係の変化を如実に表すものである．2015年以降の韓国のTHAAD配備問題を
めぐって中韓関係が悪化し，その影響はこの望京コリアンタウンの飲食店街に
も及んだ．韓国人の住民たちから親しみを込めて「韓国城」と呼ばれ，「望京
韓国城」と名付けられたこの飲食店街は，望京コリアンタウンではいちばん知
られている場所であった．しかし，中国における反韓感情が高まる中で，「望
京韓国城」と書かれていた看板は2017年には「望京美食城」に変えられ，その
隣にある「韓式美食城」と書かれていた看板も「美食城」に変えられた．望京
コリアンタウンの象徴であった「韓国城」という文字が，望京を代表する飲食
店街から消えたことは多くの韓国人に喪失感を与えた．しかし，彼らの中では
依然としてこの飲食店街を表す言葉として「韓国城」が使用されている．

　2020年以降，新型コロナウイルス感染症の世界的感染拡大により，望京の韓
国人向けの飲食店や衣料品店などの閉店が続いており，会社も不景気になり帰
国する自営業者や駐在員も続出した．したがって，望京の高額の賃貸費用や物
価の上昇に耐えられず，燕郊や順義などの郊外に引っ越す韓国人も増えている．
一方で，郊外の生活に不便を感じて望京コリアンタウンに戻る韓国人もいる．

　望京には韓国人が住んでいるマンションが多くあるが，その中でも建物が古
いにもかかわらず彼らがいちばん集住しているのが西園4区である．この住宅
区には医療施設や保育施設も備えられ，住宅区周辺には中国の公立小学校や中
学校などがあるため，子育て家庭が好んで住む場所になっている．

（3）望京で育つ子どもたち
　望京新城が建てられ，韓国人の入居が始まってからすでに二十数年経ってい
る．それでは，望京コリアンタウンに住んでいるのはどんな人々で，どのよう
な生活を送っているのだろうか．また，この住宅区における子どもたちは，ど
のような教育を受け，どのような友人関係を築いているのだろうか．

【事例3】Kさん（女性，44歳，韓国人，主婦）

　大邱出身のKさんは，2010年に夫が会社の海外駐在員として北京に派遣されることになり，2人の子ども（4歳，8カ月）を連れて一緒に北京に来ることになった．最初から望京のマンションに住んだのは，北京韓国国際学校に近いことと，韓国人にとって住みやすい場所だと聞いたからだという．最初は中国で4〜5年住んだら韓国に帰るだろうと思っていたが，夫にその後現地採用されるチャンスがあり，中国に住み続けることにした．

　Kさんは普段家族と外食する際には「韓国城」（商店街の旧名）に行くことが多い．また，教文ホテル近くのヨガ教室に通っており，友人とは麒麟社や望京SOHO周辺でよく会う．Kさんは子どもたちの友だちの母親たちとの付き合いも多く，昼間の時間にはよく2〜3人で望京の飲食店で食事をし，カフェで情報交換したりする．

　Kさんの長男は，望京の公立学校に通っていたが，中学校3年生の時に望京の北京韓国国際学校に転校した．転校の理由は，前の学校での授業時間が長く，朝5時半にはスクールバスに乗って登校しなければならず，宿題も多かったからだという．また，入試に関する制度はよく変わるが，それに関する情報が入手しにくいことから，親子ともに疲れていたという．転校してから，友人関係もよくなり，成績も上がっているため，長男は楽しい学校生活を送っている．韓国語はこれまで家庭内で使う以外に，特別に学んだことはないが，学校で韓国語で教える授業を受けることにとくに問題がないという．学校の授業以外に，長男は小学校1年生の時から家庭教師に中国語を教えてもらっている．今は英語の指導も受けている．Kさんは子どもを最初に中国の公立学校に通わせた理由を，「自分が住んでいる国の言語を学び，教育を受けることも必要だと考えているから」と語る．長男の今後の大学進学や進路選択などに関しては本人の意思を尊重すると述べた．

　Kさんは最近韓国人の子どもたちのために開いた小さな図書館でボランティア活動を行っている．この図書館は2014年に数人の韓国人の母親たちによって開館され，今は当初より規模が大きくなり，会員数も増えた．会員は子どもや青少年，大人を含む約1500人に達し，図書も約1万6000冊に増えている．韓国語の図書がほとんどであるが，英語の図書もある．この図書館を設立した背景には，「北京に住んでいる韓国人の子どもたちが韓国語を学ぶには韓国語の書籍が必要なので，たくさんの人たちが分け合って皆で読むことができたらいい

なあ」という考えがあったという．現在は望京のPOSCO（韓国の鉄鋼会社）の会社ビルの中のスペースを与えられ，賃料無料で，電気代と管理費のみを負担して運営している．この図書館は韓国人の子どもだけでなく，現地の中国人（朝鮮族を含む）の入会を希望する人々にも開かれている．現在ボランティア活動に参加しているのは，韓国人の母親たちや父親たちであり，少数ながら韓国語が話せる中国人も数人いる．月に2回ボランティアに行くKさんは，図書館で子どもたちの姿を見ることでやり甲斐を感じている．

【事例4】Yさん（女性，45歳，日本国籍の中国朝鮮族，会社員）

　Yさんは，2013年から約3年間家族と望京のマンションに住んだ．彼女は1990年代に日本に留学し，大学卒業後に日本で就職した．その後，結婚と出産を経て復職し，東日本大震災（2011年）で多くの中国人が帰国するときに，2人の息子の安全を考えて，中国に一時帰国することを決意した．

　当時長男は小学校に入学する年齢になっていた．日本に戻ることを前提に帰国したため，Yさんは子どもの通う学校を優先に考え，日本人学校がある北京に住むことにした．また，中国で滞在するにはビザを取得する必要があるため，Yさんは夫とともに日本人向けのラーメン店を開業することにした．住む地域を望京にしたのは，中国の東北部に住んでいる両親が孫たちに会いに来ることを考え，望京に父親の友人が住んでいることや街で韓国語が使えることなどの理由による判断であった．Yさんの思惑通り，両親が望京のYさんの家に滞在する間，母親は地域の朝鮮族が運営するダンス教室に通ったり，望京で知り合った韓国人と交流したりしながら充実した日々を送ったという．

　望京に住んでいたときに，Yさんの2人の息子は住宅区内の公園でよく遊び，いろいろな友だちができた．長男は，北京日本人学校の日本人の友だち以外に，望京では韓国人や中国人の子どもたちと友だちになった．韓国人の友だちはマンション近くの公立小学校に通っており，中国語は不自由なく使っていたため，2人はいつも中国語で話していた．Yさんも住宅区内で息子の友だちの母親の韓国人とよく韓国語で交流していた．長男は望京で習い事として英語教室と空手教室に通っていた．空手教室は日本人が経営する教室で日本人の先生が教えていた．当時一緒に習っていた子どもには中国人以外に韓国人もいた．Yさんは子どもたちを連れて望京から日本に戻ってきた後に，長男が韓国語に興味を持っているだけでなく，聞き取れる言葉も多いことに驚いた．

（4）多文化空間としての望京

多文化の織りなす空間としての望京コリアンタウン

　筆者は以前「望京『韓国城』は中国の各地から移動してきた朝鮮族と韓国からきた人々および北朝鮮の人々，ここを訪れる中国人や日本人が共同で創り上げた多文化，多国籍コミュニティ」（趙，2012：18）と述べた．すなわち，韓国人，朝鮮族，北朝鮮の人々（おもに飲食店の従業員）は，この街において従来の朝鮮半島におけるのと似て非なる形で彼らの文化を再生産している．彼らの出身地は政治的にはそれぞれ分かれているが，このコリアンタウンでキムチなどの彼らの共通の食べ物を食べ，経済的にも緊密な関係を有している．また，彼らの言語（韓国語，中国の朝鮮語，北朝鮮の言語）は多少差異が見られるとしても，望京という空間において彼らは各自自分たちの言語で互いにコミュニケーションを行うことができる．さらに，この街において日本人の人々はキムチなどを消費するだけでなく，韓国人や朝鮮族の人々と同じ商店街において日本の食品を販売し，飲食店を開くことで，自分たちの個性も積極的に表現している．また，この街は韓国の文化に強い関心を持つ中国の若者たちを集めさせている（趙，2012）．

　このような多言語，多文化が織り成す望京コリアンタウンにおいて，子どもたちは日常において多様な文化的背景を持つ人々と接し，多様な言語に触れている．Ｙさんの長男のように，家庭内では中国語と韓国語を耳にし，学校では日本語を使い，マンションの公園では韓国人や中国人の友人たちと中国語でコミュニケーションをとる．また，英語力を高めるために日常とは異なる言語空間としての英語教室に身を置くという，ハイブリッドな多言語空間を生きている．

望京における親の教育戦略

　ＫさんとＹさんの事例から，2人とも子どもの将来のための教育戦略を行っていることがうかがえる．Ｋさんは一般の駐在員の家庭とは異なり，最初から子どもを現地の公立学校に通わせた．その理由は現地の言語と教育も必要だからということである．すなわち，移動先である中国の言語を学ぶことと中国の学校教育も受けさせたいという考えである．Ｋさんのこのような考えの背景には，近年の韓国における早期留学のブームと中国の経済発展による中国留学者の増加，そして若者の就職難による競争の激しさなどがうかがえる．しかし，Ｋさんは子どもの学校での状況を把握し，子どもと一緒に悩むことで，転校と

いう新たな選択を行った．その選択ができた背景には，普段から家庭の中で母
語の韓国語を自由に使える環境づくりをしたからである．また，Kさんは子ど
もたちが韓国のことも忘れないようにするために，定期的に子どもたちを連れ
て韓国に帰ったりしていた．子どもの今後のさらなる国際移動の可能性を考慮
して，Kさんは家庭教師を雇って，長男に英語を学ばせている．Kさんのこの
ような教育は，子どもたちが多様な言語環境で柔軟に生きられるようにするた
めの工夫であり，将来を見据えたグローバル人材育成である．

　一方で，Yさんは子どもたちの安全を考え，中国に一時帰国するが，日本に
戻ることを考えて子どもを日本人学校に通わせた．しかし，彼女は日本人学校
近くの日本人の集住する街で家を探したのではなく，家族の全員が居心地良く
過ごせる望京を選び，子どもたちに多様な文化に接するチャンスを与えた．Y
さんの長男は，小学校から日本人学校に通っていたが，望京で中国人や韓国人
の子どもたちと中国語で交流ができたのは，Yさんが両親の協力を得て，子ど
もが小さいときから家では中国語をおもに使う言語環境を作ったからである．
しかし，興味深いのは韓国語や朝鮮語が自由に使える望京コリアンタウンにお
いて，Yさんの長男は初めて母親が韓国語が話せることに気づいたのである．
韓国人の友だちとよく遊んでいたYさんの長男は，韓国語にさらに興味を持ち，
自分で少しずつ学びはじめた．このように，Yさんの長男が複数の言語を学ぶ
ことができたのは，母親のYさんが学校教育だけに頼るのではなく，学校教育
で実施できない教育を家庭教育や学校外教育を通じて補い，さらに地域環境を
主体的に選ぶことで，言語教育を戦略的に実施してきたからである．

● 「第二の故郷」としての望京

　望京コリアンタウンは，そこに住んでいる人々に強い愛着を持たせた．望京
で暮らしてからすでに12年経っているKさんは，「望京は私にとって第二の故
郷のような場所です．結婚してから韓国に住んだのはただ3年間だけで，その
後の12年間はずっとここ（望京）だからです．できれば，これからもここに住
みたいです」と語った．ほかに，望京で約22年間暮らし，子どもの高校受験の
ために戸籍所在地の吉林省に戻らざるをえなかったDさん（女性，49歳，会社員）は，
望京を「北京での家」と表現した．また，すでに日本に戻ったYさんは「今度
もまた望京に住みたい」と語った．筆者のインタビューに応じてくれた人以外
にも，望京で数年居住してからすでに韓国に帰国した韓国人やほかの地域に
引っ越した人々の中には，望京にいたときに住んでいた場所やよく歩いていた

街，そして馴染みのある商店街を思い出し，ブログで気持ちを表現したり，望京に住んでいる人に現地の様子を動画に撮ってインターネットで共有してもらったりする現象が見られた．居住と商業を一体とする東アジアのハイブリッド文化街の望京コリアンタウンは，住民たちにこのコミュニティへの帰属意識を持たせたと言える．

お わ り に

　中国の改革開放政策が実施されてからすでに四十余年が経過している．国内における経済体制の改革と外国への門戸開放によって，海外の企業や資金，技術，情報および人々が中国に流入し，中国は目覚ましい発展を遂げてきた．その中で，外資企業や外国人材を積極的に受け入れることで，国内の市場経済を活性化し，従来とは異なる文化の多様性をもたらした．

　本章では，上海の古北日本人街と北京の望京コリアンタウンに焦点を当て，4つの事例を通じてこれらのコミュニティの形成過程とそこにおける人々の生活の実態を明らかにした．古北日本人街は，比較的に流動性の高い日本企業の海外駐在員とその家族，そして彼らにサービスを提供する人々が共同で創り上げた日本文化コミュニティである．一方で，望京コリアンタウンはおもに朝鮮半島を出自とする韓国人や朝鮮族および北朝鮮族の人々，そしてここを訪れる中国人と少数ながら韓国文化に親しみを持つ日本人が共同で創り上げた東アジアのハイブリッド文化街である．この2つの外国人街とも居住と商業を一体とし，都市の文化と商業を牽引する新しい都市コミュニティである．

　このような新しい都市コミュニティは，中国の改革開放と都市化進展の中で多様な人々が共同で創り上げたものである．そこには移動する人々の姿があり，彼らは互いに緊密な経済的，文化的な関係を維持しながら一つの地域空間で生活し，自分たちの文化を表現していることがわかる．古北日本人街と望京コリアンタウンは中国でこれまでになかった外国人街の可能性を呈示している．本章ではあまり触れていないが，古北と望京には日本人や韓国人以外にも多くの外国人が居住している．このような地域の多様性の中で，古北日本人街と望京コリアンタウンは今後より開かれた都市コミュニティになっていくことが予想される．

第III部

社会を生きる人々のリアル

第8章

留守児童の現状と課題
―――親と暮らしたい子どもたち―――

武　　小燕

はじめに

　かつて日本では経済高等成長期に労働力移動に伴う農村労働者の都市移住が増え，核家族の孤立，「カギっ子」等の社会問題が現れた．中国においても市場経済の発展に突進した1990年代以降，都市部へ出稼ぐ農村労働者が急増し，社会問題が多発した．日本と異なり，中国では移住する際に戸籍制度の壁が高く，より深刻な社会問題が続出している．留守児童がその一つである．

　留守児童とは，1990年代に海外に出た親が中国に残した子どもを指したが，2000年代以降，国内の両親または片親の出稼ぎ労働者が故郷に残した子どもを指す言葉として広く知られてきた．調査実施機関によって異なるが，17歳以下，または14歳以下の子どもを指す場合が多い．他方，2016年2月に国務院が公布した「農村留守児童のケアと保護の強化に関する意見」（以下，2016年「意見」）では，「父母の双方が出稼ぎに出たか，または片方の親が出稼ぎに出て片方の親は監督能力がない16歳未満の未成年者である」と定義している．本章では前者を広義的な定義，後者を狭義的な定義と区別する．

　留守児童の発生背景には中国特有の農村／都市の二元構造がある．この構造の下で農村戸籍と都市戸籍が厳しく区別され，農村戸籍をもつ人々の都市への移動や移住が長い間制限された．改革開放後，移動政策が徐々に緩和されたが，移住について出稼ぎ労働者が暫定居住者としてしか都市で登録できず，その身分では都市住民と同様な社会保障や学校教育の資源が利用できない．都市戸籍を得るには学歴等のハードルが高く，容易ではない．そのため，多くの出稼ぎ労働者は子どもを故郷に残さざるを得なかった．

　留守児童の多くは年に1回や数回しか親と会えず，年中親と会えない子どももいる．こんな長期間に親と暮らせない子どもたちの存在が2000年代以降注目され，その規模の大きさと問題の深刻さのゆえに政府や社会から大きな関心を

集めた．本章では，留守児童の発生背景，現状と課題，政府の取り組み及び筆者が2017〜18年に中国でフィールドワークを実施した際に訪問した学校の事例を紹介し，留守児童問題に反映された中国社会の課題を検討する．

1　留守児童の背景・現状・課題

（1）農民工と流動児童

　留守児童の大半を占める農村留守児童の親たちは「農民工（ノンミンゴン）」と呼ばれる．すなわち，農村戸籍のままで農業以外の仕事に従事している労働者を意味する．前述のように，都市戸籍を持っていない彼らは都市で働いても都市の社会保障等が享受できず差別的な扱いを受けてしまうが，それでも都市で働きたいほど農村と都市との経済格差が大きい．改革開放期に中国は都市建設を中心とする経済発展を進めた結果，都市・農村間の所得ジニ係数が1983年から2015年に0.283から0.462に大幅に上がった（厳，2016：37）．経済成長期の都市建設には多くの労働力を必要とし，雇用の機会とより多くの収入が期待できるため，農民工は1989年から2021年に3000万人から2.9億人にまで増えた．

　農民工が増えたが，留守児童の存在はすぐには気づかれなかった．留守児童より先に注目されたのは「流動児童（リゥドンアルトン）」であった．流動児童とは前述した戸籍制度の不利益を覚悟しても親子の同居を望んだ農民工が出稼ぎ先に連れてきた子どもを指す．その規模は2000年に1400万人に上り，そのうち学齢児童と学齢生徒が880万人ほどである（段・梁，2004）．流動児童は戸籍制度の制限で居住地の公立校への入学が困難であり，殆ど民間運営の簡素な学校に通うが，農民工子女学校と呼ばれるこれらの学校と公立校との学校環境も教育の質も大差がある．1990年代後半から流動児童に関する教育の不平等が社会的に注目され，2000年代初頭に至っては政府の教育政策に流動児童の教育権保障が盛り込まれるようになったが，留守児童問題が言及されることはなかった[1)]．2002年に人口問題研究者の段成栄教授が流動児童の保護者向けのインタビュー調査を行った際に，その場に居合わせた別の女性から「彼女の子どもが都市へやってきたから，いろいろ聞いてあげているが，故郷に残った私の子どもには何の関心も払ってくれないのか」と問い詰められたという（南方週末，2016：8）．このように，流動児童に関する研究調査のなかで留守児童の存在が次第に浮上してきた．

（2）留守児童への注目

　1990年代末から留守児童に関する断片的な報道が見られるようになったが，2002年に全国紙の『光明日報²⁾』で農村留守児童問題の記事が掲載されたことによって，同問題は広く社会的反響を呼ぶこととなった（李，2002）．2003年，国連子どもの権利委員会が中国政府に行った勧告においてはじめて留守児童の問題を指摘したことも，中国国内における留守児童への関心を喚起した．さらに，2004年に前記の段成栄教授は留守児童に関する調査報告を全国の女性と児童の権利保障に取り組む中華全国婦人連合会（以下，婦連）に届き，問題の深刻さを伝えた（南方週末，2016）．翌年には留守児童をテーマとする書籍（叶，2005）が初めて刊行されたほか，婦連が鄭州で開催した「中国農村留守児童への社会支援行動討論会」では全国から社会団体代表者や学者が約300人参加し，社会的に注目を集めた．それ以降，留守児童に関する報道や調査が急増した．

　留守児童に関する各調査のなかで，婦連が2008年に発表した「全国農村留守児童状況研究報告」と2013年に発表した「中国農村留守児童，都市流動児童の状況に関する報告」の影響がとくに大きかった．それらによると，2005年と2010年に17歳以下の農村留守児童の推定人数はそれぞれ約5800万人と6103万人，農村児童の28％と38％を占めた．全国児童数に占める比率はいずれも22％である．つまり，2000年代に全国の未成年者は約4〜5人に1人が農村留守児童であった．

　留守児童の規模が予想以上に大きいだけでなく，状況の深刻も懸念された．とくに2012年と2015年の留守児童死亡事件が社会に大きな衝撃を与えた．前者は2012年11月に浮浪児になった9〜13歳の留守児童5名がごみ箱のなかで暖を取ろうとして一酸化炭素中毒死に至った事件であり，後者は2015年6月に5〜13歳の4人兄弟の留守児童が集団自殺した事件であった．これらの子どもは殆ど同居する大人のいない農村留守児童である．家庭機能のなさだけでなく，学校，政府，社会の監督機能・支援体制の不在が浮き彫りになった．

　2016年3月，全国有力紙の『南方週末』は2回もわたって全紙面で留守児童問題を扱い，社会に「在一起」を訴えた．「在一起」とは「共にいる」を意味し，次の3つの意味が込められている．①すべての留守児童が親と共に暮らせるようにという期待，②すべての関係者に留守児童と親の共暮らしができるような環境整備の責任を果たすようにという要請，③留守児童のために社会全員が力を合わせて取り組もうという呼びかけである（南方週末，2016：Ⅴ）．こう

してあまり人の目に触れることのなかった留守児童問題は次第に全社会の関心事になった.

（3）留守児童の規模と構成

　以下，留守児童の規模と構成の推移について段成栄研究チームの調査結果を通して詳しく確認する．2000～15年の全国の17歳以下の留守児童の推定状況は図8-1，図8-2，表8-1の通りである（段・頼・秦，2017[3]）.

　まず，図8-1に示されるように，2000年の全国留守児童数は2904万人だったが，2005年は7326万人に急増した．その背景には2000年代初期農民工の急増があった．2010年と2015年には少しずつ減少したが,7000万人近い規模である．全期間を通して農村留守児童は全体の約8～9割と，留守児童の大多数を占める．それゆえ，留守児童に関する報道や調査の多くは農村留守児童に関するものであり，都市留守児童への注目が少ない.

　次に，図8-2の農村留守児童の年齢構成では，就学前，小学生，中学生，高校生という4つの年齢層に区分されている．各時期には5歳以下の幼児と学齢児童がいずれも全体の約3～4割，学齢生徒が1～2割，高校生年齢層の子どもが1割強を占める．農村留守児童の7割ほどが小学生以下の低年齢児に集

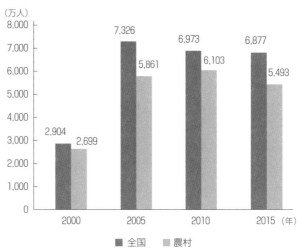

図8-1　留守児童数の推移

出所：段・頼・秦（2017：53).

中していることがわかる．親の愛情を最も必要とする年齢層の子どもが最も親
と別れ離れになっているという実態が露呈した結果となった．

さらに，**表8-1**で示された農村留守児童の同居状況をみると，片親と一緒
に暮らす児童は約5～6割を占めているが，その割合が年を追って減っている．

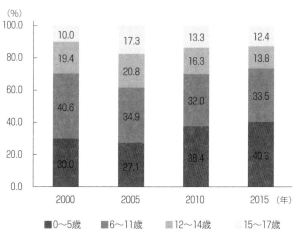

図8-2 農村留守児童の年齢構成

出所：段・頼・秦（2017：54）の表1に基づいて筆者作成．

表8-1 農村留守児童の同居状況

（単位：%）

		2000年	2005年	2010年	2015年
片親と同居		65.1	64.8	53.3	51.9
	父・祖父母と同居	5.6	7.0	8.4	12.9
	父だけと同居	11.5	15.5	8.4	8.2
	母・祖父母と同居	15.5	14.5	16.1	15.9
	母だけと同居	32.6	27.7	20.3	14.9
祖父母だけと同居		30.2	32.8	32.7	23.9
他の親族と同居		0.1	0.4	10.7	21.3
同居する大人がいない		4.6	2.1	3.4	2.9
合計		100	100	100	100

出所：段・頼・秦（2017：56）の表4を基に筆者が整理した．

その中に，母親との同居が父親より多く，前者が後者の約倍である．片親が出稼ぎに出る場合，父親が出稼ぎに行き，母親が家に残るというケースのほうが多いことがわかる．祖父母だけと同居しているのは 3 割強から 2 割強へと減少傾向である．その代わりに，親や祖父母以外の親族と同居する児童は2000年代前半僅かだったが，2015年に 2 割に増えた．最も懸念されるのは，同居する大人がおらず，子どもだけで暮らしている留守児童が 2 〜 5 ％ほどもいることである．低い比率とはいえ，人口数に換算すると決して無視できる数字ではない．たとえば，2010年の3.4％は約206万人になる．つまり，約206万人の農村児童が自力で日常生活や学校生活を送らなければならないということであり，彼らの心身の発達は過大な負担を強いられているのである．前述した留守児童死亡事件のいずれもこの状況に置かれた留守児童の中から起きた．

　近年，移住政策の緩和等により流動児童と都市留守児童が増え，農村留守児童が減っている．流動児童・留守児童問題に取り組む公益団体「新公民計劃」（シンゴンミンジイファー）によると，2017年末現在全国の17歳以下の農村留守児童は4051万人，都市留守児童は2826万人であり，農村留守児童が留守児童全体の 6 割に減ってきた（新公民計劃，2019）．また，2020年現在 6 〜14歳の都市留守児童は1384万人であり，農村留守児童数の1290万人を上回った（新公民計劃，2022）．こうしたことから，今後は農村留守児童だけでなく，都市留守児童への関心もいっそう必要になる．

　他方，民政部が2016年と2018年に発表した農村留守児童数はそれぞれ907万人と697万人であり，上記のデータと大きく異なる．それは段成栄研究チームや「新公民計劃」のデータは留守児童の広義的な定義，民政部データは狭義的な定義を用いたためである．いずれにしても今日の中国には留守児童がまだ相当数存在し，社会問題として広く注目されていることには変わりない．

（4）留守児童にまつわる諸課題

　農村留守児童，とりわけ両親とも出稼ぎに出た留守児童は栄養・健康，学業・認知能力，メンタルヘルス・パーソナリティ，行動規範，安全意識等においてさまざまな問題点を抱えていると言われる（南方週末，2016）．留守児童の 3 割ほどは祖父母と同居するが，留守児童の祖父母世代は全体的に識字率が低く，十分な体力や知識や衛生観念を持たず，新しい時代の子育てについていけず，孫を放任したり溺愛したりすることが多いとされる．また，祖父母にケアされるよりは，祖父母をケアしなければいけないというケースも少なくない．

　留守児童のメンタルヘルスについては，非留守児童にくらべて留守児童は次の問題を抱えやすいとされる（羅・王・高，2009）．①恐怖心や敵対感等の意識がより強い．②自尊心が低く自己評価が低い．③情緒が不安定で孤独感を抱く人が多い．④法律や規律に違反する行為が多く，対人交流等の社会性の発達が不十分である．⑤性格やパーソナリティは淡白，抑圧的かつ自己中である．⑥家族関係では，親子の間の親密な関係が構築しにくく，親に強い反発心をもつ子どもが多い．

　他方，公益団体「上学路上」（On the Road to School）が2015年に発表した「中国留守児童心理状況白書」によれば，45％ほどの留守児童が年に1回以下しか親に会えない状況に置かれているという．親と会う機会が少なければ少ないほど児童の不安感が増加することも報告された（李，2015）．2019年版の同白書では暴力に関する調査結果も発表された．調査対象の留守児童2763人中に約65.1％，91.3％，30.6％，40.6％の児童がそれぞれ身体的暴力，心理的暴力，性的暴力，ネグレクトを受け，13.7％の児童がこれらをすべて受けたことがあるという衝撃的な結果であった（胥，2020）．そのうち，身体的暴力はおもに学校で生じ，教員の体罰や他の児童からのいじめが中心であった．心理的暴力はおもに家庭で発生し，暴言や軽蔑が中心である．

　留守児童の学校教育についてみると，2000年の農村留守児童の在学率は，6～11歳は95.13％，12～14歳は92.44％，15～17歳は56.50％しかなかったが，2015年にはそれぞれ94.78％，96.41％，82.85％となった（段・頼・秦，2017）．12～17歳児の在学率が大きく改善された一方，学齢児童の在学率は悪化した．それは入学遅延によるものと見られ，入学遅延児童の成績が適齢入学児と先行入学児にくらべて低い傾向があることも報告された（段・頼・秦，2017）．また，親の出稼ぎは子どもが年齢相応の教育を受けることを妨げ，入学遅延，退学，高校不就学等の問題を引き起こしやすいとの調査結果もある（丁・徐，2018）．親の不在によって留守児童が家庭で十分な指導やしつけが受けられないためと推測される．

　栄養面については，両親とも出稼ぎに出た留守児童の体の発達は片親が出稼ぎに出た留守児童より遅れるという調査結果や，留守児童の栄養不良率が非留守児童より高いという調査結果が出されている（林・馮・農，2015）．また，親の出稼ぎが留守児童の身長に負の影響を与える問題は，農村留守児童に比べて都市留守児童のほうがより顕著だという．都市留守児童と農村留守児童が受ける

影響の違いも指摘されている（丁・徐，2018）.

（5）中国政府の対応

　留守児童への社会的関心が高まった2000年代は中国政府が経済発展に取り残された農村・農業・農民の問題解決（三農問題）に向けた改革に取り組んだ時期でもあった．こうしたことを背景に，農民工問題から派生した流動児童と農村留守児童問題への言及もしばしば政策文書に登場するようになった．たとえば，2003年に国務院は流動児童の就学について都市住民と同様に扱い，公立校入学を奨励する意見を出した．2008年には留守児童の言葉が初めて中央1号文書に登場し，農民工を送り出す地域では留守児童の勉学，寄宿，生活のケアをサポートするなどの環境整備が求められた.

　ところが，中央の意見は必ずしも地方ですんなりと受け入れられているわけではない．上記の流動児童の公立校入学という中央の意見に対し，多くの地方では高額な学校利用費等のハードルをもうけた．実際，就学規定を明記した中国の義務教育法第12条では「地方各政府は学齢児童・学齢生徒が戸籍所在地の住居近くの学校へ通学することを保障すべき」とされ，戸籍所在地の学校を通うことが原則となっている.同条文第2項では非戸籍所在地における学齢児童・学齢生徒の入学を在住地政府が保障すべきだとしながらも，具体的な方法については各地方が定めるとした．したがって，2003年の国務院の意見に対する地方の対応が違法とは言えない.

　他方，児童福祉に関する法律については，中国には日本の「児童福祉法」のような児童福祉を全面的に保障する法律がなく，留守児童問題は中国の児童福祉制度の不備を反映した．元々，中国の児童福祉事業は狭義な児童福祉に止まり，孤児，障がい児，浮浪児等に限定され，社会の児童全員を対象とする段階には達していない．そのため，2011年7月に国務院が公布した「中国児童発展綱要（2011-2020）」（以下，「綱要」）では，児童福祉の範囲を拡大し，選別主義から普遍主義への児童福祉政策の転換を掲げた．「綱要」では流動児童と留守児童を対象とする公共サービスの整備，戸籍制度と社会保障制度の改革を掲げ，農村留守児童については「支援体制を整え，留守児童の心理面，感情面，行動面の指導を充実し，留守児童保護者の監督意識と責任感を高める」こと，「農村寄宿学校の建設を加速し，留守児童の入居を優先させる」ことを求めた.

　2013年1月，教育部等の5組織は「義務教育段階の農村留守児童へのケアと

教育の充実に関する意見」を各地に通知し，留守児童への対応を高度に重視するよう求めた．具体的に寄宿舎，給食，分校やスクールバス等を整備し，学校教育を受けやすくするための環境づくり，安全教育・心の健康教育・法教育・保護者交流等の充実による教育の質的向上，婦連等の社会団体・コミュニティ・社会教育施設等による留守児童へのケアの充実を要請した．この5組織とは教育部，婦連，中央総治委事務局[5)]，共青団中央[6)]，中国関工委[7)]であり，それぞれ教育，児童権益，治安管理，党の関与，次世代の成長という視点から子どもの成長に関わる組織である．

　このようにさまざまな組織から留守児童への支援を図ったものの，留守児童問題を担当する責任部署がなかった．中国では孤児等の児童福祉を担当するのが民政部だが，孤児でもない留守児童は民政部の責任範囲外となるからである．この問題を改善したのは上記の2016年「意見」である．2016年「意見」では，農村留守児童の問題が社会保障制度の不足だと認め，民政部主導で教育，公安，司法行政，衛生部局等が婦連等の団体と連携して農村留守児童へのケアと保護に努めるよう求めた．「民政部」が留守児童の責任部局であることが初めて明示されたのである．同時に保護者の監督責任，政府の保護責任，各社会団体やボランティアの関与を強調し，留守児童の安全，健康，教育等各方面における権利保障と留守児童数の削減に努めるよう求めた．こうして児童福祉法の作成にはまだ至っていないが，児童福祉の範囲が少しずつ広がっている．

　また，留守児童問題におけるボトルネックである戸籍制度について，2015年に国務院は農村戸籍と都市戸籍を住民登録に統一し，小都市への戸籍移入制限をなくすという戸籍制度改革の意見を公表した．さらに，2019年には常住人口が300万人以下の都市では戸籍の転入制限を全面的に無くし，常住人口が300〜500万人の都市では戸籍の転入制限を大幅に緩和する方針を発表した．今後戸籍制度の改革がさらに進み，農民工と彼らの子どもが都市住民として都市住民と同様な社会保障や学校教育が受けられるようになれば，留守児童問題の根本的な解決も期待できる．

2　河南省の調査事例

　河南省は中国の中部に位置する人口大省である．農村の余剰労働力の出稼ぎが盛んで留守児童数は常に全国各省の上位である．2017年12月に筆者は河南省

写真 8 - 1　A校の教室
2017年12月にA校にて筆者撮影.

　北東部の渠村郷に位置する農村小学校のA校を訪問した（写真 8 - 1）．A校は 1
学年 1 学級程度の小規模校で，教員は校長を含めて 9 名程度である．民間教育
シンクタンクの21世紀教育研究院が指導する「農村小規模学校連盟」に加盟し
ており，学校教育の質的向上に熱心に取り組んでいる．近年，教員たちがとく
に関心をもって取り組んでいるのは留守児童への指導である．

（1）留守児童に関する教員の認識

　A校の在校生は約180名だが，そのうち半分ほどは片親，4 分の 1 は両親と
も出稼ぎ中であり，全体の 4 分の 3 が留守児童である．校長によれば，「留守
児童には個人差が大きい．親思いで自ら頑張る子もいれば，親の苦労を考えず，
小遣いをもらえばすぐ使い切ってしまう子もいる．ただ，全体的にみると親が
家にいないことの負の影響が大きい」との認識を示した．なぜなら，「私たち
の子ども時代は貧しかったが，両親が傍にいた．朝目が覚めた時，学校から帰っ
てきた時，いつも親がいた．心が温かった．今，祖父母と一緒に暮らす留守児
童が多いが，祖父母世代の考えや生活習慣が今の時代から大きくかけ離れてい
るから，祖父母とのコミュニケーションはやはり親とは違う．今の留守児童た
ちは物が豊富だが，親の愛情が欠けているから，心が寂しい」と説明した．

　留守児童にありがちな問題について，教員たちからおもに次の 3 点が指摘さ
れた．① 勉強についていけないこと．学校では宿題を多く出すが，同居する

祖父母には非識字者が多いため，留守児童が家庭で十分な指導やフォローが受けられず，学習習慣をなかなか身につけられない．② メンタルヘルスの問題．親からの愛情も監督も欠けるため，やんちゃな子や自信の持たない子が多い．一方，自尊心が高く，「留守児童」というレッテルを拒否するので，彼らへの支援や指導をする際に慎重さが必要である．③ 生活習慣や衛生面の自己管理があまりできていない．留守児童は同居する親族から十分なしつけやケアが受けられず，生活習慣が乱れていたり服が汚れていたりすることが多い．

（2）「5＋2＝0」と保護者への働きかけ
　留守児童指導において最も教員を悩ますのは，「5＋2＝0」現象である．すなわち，5日間の通学日で子どもの成績や生活態度が一定の成長が見られても，週末2日間の休みを経ると，その効果がすべて消えてしまい，またゼロから指導しなければならないことである．祖父母等の同居者が子どもへの十分な指導やケアができなかったり，溺愛や放任をしたり，時代の変化に追いつけず孫育てに戸惑ったりするケースが多く，家庭では留守児童の勉強も情操教育も手が付けられないと，教員たちが悩んでいる．
　こうした問題を解決するように教員たちは家庭訪問を増やし，同居者に留守児童の抱える問題を説明し，理解と協力を求めている．また，保護者たちが帰省した時期に親たちに集まってもらい，子どもたちの現状，親子が関わることの大切さについて説明し，留守児童に関する理解と子どもとのより頻繁な交流を求める．「学校は単なる子どもたちの学校でなく，親たちの学校でもなければいけない」と校長が保護者への働きかけの重要性を強調した．留守児童に関する社会的関心が高まるなかで，教員たちのこうした努力の甲斐もあり，近年片親が家に残る家庭が増えたそうである．

（3）読書と舞台劇の指導アプローチ
　留守児童に対して学校は個別に学習指導と生活指導を実施するが，より根本的なのは，留守児童を含む児童全員の成長を促すことだという．詰め込み教育を中心とする多くの農村校と違い，ここでは読書を重視し，子どもが主体的に参加するイベントを多く実施している．学校紹介のパンフレットでは「読書は人生の長さは変えられないが，人生の豊かさを変えられる．読書は人生の起点を変えられないが，人生の終点は変えられる」と書かれている．学校では読書

の量，読書感想文の質，実際の言動の3点に基づき，月に1回「読書チャンピオン」を選ぶ．また，親に内容紹介の手紙や話の続きを書いたり，演じてみたり，また絵本作成をしたりする等，読書の奨励活動を積極的に展開している．こうした活動を留守児童の指導に生かす事例の一つが舞台劇の「心の願い」である．

　この劇のあらすじは次の通りである．留守児童の明くんが識字のできない祖父母と同居している．宿題のフォローが受けられず勉強が進まない明くんは祖母に叱られる．それに対して明くんは出稼ぎに出た親への不満を爆発させる．祖母は「両親が苦労してあなたの教育費や生活費を稼ぐためだよ」と説明するが，明くんは「傍にいてほしいだけ」と叫ぶ．その時，同級生が歌上手な明くんに学校の発表会で歌の披露を頼みに来る．そこで祖母は明くんの得意なことに気づき，明くんも自信を得る．最後に，家庭訪問に来た教員が明くんの気持ちに理解を示しつつ，親の苦労を無駄にしないように勉強に努めるよう励み，明くんがそれを決意する．この劇が演じられた際に，児童も保護者も涙する人が多かったそうだ．劇の内容は留守児童と出稼ぎ保護者の両方に理解を示しつつ，留守児童が力強く生きるように励ますものであり，子どもと保護者の双方から好評を得たという．

（4）留守児童F君

　A校で調査した際に，留守児童F君と直接に話すことができた．F君は10歳の男の子である．父親は病気で倒れ，母親は出稼ぎに出かけている．普段は祖母がF君と弟の面倒を見ているが，高齢のため十分に面倒がみられず，F君はいつも汚れている服を着ているそうだった．やんちゃな子だったが，最近，教員の指導をうけて猛勉強し始めた．「よく勉強して将来働いて家族に苦労せずに済むような生活を送らせたい」と語った表情には，10歳の子どもに相応しくない生活の重圧感が漂っている．お母さんのことを尋ねると，母親を恋しく思う子どもの顔にもどった彼は懸命にあふれそうな涙を我慢しようとした．「豊かな生活を過ごすことと両親と一緒に暮らすことが選べたら，どちらが欲しい？」とあえて聞いてみると，F君は「両親と一緒に暮らしたい」と即答した．

3　広東省の調査事例

　広東省の経済規模は省別ではトップクラスだが，省内各地の経済格差は大き

写真 8-2 B校のキャンパスの一角
2018年3月にB校にて筆者撮影.

い. 湛江市は広東省南西部にある港町で, 省内の経済発達地域への出稼ぎ者が多い地域である. 筆者が湛江市のB校とC校を訪問したのは2018年3月だったが, ここを訪問するまで筆者は都市留守児童の存在を知らなかった (写真8-2).

　B校は市内にある小学校である. 約1600名の児童が在学し, そのうち父母とも同居していない留守児童が21名, 学年ごとに数名いる. A校にくらべて留守児童の人数も割合もそれほど多くないが, B校は地元の大学, 記者団体, 社会団体等と連携しながら留守児童支援を積極的に行い, 都市留守児童問題への関心を呼びかけるミニ映画まで企画した. B校における留守児童支援のいちばん大きな特徴は地域連携だと言える.

　C校は郊外にある農村校である. もともと教育環境も教育の質も遅れていたが, 訪問時の3年前に市内の小学校に統合され, その分校となった. それから学校が一変した. 訪問時に児童数は200人弱で1学年1学級であり, 留守児童は20数名がいた. C校における留守児童支援では留守児童の自尊心を配慮する「目立たない支援」を中心とし, 留守児童を含む児童全員の「自信・希望・愛」を育む取り組みが特徴的である.

（1）「留守児童・流動児童の家」
　2014年に湛江市婦連が中国青少年発展基金会から100万元（当時のレートで約

1500万円）の補助金を得て湛江市教育局の協力の下で，市内で20カ所の「留守児童・流動児童の家」（全称「留守・流動児童陽光快楽家園」，以下「家園」）を作ったが，そのうち一つをB校に設置した．「家園」の趣旨は，留守児童・流動児童へのケアを充実し，家庭のような温かみを感じられる場にすることである．通常教員と留守児童の１対１のペア支援，学業優秀児による宿題のサポートを行うほか，親との電話が随時にできるよう留守児童専用の固定電話とビデオ通話設備もそろえる．B校は2017年までの３年間，地元の大学，記者ボランティアクラブ，婦連などの団体と連携し，「家園」で誕生日会，餃子パーティ，大学訪問，安全教育等の講座学習，学習用品寄附，読書イベント，大学生による学習指導，発表会等計90回以上の活動を行ったという．こうした活動はしばしば地元のマスメディアにも取り上げられている．

　農村留守児童の殆どが親の出稼ぎによるものだが，都市留守児童が生まれた要因は親の出稼ぎのほかに，親のビジネスや商売，離婚など多様だとB校校長が説明した．都市留守児童の場合は経済的窮困というより愛情不足がとくに問題だという認識の下で，B校は「家園」を通してできるだけ留守児童たちに充実な時間を送らせ，人々の愛情を伝えようとした．学校にスクールカウンセラーを置いたほか，より多くの人々が都市留守児童のことに関心を持ってもらうように積極的に社会に向けて呼びかけてきた．その取り組みの一つは都市留守児童を題材としたミニ映画「夕望」の作成であった．

（２）ミニ映画「夕望」
　「夕望」とは除夜（中国語では「除夕」）の願いを意味し，中国語では「希望」と同じ発音でもある．映画のあらすじは以下の通りである．
　賑やかな除夜の日に留守児童の彬くんと美ちゃんがそれぞれ親族の家で正月を迎えようとしている．彬くんの両親は離婚して親権者の父が出稼ぎに出て，もう何年も帰っていない．親と会えず自分が孤児のようだと悲しく思う彬くんは叔母に甘えている従弟を見ていっそう涙をした．食事後，３人のボランティアが彬くんを訪れて正月のお土産を渡した他に，父とビデオ電話でつながった携帯を彬くんに差し出した．彬くんは嬉しがる一方，「もう僕は要らないか」と父に問い詰める．父は寂しい思いをさせたことを詫びながら，「あなたのためにこの時期に多く稼ぎたい」と説明したが，彬くんは「僕は何も要らない．ただ帰ってきてほしい」と訴えた．他方，優しい美ちゃんは自分を可愛がって

くれる祖母の前で出稼ぎの両親への理解を示したが，1人になると親からも
らったぬいぐるみを抱えて寂しがった．その時，美ちゃんの両親が帰ってきた．
喜んでいる美ちゃんと母を見て美ちゃんの父は「地元で就活するからもう出稼
ぎをしない」と新たな決意をした．最後は，親を想う気持ちを歌うテーマソン
グと，親の苦労への感謝と自分たちがもっと勉強しもっと強くなるという力強
い宣言のなかで映画が終わった．

　映画の趣旨は，A校の舞台劇「心の願い」と同じく，留守児童と出稼ぐ親の
両方への理解を示し，子どもたちの向上心を励ますものであった．

（3）「自信・希望・愛」を育む取り組み

　C校訪問中に最も印象深かったのは，子どもたちの笑顔であった．しかし，
統合後本校から転任してきた校長によれば，「当初はキャンパスがボロボロで，
子どもたちの表情が暗くて憎しみの目線さえ感じた．この学校の児童の多くは
留守児童，流動児童または貧困家庭の子どもだった．貧困や愛情不足で劣等感
を持ち，外の世界に関心や興味を持たない子が多く，成績も区のなかで最下位
だった」という．そうした現状に対し，校長は子どもの「自信・希望・愛」を
育む取り組みを展開した．

　校長はチャイナドレスを身にまとい，常に笑顔でとても親和力のある女性で
ある．当初，彼女はC校の子どもが殆ど笑えないことに驚き，子どもたちに笑
顔と自信を持たせるべく，「歯を見せるように」「胸を張るように」「背筋を伸
ばすように」という笑い方，歩き方，座り方の基本から指導した．また，教育
活動に遊びを取り入れたり褒め言葉中心の指導を施したりした．すると，子ど
もたちの表情や姿勢に変化が生じ，キャンパスに笑顔と明るさが増えたという．

　子どもたちの視野を広げ，将来に希望を持たせるように，校長は着任後まず
図書室を設置し，さまざまな読書奨励活動を展開した．その結果，子どもたち
の読書量が増え，興味関心の幅が広がり，勉強への意欲も高まった．また，子
どもたちに社会とのつながりと人々の愛情を感じさせるように，C校は地域連
携活動にも積極的に取り組んでいる．地元の婦連，警察署，大学等と連携して
留守児童キャンプ，思春期講座，安全教育，大学生の成長経験談等を実施した．
これらの活動を通じて子どもたちは自分に関心をもつ人々の存在を知り，社会
とのつながりを意識しはじめ，他人への関心と思いやる気持ちも徐々に生まれ
てきたという．「以前子どもたちは自分が親にも社会にも見捨てられたと思っ

ていたが，活動を通して親への理解と社会への関心が高まり，他人への思いやりが増えた」と校長は語った．

　特筆すべきなのは，C校では留守児童を特別視しない方針を取っている．校長によれば，「留守児童だから特別に優遇されるのでなく，自分の頑張りが認められているから評価されたと思わせるようにしており」，全教員は留守児童の自尊心とプライバシーを大切にしている．留守児童を特別視せず，学校全体の教育の質的向上に努めた結果，子どもたちの笑顔が増え，C校の学力テストの成績が上がり，統合前に多かった児童の転出もなくなった．

お わ り に

　本章では中国の留守児童の発生背景，現状と課題，政府の対策及び3つの小学校の実践例について紹介した．留守児童は経済発展と都市／農村の二元構造の歪みから生まれた犠牲者だと言える．留守児童をなくすには，何よりもこの二元構造をなくし，社会保障も学校教育もすべての子どもに公平に提供することが求められる．公益団体「新公民計劃」によると，義務教育段階（6〜14歳）の農民工子女の親子同居率は2010年の33.9％から2020年の52.6％に，公立在学率は2010年の26.9％から2020年42.1％に上がり，大きな改善が見られるという（新公民計劃，2022）．しかし，ここからは義務教育段階の農民工子女はいまだに約半数が親と共に暮らせないことと，親子の同居が果たせても約2割が在住地の公立校に通えない厳しい現実も読み取れる．

　一方，農村留守児童が中国で最も脆弱な児童集団ではないことを示唆するデータも存在する．たとえば，6〜17歳の農村留守児童の小中高校の在学率は，全国平均より低いものの，農村児童の平均値より高いという（中華人民共和国国家統計局・聯合国児童基金・聯合国人口基金，2014）．親の出稼ぎは小学生以下の留守児童の学習意欲に負の影響を与えるが，その収入は中等教育以降の留守児童の教育機会の拡大に貢献していることも指摘されている（譚，2012）．

　また，中国とアメリカの学者が共同で農村児童14.1万人に対して健康・営業・教育に関する9つの指標を調査したところ，全指標のいずれにおいても留守児童の状況が非留守児童と同等またはわずかに上回る結果となった（Zhou, Sylvia and Zhang et al., 2015）．同研究チームは農村留守児童の父母が非留守児童の父母より全体的に若く学歴が高いことから，留守児童の認知能力が非留守児童よ

り優れているという仮説に対し，調査結果は僅かな優勢に止まった．そこで，同研究チームは親の不在が本来よりよいパフォーマンスを果たせるはずの留守児童の可能性に負の影響を与えていると指摘した．親の不在が留守児童の発達にもたらした負の影響及び非留守児童を含む農村の児童たちへのトータルな支援の必要性がこの共同研究で明らかになったといえよう．

　「少年が強ければ国も強く，少年が自立すれば国も自立する」——清朝末期の思想家・文学者である梁啓超が残したこの一文はあまりにも有名で，留守児童支援事業では度々援用される．留守児童への人々の関心と支援は親と暮らしたいという子どもの当然な願いを実現させ，彼らの健全な成長を願うものであると同時に，中国社会の将来へ向けた関心でもある．近年，中国の少子高齢化は日本以上に進み，2020年の合計特殊出生率は1.3に留まった．こうした時代においては個々人のエンパワーメントがより重要となるだろう．それを向上させせるには留守児童を含む農村児童の生活環境，教育環境を整備し，農村と都市との経済的格差及び差別的な戸籍制度の改革が不可欠である．

Column 3

愛国主義教育

　愛国主義教育は中国の学校教育で一貫して重視されてきたが，その内実は時代によって異なる．たとえば，毛沢東時代の愛国主義教育は社会主義の中国を愛することに重点が置かれたが，改革開放期の鄧小平時代に入って愛国主義は異なる思想や価値観をもつ人々を近代化建設に動員するイデオロギーとして用いられた．1989年，北京の天安門広場に集まって政治改革を求めた学生や市民たちは自らの行動を「愛国運動」だと主張したが，政府はこれを「動乱」と決めつけ，武力で鎮圧する「天安門事件」が発生し，中国内外に大きな衝撃をもたらした．それ以降，中国政府は若者の愛国心を善導すべく，近現代史教育と国情教育の充実を図るようになったが，近現代史教育においては，とくに近代以来列強（日本を含む）が中国にもたらした被害と屈辱の歴史が強調された．他方，ソ連崩壊と市場経済化改革に伴い，社会主義への懐疑が広がり，出稼ぎ農民工をはじめとする人口の流動や国有企業改革によるレイオフ，そして人々の価値観の多様化が急激に進んだことも，この時期中国政府が国民統合のイデオロギーとして愛国主義をいっそう重要視する背景となった．

　1994年に中国共産党中央は「愛国主義教育実施綱要」を公布し，愛国主義教育基地の建設と見学を奨励するなど，それまで空虚な説教やスローガンに留まりがちだった愛国主義教育の実践を図った．愛国主義教育基地とは人々の愛国心を育むと思われる場所や施設のことであり，中国共産党の功績や近現代史の重要な出来事と人物に関する記念施設，名勝地や遺跡等の人気観光地，伝統文化の記念施設，博物館等の公共施設等多様である．愛国主義教育基地には日中戦争関連のものも多いため，日本では愛国主義教育を「反日教育」ととらえがちだが，本来はあらゆる歴史的・社会的・自然的な資源を動員して国民の愛国心と結束を育み，国の近代化建設及び政権の維持と社会の安定を図る意図が大きい．

　2019年に中国政府は新たに「新時代愛国主義教育実施綱要」を公布した．新綱要には習近平思想が追加され，「中華民族の偉大な復興の実現というチャイナドリームをテーマとする」ことが掲げられた．愛国主義が社会的不安の高まる時期に強調されてきたことを考えると，愛国主義教育の推進ぶりを中国社会の

安定さを図るバロメーターとしてとらえることが可能かもしれない.

（武　小　燕）

第9章

大学という世界
——中国における大学生の生活と価値観——

有 澤 雄 毅

は じ め に

　みなさんは，2021年が中国共産党創立100周年の節目であったことをご存じであろうか．テレビや新聞を通じて，天安門前の祝賀パレードの様子を目にした方も多いと思われる．全国各地の大学においても，党創立記念集会は盛大に開催された．筆者も偶然，勤務先において，この記念行事に参加する機会に恵まれた．陸上競技場に設置された巨大特設スクリーンの演出を背景に，筆者は教え子達が革命劇を熱演する姿を遠くに探しながら，周りの学生達とともに共産党旗を振って応援した．記念集会のクライマックスでは花火が打ちあがり，中華民族の偉大なる復興を目指す大歓声の中に集会は閉幕したのである．

　このように書くと，さぞかし中国の大学生は，党と国家のイデオロギーに満ちた窮屈な空間で生活しているように思えるであろう．それは半分正解でもあり，半分間違いでもある．本章を読めば，彼／彼女らは，さまざまな制約を受けつつも，日本の大学生と同じように，授業，サークル活動，アルバイト，恋愛を楽しんでいることがわかるはずである．みなさんは，自分の大学時代を覚えているであろうか．また自分にとって大学とはどのような場所であったろうか．本章では，日本と中国の大学の相違点について，時折両者の比較を交えながら解説する．みなさんも中国の大学生になったつもりで，筆者と共に青春を駆け抜けていこう．

1　大学の概観

（1）大学の規模と人数

　まずは中国の大学の現状から見てみよう．2020年時点において，中国には大学が2738校ある．そのうち総合大学は1270校，単科大学が1468校ある．大学院

生を育成する機関は827機関あり，そのうち大学は594校，研究機関は233機関である．全国の高等教育機関に在籍する学生数は4183万人おり，大学進学率は54.4％である．また大学院の在籍学生数は313万9600人で，そのうち修士学生267万3000人，博士学生が46万6500人である．女性比率は，総合大学で50.96％，単科大学で57.98％となっている．また2020年度の高等教育機関における留学生の入学者人数は8万9700人である（中華人民共和国教育部発展規劃司編，2021）．

（2）大学の種類

　中国における大学の種類は，次の通りである．まず大学は，主として中央政府の教育部管轄の大学と，省，市，自治区と直轄市などの地方政府の教育庁管轄の大学に分かれる．通常，中央教育部管轄の大学のほうが，高校生に人気があるとされている．大学ランキングの上位100校に入選している北京大学，清華大学，復旦大学，浙江大学，上海交通大学は，いずれも中央教育部管轄の大学である．中国教育部は，中国の大学を世界最先端レベルの一流大学に育て上げるために，「211」「985」「双一流」というプロジェクトをもうけ，重点投資対象として手厚く支援している[1]．その甲斐もあってか，2020年には，自然科学分野の研究論文の年平均論文数において，中国は米国を抜いて世界で首位になった（読売新聞，2020）．このように，中国政府は大学の国際競争力を向上させようと野心的な目標を掲げている．

（3）大学の構造と党の教育への指導

　中国の大学には，党書記と学長という2人のトップがいる．両者では，党書記が学長より強い権限を有する．これは，党が教育を指導する必要があるためだ．そのため学長は，選挙ではなく，党委員会の任命により決まる．また法律上も，大学は中国における社会主義の促進に必要な人材を育成するための組織として位置付けられている（「中華人民共和国高等教育法」）．改革開放以降，党は教育への指導を緩め，学問の自由を拡大させようと試みたことがあった．だがこのような動きは，1989年の天安門事件に象徴されるような大規模な学生運動を誘発する結果となった（Pepper, 1990）．

　今日では，中国のグローバル化に伴い，党の教育への指導が学問の発展上の障害となる場合がある．たとえば，中国の大学に在籍する研究者が出張などで

海外で活動する場合，事前に学内の党委員会において許可を取らなければならない．また一度許可が取れたとしても，政治的理由で突如許可が取り消しになることもある．逆に，日本の研究者が中国の大学の招聘に応じて講演をする場合，その内容について事前に，招聘側による審査を受けることがある．これは，講演内容について正式な審査の規定があるというよりは，双方が問題に巻き込まれないようにする善意に基づいた自己規制の一種であろう．このように，党の教育への指導は，時として学問の発展の障害になっている．しかし，天安門事件の記憶が依然として付き纏うため，今後も党は教育への指導を簡単に緩めることはないであろう．たとえそうであったとしても，日中関係を改革開放以前の状態に戻さないためにも，双方の教育関係者は粘り強く意思疎通を続け，大学生間の交流を推進する必要がある．

2　大学生活

（1）大学受験から入学まで
● 大学受験と学科の選択
　中国の大学生は，日本と同様に，大学入試を受験して大学に進む．中国では，このテストを「高考」（普通高等学校招生全国統一考試）と呼ぶ．「高考」の受験日は，毎年 6 月 7 日から 6 月 9 日である．受験日の前には，子どものために試験会場周辺にホテルを予約する親も多い．また試験当日は，学生を見送る親と学校関係者で試験会場の入り口近辺は混雑する．試験終了後，受験生は持ち帰った答案用紙を自己採点する．自身の成績と希望先に応じて，進学を希望する大学と学科を選択する．とくに希望先が無い場合は，選択肢の中で最も点数が必要で知名度のある大学を選択することが多いようである．大学生が日本語学科を選択する動機について，かつては日本における先進的な経済成長モデルを勉強し，中国の発展のために貢献したいというものが多かった．だが現在では，このような理由は少数派になった．その代わりに，幼少期から日本のアニメ，漫画やドラマなどの文化に親しんできたため，点数的にも悪くない選択肢の中から，日本語学科を選んだという意見が多い．また日本語学科の卒業生においても，日本に関係する仕事に就く割合はあまり高くないように思える．このように，学生が将来の進路と直接には関係の無さそうな，自分の純粋な興味関心に沿った学科を志望すること，またそれを許容してくれる親の寛容さに，いわば価値

観の変化があるといえる．このようにして，晴れて大学からの合格通知を受け取ると，学生は故郷を離れ，大きなキャリーケースと共に大学所在地に向かう．

⊛ 入学式と軍事訓練

大学は9月に始まる．新入生を待ち構えているのは，軍事訓練（通称「軍訓」）である．大学によっては，入学式前に軍事訓練が始まる．そのため新入生は，大学によっては入学式に迷彩服で参加する．この軍事訓練の期間は，大学により異なる．短い大学では7日，長い大学では1カ月近くにも上るという．平均的には，2週間前後である．早朝の体操に始まり，歩行訓練，駆け足訓練，基礎的な教練の動作を覚えるほか，格闘術，寮の清掃・整頓活動をする．夕方は，軍事思想及び理論を学習し，革命歌を合唱する．軍事訓練を担当する教官にもよるが，厳格な雰囲気を持ちつつも，学生の体調に配慮する．軍事訓練は，消極的な印象はあるものの，終わってみればそれなりに良い思い出になっている学生もいるようである．軍事訓練のもう一つの重要な役割は，クラス長の選出にある．軍事訓練では，集団行動が基本となるため，クラスをまとめる必要がある．そこで，大学入学後，お互いをまだ良く知らない状況下に，皆を統率できる学生がクラス長となる．クラス長は，軍事訓練終了後においても，大学生活全般で重要な役割を担うことになる．この点については，後述する．

（2）大学の一日

⊛ 午前

軍事訓練が無事終わると，通常授業が始まる．中国の大学は，2学期制を採用している．大学の年度は，9月1日から翌年の1月中旬までを第1学期，2月中旬から7月中旬までを第2学期とする．基本的に，平日の週5日に授業がある．各学期は，テスト期間を含め，おおよそ20週を一区切りとする．授業は最も早い時間で朝8時から，遅い時間で夜22時まである．読者のみなさんの中には，始業時間が早すぎると焦りを感じる人もいるかもしれない．だが安心してほしい．学生寮は大学の敷地内にあるため，校舎までは，徒歩10分程度で着ける距離にある．また教員も大学近辺に住んでいることが多いので，大学の始業時間が若干早いことは気にならない．それに，大学構内はシェアバイクで移動することもできる．中国の大学はキャンパスが広いため，教室が遠い場合は，シェアバイクは必須の移動手段となる．みなさんの中には，中国留学経験のある方もいるであろう．留学中に自転車に鍵を掛け忘れて，あるいは鍵を掛けて

いたのに盗難されたというのは，シェアバイクの登場によって，すでに過去の話になった．

　大学の授業は，全学部共通の必修科目として，マルクス主義理論，中国の特色ある社会主義理論，毛沢東思想，中国近現代史などがあるほかは，日本の大学と大差は無い．授業時間は，一般的に１コマ50分で，途中10分休憩を挟み，２コマ連続で授業を行う．学生は，授業中にわからないことがあれば，その場で積極的に質問し，授業後にも教員と気軽にコミュニケーションを取ろうとする場合が多い．学生は，授業外においても，さまざまなイベントに教員を誘ってくれたりと，学生と教員の間の心理的な距離が近いことが，中国の大学の特徴である．授業時間は厳守されている．教員が正当な理由が無く授業に遅刻した場合には，学生から教務部に報告が行き，教員が各大学のルールに準じて処罰を受けることになる．これは授業を大幅に早く終わらせた場合にも同様の措置がなされる．５分以上の遅刻，あるいは５分以上前に授業を終わらせると「教学ミス」，10分以上の遅刻，あるいは10分以上前に授業を終わらせると「教学事故」扱いとなる．前者では，教員は始末書を提出し，けん責処分となり，後者では，更にボーナス支給が減額される．またキャンパスが広く，学生が次の授業に移動するために時間がかかる場合があるため，授業を延長することも忌避される．このルールは，おおむねルール通りに運用されており，どのように授業時間を調整するかは，授業に慣れるまでやや苦労を要する．

　平日における朝昼晩の食事は，基本的に大学キャンパス内の食堂で取る．朝食は，１日の食事の中でも，学生の出身地域別の特徴が最も出る．学生は，米（または粥），焼餅（小麦粉や大麦で作った中国の平らなパン），麺，食パンなどを食堂で取る．学内には，イスラム教徒用の食堂（清真食堂）もある．ここではイスラム教徒以外の学生も食事をとることができる．食堂以外にも，銀行，携帯ショップ，本屋，理髪店，眼鏡店，スーパーなどがある．大学運営に関わるエッセンシャルワーカーも大学内に住んでおり，キャンパスが一つの町を形成しているのである．ただし，学外者が自由に内部に入れないようになっており，キャンパスの入り口には顔認証システムが備わっている場合が多い．

● 午後

　お昼休みは12時から14時まである．食堂の人気メニューは売り切れるので，授業が終わると，学生は食堂に急行する．近年では，昼食を食堂で取るほかに，デリバリーサービスを利用する学生も多い．筆者の感覚でいえば，約１～２割

写真 9 - 1 教員食堂のビュッフェスタイルの昼ご飯
筆者撮影.

の学生がデリバリーを利用する. 昼食前になると, 学生がスマートフォンを見てそわそわし始める. これは, 自分の注文した商品が予想以上に早く大学の受け取り地点に着いて, あるいは授業が長引いてしまい, 慌てて配達員にアプリを通じてメッセージを打っているのである (写真 9 - 1).

昼食後は, 友人と談笑をしたり, 疲れている場合には, 寮に一度戻って少し横になる. 自習をしたい場合は図書館に行くか, 空き教室を探す. 図書館は常に満席である. 午前中の早い時間に荷物を座席に置き, 途中で授業に出たり, 散歩をしたりする. そのため, なかなか座席に空きがでない. また空き教室についても空席を見つけるのが大変である. 校舎の廊下と踊り場では, 授業の発表の準備をする学生の姿をよく見かける. 自習室では真面目に勉強している学生も多いが, その中にはノートパソコンやスマートフォンでアニメや動画サイトを視聴しているだけの場合もあり, またカップルで談笑しているだけの場合もある. 休み時間には, スマートフォンのオンライン・ショッピングアプリで購入した商品を大学内の集積所に取りに行くことも多い. そのため, 受け取ったばかりの小包の開封の儀式が教室で行われ, 時に授業の障害となることもある. だが, 学生のささやかな楽しみを邪魔するのは, 毎度やや気が引ける.

● 夕方から就寝まで

18時頃は, 夕食の時間帯になる. その後, 授業が無い場合には, 自由時間となる. 大学は原則として全寮制である. 自分の所属する学部に応じて, 通常4人から6人1部屋での共同生活を送る. 特別な事情が無い限り, この部屋割りは卒業まで変わらない. プライベートな空間は, 自分の机とベッドの中だけで

あり，文字通り身を寄せ合って生活する．この空間で，大学時代の濃密な友人関係が形成される．なお外国人は，留学生寮に入居するため，中国人学生と一緒に生活を共にすることはできない．

　夕食を取った後，学生はキャンパス内にあるシャワー室に向かう．営業時間が決まっているため，うっかりしているとシャワーを浴び損ねてしまう．またシャワー室にはヘアドライヤーが無いため，髪の毛が長い学生は大変そうである．寮はヘアドライヤーなど，電力消費の高い機器は使用禁止である．もちろん部屋でお酒を飲みながら，鍋パーティをすることも禁止である．また最新の寮以外は，エアコンが無く，扇風機しかないため，夏は暑くて寝苦しい．時期にもよるが22時頃には，寮の部屋は消灯する．

　なお，学期中における大学生のアルバイトは一般的ではない．大学生はその支出のほとんどを家族からの仕送りに頼る．アルバイトをする場合は，長期休暇中に家庭教師をすることが多いようである．またサークル活動も，日本の大学ほど種類も豊富でなく，活動時間も短い．なぜならば，これまで見てきたように，大学生は授業が忙しく，まとまった時間を確保することが難しいことに加え，大学当局によるサークル活動の管理が厳しいためである．その反面，大学の公認サークルに関しては，大学から活動費などの支援を受けられるため，常軌を逸したことをしなければ，充実したサークル活動が可能であると言える．また学部が自身のスポーツのチームを作っている場合も多く，教職員と一緒にスポーツを楽しむ学生もいる．

　現在はコロナウイルス蔓延予防のため，学生に対する管理が厳格化している．たとえば，寮から出て外泊する場合は，事前に寮にいる生活指導員（輔導員）に許可を取る必要がある．生活指導員は，そのほとんどが党員で，学生が社会主義の理念を理解できるよう政治思想教育を行い，彼らの日常生活の管理をおもな職責とする（「普通高等学校輔導員隊伍建設規定」）．出欠を取るような少人数の授業に公務や病気などの正当な理由で欠席する際に，欠席届を承認するのは生活指導員である．そのため，特段の理由が無ければ，欠席することはやや後ろめたい気持ちになるという．日本の大学生のように，「今日は天気も悪いし，自主休講！」というわけにはいかない．また普段の教室はガラガラなのに，テスト前になると何処からか突然学生が沸いてくるという不思議な現象も起きないのである．このように，大学生の忙しい一日が終わる．

3 「大学生論」
──個性の模索と党の指導の間で──

（1）大学生の人生観

　本節では，中国の大学生を「若者論」を切り口にして考えたい．中国を対象[2]
とした「若者論」では，1980年代生まれの「80後」，1990年代生まれの「90後」，
そして現在の大学生の中心である「00後」という分類の方法がある．王（2018）
の議論をまとめると，次のようになる[3]．「80後」が物質的な豊かさ，「90後」が
自由を重視するのに対して，「00後」は個性を重視する．さらに「00後」は，
集団が存在するのは，集団が個人の個性を受け入れ，伸ばすためであり，もし
集団がこの役割を果たせないのであれば，集団は存在する必要がないと考えて
いる．「00後」は，人生設計においても，まず自分の成長と将来を考え，その
上で国家，社会や他人のことを考える．大学生がアイドルを追いかける現象に
ついても，この傾向は当てはまる．「00後」はアイドルが好きだが，「90後」の
ように容姿だけに興味があるのではない．彼らは，まずアイドルの容姿を好き
になるものの，その後，彼／彼女の才能に惚れ，性格に憧れ，その成長物語に
共感するのである．買い物についても同様である．「00後」は，前の世代と比
較して，単純な商品広告に魅力を感じたり，誘惑されるのではなく，個性や物
語性のある商品に興味を持つようになった．以上のような議論からわかること
は，「00後」は，「80後」「90後」よりも，個性の模索に価値を置いているので
ある．

　今度は，大学生の人生観に関する調査結果を見てみよう．沈（2022）は，
2013年から2019年まで，中国の有名大学80校の大学生及び大学院生４万2341人
に対してアンケート調査を行った[4]．表９-１は，「大学生の人生観についての認
識」についてのアンケート調査の結果である．表の原題は「大学生のネガティ
ブな人生観に対する見方の状況」である．原題に表れているように，党は，若
い世代の間にネガティブな思考が拡大することを懸念している．毛沢東時代の
計画経済体制においては，個人よりも集団，あるいは国家が重視され，おおよ
そ全員が平等に貧しかった．改革開放政策（Column 1）の実施以降，個人は，
必ずしも自分の所属する集団の力に頼らなくても，才覚があり，努力さえ怠ら
なければ，ビジネスを成功させることができた．また国家としても，中国は
2000年には世界貿易機関（WTO）に加盟を果たし，2008年には悲願であった北

表9-1 大学生の人生観についての認識

	賛成	中立	不賛成
労せずしてよい思いをする （一朝成錦鯉，奮闘少十年）	39.8%	25.6%	34.6%
すべてを自然の成り行きに任せ，何も求めず，争わない （人生応一切順其自然，万事不求，不争）	29.4%	21.6%	49%
人間の寿命も，財産や地位も，すべては天命による （生死由命，富貴在天）	22.2%	20.1%	57.7%
人生は辛く苦しいのだから，今を楽しむべきだ （人生苦短，応及時行楽）	44.1%	21.3%	34.6%
自分のためならば，他人を犠牲にしても構わない （人不為己，天誅地滅）	21.8%	23%	55.1%

出所：沈（2022：46-47）より筆者作成.

京オリンピックを成功させ，また2011年には国内総生産（GDP）が日本を追い抜き世界第2位となった．このようにして，中国の高度経済成長が達成されたことで，物質的にも精神的にも豊かな生活を送れるようになったのである．

しかしながら，このようなチャイナドリームも，今揺らぎつつある．改革開放以降のように，市場経済が未成熟且つルールが不完全な状況においては，権力，金銭やコネに物を言わせたようなグレーゾーンの取引であっても，ビジネスを成功させるルートがたしかに存在していた．しかし，WTOに加盟したことで国際的ルールに従って市場経済が運営され，過去には許されていたグレーゾーンの取引が腐敗現象として取り締まられるようになった．また市場経済が成熟したことで，かつて存在していたブルーオーシャンは消滅しかかっている．その一方で，改革開放の恩恵を受けた大富豪と，「富二代」と呼ばれるその子弟に富が集中することで，「持つ者」と「持たざる者」間の経済的格差が拡大している．すべての若者がお金持ちになりたいわけではない．だが現在の若者は，将来は結婚して家庭を築くというような親世代が経験してきた「幸福な生活」を送ることも，経済的格差のために難しくなっている．このようにして，親世代が若者に語ってきたようなチャイニーズ・ドリームが崩壊しつつある．

このような，親世代との格差について，若者は強い不満とともに，一種の諦めの気持ちを抱いている．このような若者を表象するメディアによる言葉が，過度の競争を避けて最低限の生活を送ろうとする「寝そべり主義」（躺平）に代表されるような「無気力カルチャー」なのであろう．しかし，この言葉はあく

までも，メディアが創り出した言葉であることに注意すべきである．つまり，これらの言葉は，経済的に恵まれた親世代が若者世代を指して使う場合が多く，後者が必ずしも積極的に自称しているわけではない．むしろ若者世代は，自分たちに責任があるわけでもないにもかかわらず，なぜ改革開放政策の恩恵を受けてきた親世代に揶揄されるのか，理解に苦しんでいるのである．もちろん若者たちは，親が嫌いなのではない．ただ親の自分への愛情と期待を理解しているからこそ，彼らを満足させてあげられない自身の境遇の現実と理想のギャップに精神をすり減らし，「無気力」状態に陥ってしまうのであろう．

（2）大学生とインターネットの利用

　大学生はインターネットをどのように利用しているのであろうか．ここで再び，王（2018）を見てみよう．彼による「00後」とインターネット利用の議論をまとめると，次のようになる．「00後」は，成長過程において，「80後」，「90後」よりもはるかに多くのオンラインメディアを利用し，理解してきた「デジタルネイティブ」である．「00後」は，インターネット空間で，社交，消費，娯楽，学習する能力が高い．たとえば，新たな挑戦をする，自分の意見を述べる，ゲームをする，マンガを描く，友達作りまで，あらゆることをインターネットを通じて行うという．筆者の経験に照らして言うと，かつて大学の教室にノートパソコンを持ってきている学生は，一部の裕福な学生に限られていた．そのため，2000年代後半に筆者が留学した際は，外国人である自分が教室内でノートパソコンを使うのは後ろめたい気持ちがあった．しかし，現在は一人一台ノートパソコンを持っているのが，当たり前になりつつある．むしろ，「00後」の中には，教科書を持たずに，スマートフォンだけを持って教室に来たり，あるいはスマートフォンだけでレポートを作成する学生もいる．

　それでは，大学生のインターネットの利用時間について見てみよう．沈（2022）の調査結果をまとめると，次のようである．大学生のインターネットの利用時間は1日あたり，3〜5時間が36.8％，1〜3時間が31％，5時間以上が27.2％，1時間以内が5％であった．この結果は，2018年に5時間以上の割合が14.4％であったことと比較すると，明確な上昇である．またインターネットを利用する目的をあらかじめ大学生に提示し，該当する項目をそれぞれ選んでもらったところ，「コミュニケーション」（88.6％），「動画視聴」（49.9％），「オンライン学習」（39.6％），「情報検索」（24.8％），「ネットショッピング」（21.1％），「オ

ンライン・コミュニティへの参加」(20.5%)，「ネットゲーム」(19.6%)，「ショートムービー」(11.2%) という結果が得られたという（沈，2022：181）．

　アンケート調査の結果を見ると，インターネットの利用目的において，「コミュニケーション」が突出して高いことがわかる．オンラインのコミュニケーション・ツールとしては，微信（WeChat）やQQが最も有名である．中国の大学では，授業，仕事の連絡も基本的に微信を通して行う．学生間だけでなく，教員と学生，さらには教員間のコミュニケーション上においても，文字だけでなく，絵文字，スタンプ，GIF画像を混ぜてやり取りをする．党は，微信やQQなどのコミュニケーション・ツールが，党と大学生間の橋梁として機能することを望んでいる．アンケート調査によると，党，政府，大学が提供する情報は，大学生における中華民族の文化への自信の向上にポジティブな影響を及ぼし，また革命精神の発揚に効果的であるという（沈，2022：171）．そのため，大学は，微信上の公式アカウントやミニプログラム，また公式アプリを通じてポジティブなニュースを大学生に伝達している．

　党は大学生のインターネット利用にポジティブな影響を見出す一方で，ネガティブな影響について警戒感を強めている．**表9-2**は，大学生の「インターネット上での意見表明」についてのアンケート調査の結果である．沈（2022）は，「インターネット上の論争点を理性的に判断できる」という項目に対して，「非常に当てはまる」「やや当てはまる」と回答した大学生が，約9割に上ったことを評価しつつも，改善が必要であるとしている．しかし，「インターネット上の党と政府を貶める言論に反論する」という項目に対して，「どちらとも言えない」「あまり当てはまらない」「全く当てはまらない」と回答した大学生が3割に上ったことについて，強い警戒感を示している．これは，前節の「大学生の人生観」の内容にも通じているといえる．すなわち，党は，自らの適切な指

表9-2　インターネット上での意見表明

	非常に当てはまる	やや当てはまる	どちらとも言えない	あまり当てはまらない	全く当てはまらない
インターネット上の論争点を理性的に判断できる	51.9%	38.6%	8.6%	0.7%	0.2%
インターネット上の党と政府を貶める言論に反論する	40.7%	36.5%	16.8%	4.8%	1.2%

出所：沈（2022：196, 198-199）より筆者作成．

導により中国の経済成長が実現されてきたし，今後もそうであり続けるということを否定するインターネット上の言説に，大学生が影響されることを懸念しているのである．

（3）党の教育への指導

　第1節においても述べたように，中国における大学の特徴の一つは，党が教育を指導することであろう．中国の大学において，党組織は細部に至るまで張り巡らされている．その末端に位置するのが，中国共産主義青年団である．共青団は，党の青年組織であり，ここから党員をリクルートする．沈の調査では，共産党員が18.5％，共青団員76.8％，他政党員0.1％，無所属4.5％である（沈，2022：5）．このうち共青団員は，共産党員ほど社会主義に対する信仰が強いわけではなく，どちらかと言うと無所属の立場に近い．党委員会は，共青団に定期的に支部活動を大学生に組織させるよう指示する．そこで重要になるのが，クラスという単位である．上級組織が指示する毎月のテーマに基づいて，共青団のクラス支部が活動を組織する．この活動では，共青団から共産党への正式な加入を目指す学生が中心役を担う．たとえば，ある月の活動テーマが「雷鋒同志の革命精神に学ぼう」であった場合は，共青団支部書記とクラス長が，雷鋒の革命に対する貢献を教室でクラス全体に講義した後，クイズ形式で関連知識を競い合う．おそらく，このような党史クイズは本来，娯楽の種となるようなイベントではない．しかし，共青団支部書記とクラス長を含むクラスメイトが活動を盛り上げようと工夫を凝らし頑張るため，他のメンバーも通常これを応援する．クラス会の盛り上がりの如何は幹部の手腕によるところが大きいため，その職責の大きさが窺い知れる．なお共青団の支部活動や班集会への出席は義務ではない．そのため，これらに出席しない学生も時々いる．しかし大部分の学生は，悪い意味で目立つような行動を避けるため，特段の理由が無い限りは，共青団員になることを選び，その活動に参加する．それでも共青団員にならず，その活動に参加しない学生は，共産党が嫌いか，集団行動が極端に苦手か，共産党員であることが重視される公務員になるという選択肢を初めから捨てているのであろう（写真9-2）．

　共産党員になる道は，長く険しい．一般的に，党員になるには，おおよそ2年必要であると言われている．入党希望者は，定期的に学習会に参加し，レポートを提出したり，さきほど見たような共青団の支部活動に参加することが求め

写真 9 – 2　団日活動に参加した際に，日本語版の
『毛沢東語録』をプレゼントされて歓喜
する筆者

筆者撮影.

られる．将来的に公務員になりたい学生は，党員を目指す場合が多い．しかし，
すべての学生が必ずしも昇進機会を獲得するために党員を目指すわけではな
く，大学の学業成績が良かったために党組織にリクルートされた，親友に勧誘
されて党員になったというように，入党理由は人それぞれである．

　それでは，沈が大学生の基層党組織形成に対する満足度の回答を求めたとこ
ろ，「非常に満足」(46.5％)，「やや満足」(39.9％)，「どちらとも言えない」(11.8％)，
「あまり満足していない」(1.3％)，「とても満足していない (0.5％) という結果
になったという (表 9 – 3)．この結果に対して，同著者は，約15％の大学生が，
どちらとも言えない以下の回答を出したことを懸念している (沈，2022 : 249,
277)．このように，党組織建設に対してネガティブな態度を取る大学生は，そ
れなりの割合で存在する．さきほど表 9 – 2 で見たように，「インターネット上
で党と政府を貶める言説に反論する」大学生が 7 割強いる．これはインターネッ
ト上に限ったことではない．これは，実際の大学生の人間関係についてもある
程度当てはまる．たとえば，クラス内において，誰かが党，あるいは政府の方

表 9 – 3　大学における党組織建設についての満足度

	非常に満足	やや満足	どちらとも言えない	あまり満足していない	満足していない
党組織建設の満足度	46.5%	39.9%	11.8%	1.3%	0.5%

出所：沈 (2022 : 249) より筆者作成.

針にやや批判的な発言をしたとする．そうすると，党員を目指している学生が
発言者をやんわりと咎めるであろう．このようなやり取りがあったとしても，
両者の間に大きな亀裂が生じることはあまない．なぜならば，そもそも大学に
おける党の教育への指導は法律として定められている．そして何より，両者は
ほぼ毎日顔を合わせるクラスメイトであり，もし同性であるならば，堅い友情
で結ばれたルームメイトなのである．したがって，発言者は，自身を咎めた学
生が党員を目指す立場上，そのように立ち振る舞わなければならないことを，
十分に理解しているのである．このように，党の教育への指導は，濃密な人間
関係が織りなす大学という世界に行き届いているのである．

おわりに

　コロナウイルスの流行以降，大学を取り巻く環境は一変した．大学周辺でコ
ロナ陽性者が一度発生すると，大学は即座に封鎖され，授業は対面式からオン
ラインに切り替えられた．キャンパス内には，臨時のPCR検査場がもうけられ，
緊急PCRが頻繁に実施された．それに伴い，学生を含む大学関係者全員が，衛
生当局による厳格な管理下に置かれた．現在,コロナ規制はおおよそ撤廃され,
来学期からは通常通り対面式の授業が行われるのではないかという期待が高
まっている．しかし，コロナ流行に伴う経済状況の悪化により，大学生の就職
難が顕著になっている.就職を先延ばしにするために大学院を受験する学生も,
例年より多いようである．このような状況が続くほど，大学生の心理状況は不
安定化するであろう．学生達の失われた大学生活は二度と戻ってこない．大学
関係者はこのことを肝に命じつつ，彼らの支援体制を一刻でも早く整える必要
がある．

第10章

ボランティア
――社会生活を支える篤志家たちと現代中国のボランタリズム――

史　邁

は じ め に

　広辞苑では,「ボランティア」について「自ら進んで社会事業などに無償で参加する人」と説明されている. 実際, ボランティア活動は職業や信仰, あるいは人生に必要不可欠な経験ではなく, せいぜい一種のライフスタイルである. つまり, 誰もがボランティア活動に参加することができるが, 多くの人々の日常生活にとっては必ずしも必要な経験ではない. しかしながら, ボランティアは現代中国社会を理解するために, 見過してはならない重要な視座を提供する. なぜならば, ボランティアという自由意志で駆動された篤志家たちは, われわれの社会生活を支え, 自らの手で社会変革に関与すると同時に, その変革の結果の一部として, 変革の全過程に立ち会っているからである. それによって形成される価値観, いわゆる「ボランタリズム」という文脈から, 政治制度やイデオロギーなどに絡まれた「ややこしさ」を通り抜けて, 中国社会の最も素朴な面を見出せる可能性がある.

　本章は, 以下4つの部分から中国のボランティアの輪郭を描き出していく. まず, 現代中国のボランタリズムの由来をいくつかのキーワードから振り返り, その複合性を理解する. 次に, ボランティア活動の規模を紹介し, これまでの展開と現在の到達点をデータから読み取る. さらに, ボランティア活動の実践体制を紹介し, 多様な場面におけるボランティアのあり方を鳥瞰する. 最後に, 北京市豊台区の事例を通して, 現場のボランティア活動の様子を紹介し, 篤志家たちがわれわれの社会生活をいかに支えているのかについて見ていく.

1　現代中国のボランタリズム

　ボランティア活動の動機づけとなる意志はボランタリズムと呼ばれる. ただ

し現代中国におけるボランタリズムは，単なる「利他主義」の主張ではない．多様な考え方や思想が歴史的に融合された，伝統と現代の混合体である．こうした複合性をあらかじめ念頭に置くのは，ボランティアという視座を通して現代中国を理解するための前提でもある．**図10-1**に示すよう，本節は2本軸を設定し，現代中国のボランタリズムの形成において最も重要なキーワードを4つ取り上げる．そのうち，縦軸を改革開放政策の施行を基準にその「以前」と「以降」という2つの時期に区分する．そして，横軸はその考え方が「個人」の意志から自然に生まれたものか，あるいは集団の意志から政策的に形成されたものか，という形成ルートの方向を表す．

　キーワードの1つ目は，「仁者愛人」である．ボランティア活動を駆動する思想は，中国の歴史の中で長く存在してきた．代表的なものとして，儒家による「仁」の思想があげられる．孔子の「仁者は人を愛す」という主張は，原始的で素朴な人道主義の観念とみなされる（顔，2013）．たとえば，子曰く「仁を為すは己に由る，而して人に由らんや」（『論語・顔淵』）は，仁の実践は自分自身によるものであり，他人に頼るものではないことを意味する．つまり人を助けることは，受動的に呼びかけられるのではなく，自ら積極的に行うことだとされる．

　また「性善説」を信じた孟子は，「なぜ人を助けるか」という問題に関して，人間には「4つの端」（4つの手足の意味）があるように「4つの心」があると説

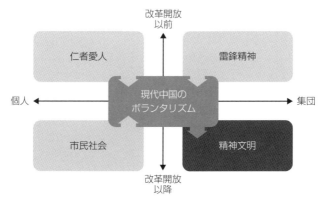

図10-1　現代中国のボランタリズムにおける4つのキーワード

出所：筆者作成.

いた．すなわち「惻隠の心は仁の端なり，羞悪の心は義の端なり，辞譲の心は礼の端なり，是非の心は智の端なり」(『孟子・公孫醜上』) という．「仁」の思想を継承した彼は，その中身をより具体化し，さらに「吾が老を老として，以て人の老に及ぼし，吾が幼を幼として，以て人の幼に及ぼす」(『孟子・梁恵王上』) という行動上の観点も提示した．

　2つ目は「雷鋒精神」である．雷鋒 (1940~1962年) は本名が雷正興であり，湖南省の貧乏農家出身の若者であった．7歳のときに，両親と兄弟を全て失って孤児になった彼は，人生をあきらめず，児童団や少年先鋒隊などの組織に参加し，学校に通いながら地域の行事にも積極的に関与していた．成年後，雷鋒氏は入隊し，立派な軍兵になった．1962年8月15日，人助けが好きだった彼は日常訓練の中で事故に遭い，わずか22歳で命を失った．当時，雷鋒が所属していた部隊は，彼の生涯の事績を整理し，上役に報告した．雷鋒のストーリーは，一般市民にも広く知れ渡り，多くの人に感動を与えた．「雷鋒精神」が国家意志になるのは，翌年の1963年3月5日に，毛沢東主席が「雷鋒同志に学ぶ」ことを指示してからである．それ以来，今日まで続く全国を巻き込んだ社会運動が始まった (陸，2017)．運動の趣旨はただ1つ，すなわち「雷鋒精神」を広め，社会的な人助けの雰囲気づくりをすることである．「雷鋒精神」は，社会主義中国におけるボランティア精神のはじめての具体化であり，国家のイデオロギーの一部になった (張，2012)．このことから，「雷鋒精神」を現代中国のボランタリズムの出発点と言うこともできる．

　3つ目は「市民社会」である．改革開放政策の施行は，中国を世界の発展と結びつけ，中国社会に大きな変化をもたらした．こうした変化は政治，経済など制度，政策上だけではなく，人々の日常生活の面でも同じく著しい．そのうち，社会参加を核とする「市民社会」の風潮は，1990年代以来，中国人の社会生活および現代中国のボランタリズムに新たな息吹をもたらした．

　それにはいくつかの背景がある．まず，1990年代以来，市場経済の高速発展に伴い都市化が急ピッチで進んだ結果，市民階層の規模は数倍に拡大した．そして新たな市民生活が，従来の計画経済体制下のライフスタイルに代わって，主流となってきた．次に，新たなライフスタイルの登場とともに，さまざまな社会問題と社会的ニーズも現れるようになった．そこで，市民たちは政府部門と市場部門による問題解決の限界，また自発的行動による互助の重要性を意識し始めた (史・田，2018)．さらに，1995年に世界女性会議が北京で開催され，

非営利組織（NPO）／ボランティア組織（VO）などの概念が初めて中国に紹介された．また，WWF（世界自然保護基金）をはじめとする一部グローバルな組織が中国に入って活動を始めたことも市民意識の早期形成に影響を与えた．

　4つ目は「精神文明」である．ここでいう「精神文明」とは「社会主義精神文明建設」の略称で，国民の道徳レベルと国家のソフトパワーを向上するために中国政府が推進する国家戦略である．ボランタリズムのあり方については，国連事務総長（当時）コフィー・アナン氏が2001年の「ボランティア国際年」の開幕式で行った講演で，「奉仕，友愛，互助，進歩」という4つのポイントに簡潔にまとめたことがある．仮に「仁者愛人」は友愛，「雷鋒精神」は奉仕，「市民社会」は互助に対応するものだとすれば，「精神文明」は進歩に対応するものと考えることもできよう．

　「精神文明」は，前述した理念を集大成した上で，未来中国のビジョンを示そうとするものであり，その持続的な達成と維持には，市民参加の取り組みが不可欠である．ここで強調される個人，社会ないし国家の三者関係は，いわば中国人がよくいう「家国情壊」（共同体意識に基づく愛国心）の具体化である．したがって，中国における「進歩」には2つの意味合いがある．1つは，個人が国という共同体に対する主観的な承認であり，もう1つは，こうした承認を社会生活において実践すること，つまり共同体の発展のための具体的な取り組みである．

2　ボランティア事業の現状

　中国におけるボランティア活動の歴史は長いが，国家が正式に推進し始めたのはここ10年ほどの話である．2008年は中国の「ボランティアの元年」と呼ばれる．この年の5月に四川省で大地震が発生し，8月には北京オリンピックが開催された．いずれの場面においても，ボランティアの活躍は人々に深い印象を残した．ボランティアのパワーと可能性を実感した中国政府は，それ以来，ボランティア事業の推進に本気で取り組むようになった．その一環として，政府はボランティア活動の秩序ある発展を図るために，ボランティア情報システムの構築を始めた．今日，システムに登録したかどうかによって，ボランティアは概ね，登録ボランティアと未登録ボランティアという2種に分けられる．

　国家によるボランティア情報システムの構築は，当初需要と供給をうまく

マッチングさせることを目的にしたが，ボランティアの規模をより正確的に把握することも可能にした．『中国慈善発展報告』（社会科学文献出版社）に収録された「中国志願服務発展指数報告」（以下，「指数報告」と略す）は，政府の公開資料を基に，実態調査を加えて，中国におけるボランティアの展開を詳細に紹介している（翟・朱・張，2022：42-86）．「指数報告」によると，中国のボランティア事業はこれまでの約10年間にわたって拡大し続けており，人口も組織も数倍増加した．以下，**図10-2**の4つの指標から中国のボランティア活動の規模について詳述する．

　第1に，ボランティアの規模は2021年に2億6965万人に達し，前年より16.67％増，2013年より3倍以上拡大した．この数値は，登録ボランティアと非登録ボランティアを合わせたボランティアの総数である．そのうち，登録ボランティアとは，前述した民政部が開発した「全国志願者服務信息系統」（全国ボランティアサービス情報システム，以下「情報システム」と略す）に登録したボランティア，あるいは，政府に認められたボランティア団体を通じて間接的に登録したボランティアのことを指す．公開資料によると，2021年のボランティア登録者数は2億2200万人を超え，前年度の2020年より3000万人増え（15.63％増），

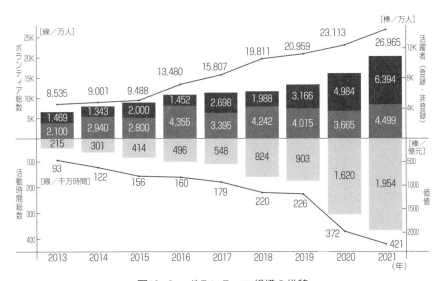

図10-2　ボランティア規模の推移

出所：翟・朱・張（2022：46-54）より筆者作成.

登録率も15.72％に達した[1].

　その一方，未登録ボランティアはおよそ4765万人に達すると「指数報告」は推計している．研究チームが行った2021年度の実態調査では，どの情報システムにも登録していないボランティアが17.67％（2020年比0.74％増）いることがわかった．この比率に従えば，2021年の非登録ボランティアは前年度より852万人増え，約4765万人に達すると予測される．これは，新型コロナウイルスの防疫対策と緊急救援のために急増した新規ボランティアが情報システムにまだ登録されていないことが主要な原因だと，「指数報告」は推断した．

　第2に，登録ボランティアのうち，アクティブ・ボランティア（図10-2の活躍者）が約1億900万人いる．情報システムに登録したかどうかとは別に，ボランティア活動にどの程度参加しているかも，実態把握のための重要な指標である．この点は，情報システムにおける活動時間の記録から把握することができる．アクティブ・ボランティアとは年度内に1時間以上のボランティア活動を行った参加者のことをさす．「指数報告」によると，2021年には情報システムに新たに1445万5500人のアクティブ・ボランティアの活動時間が記録され，累計6394万人に達したという．アクティブ率は28.80％，2020年度より2.84％増加した．その一方，未登録ボランティアの活動率は94.4％であると，実態調査によって明らかにされた．この比率に従えば，全国で4494万人の未登録ボランティアがアクティブ・ボランティアとして活動に参加したと推定され，アクティブ・ボランティアの総数は1億983万人にのぼる．

　他方，国の総人口に対するアクティブ・ボランティア総数の割合，いわゆるボランティアサービスの参加率は，国民による社会参加の全貌を反映する指標となる．2013年以降，中国におけるボランティア活動の参加率はほぼ毎年高まってきた．「指数報告」によると，2021年，正規なボランティア団体を通して活動に参加したアクティブ・ボランティアが総人口に占める割合は約7.71％，前年度より1.71％増し，2013年の2.62％より3倍弱拡大した．

　第3に，国の情報システムに登録されたボランティア団体の数は，2021年には123万件に達し，2020年より44万も増えた．社会参加のもう1つの重要な方式である「社会組織」，いわゆる民間非営利組織（NPO）の数にくらべても，近年ボランティア団体の伸び率が圧倒的に速いことがよくわかる．たとえば，2020年「社会組織」の総数は前年度比わずか3.21％増に留まったが，ボランティア団体の伸び率は55.70％，過去5年間で最も速い伸び率となっている．

　第4に，ボランティア活動の年間総活動時数は42億700万時間に達した．2021年の「情報システム」に新規登録されたボランティアの活動時数は9億8100万時間である．そして，実態調査から未登録ボランティアの平均活動時数は，71.71時間であることがわかった．そのため，全国4499.11万人の未登録ボランティアの総活動時数は，約32億2600万時間に達すると「指数報告」は推測している．両者を合わせたボランティア活動の総時数は42億700万時間になり，アクティブ・ボランティア一人当たりの年度平均活動時数は，約38.62時間であると推測される．前年度の2020年にくらべると，2021年の総時数は4億8700万時間，約13.09％増した．2013年の9億3200万時間より，8年間で3.5倍も拡大したのである．

　時数を集計することによって，ボランティア活動の規模だけではなく，その経済的な価値も窺える．国際労働機関（ILO）による「代替コスト計算法」によれば，賃金上昇率10.7％を差し引いた後，2020年の中国における民間非営利組織の一人当たりの平均賃金は時給46.44元である．この基準に従えば，2021年のボランティア活動による経済への貢献は前年度より334億元増え，およそ1955億元に達すると推測される．さらに，ボランティア活動の経済的貢献が国内総生産（GDP）に占める割合は，2013年の3.6‰から2021年現在の17.09‰まで約4倍弱，サービス産業に対する貢献率は2013年の8.19‰から現在の32.05‰まで約3倍弱に拡大した．人的資源の観点から見れば，ボランティアはフルタイム労働者210万人分の価値を創造している計算になる．これはサービス産業の従業者の19.81％に相当するもので，2013年（43.6万人）から約4倍も増加した．

3　ボランティア活動の多様なあり方

　ボランティアの規模の拡大に伴い，実践場面におけるボランティア活動の意味合いも豊かになっている．それは，社会的ニーズが常に変わるため，ボランティアに求められることや，具体的な取り組み方法なども，環境変化によって多様化していくからである．この点に関して，本節は**図10-3**に示すように，個人，社区（コミュニティ），都市という3つの場面（次元）に分けて，ボランティア活動の多様なあり方を紹介したい．

　まず，個人の次元から見た場合，ボランティア活動は個人的な社会参加であ

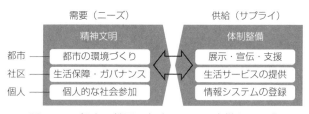

図10-3　個人，社区，都市における多様なあり方

出所：筆者作成.

り，危篤状況の人を助ける救助活動から個人的レジャー行為に至るまで，その内容と意義が多様化している（何，2020）．ボランティアとしての個人は，サービス提供者でありながら，サービス利用者，すなわちサービス提供の対象でもあることは，ボランティア活動の最大な特徴である．それゆえ，個人のボランティア活動の動機に関する議論は，通常，利己主義と利他主義の2つの対立陣営に分かれる．しかしながら，実際には，ボランティアの動機づけを「利己・利他」の枠組みのもとではっきり分けることは難しい．なぜならば，ボランティア活動はプロソーシャルな社会的行為として，その動機づけにおける個人差は常に道具的合理性と価値合理性の両面に反映されるからである．

　とりわけ，多くの若者が参加するに伴い，活動参加の出発点は「この社会は何を求めるか」という需要本位の従来の考え方から，「参加者として私は何をしたいか」という個性的な考え方に変わりつつある．したがって，ボランティアの動機付けが利他的かどうかを判明することより，実際の活動実践において，誰でも気軽く参加できるような環境づくり，そして，需要（ニーズ）と供給（サプライ）とのマッチングなどがより重要となるかもしれない．この意味では，中国政府が導入した情報システムは，ボランティア活動の自発性と相性が悪いように見えるが，ボランティアが2億人以上活躍する実践現場においては，実に大きな役割を果たしている．

　次に，社区の場面では，ボランティア活動は日常的な生活保障問題と密接に関わる．自発的行動を強調するボランティア活動は，しばしばコミュニティ・サービスと結び付けられ，安心・安全な社会生活を維持するために，災害などの衝撃を受けた生活場面で緩衝材の役割を果たす．実際，ボランティア活動はコミュニティ住民の日常的な生活ニーズに応えようとするとともに，住民たちによる共同体意識の向上，合意形成の促進など，コミュニティづくりの機能も

果たす．他方，コミュニティはボランティア活動が行われる足がかり，あるい
は具体的な「場」として，活動展開に必要なカネ，ヒト，モノなどの資源を提
供する機能を果たす．とりわけ中国の社区のように空間的な境界が明確な場合，
この点はとくに顕著である．

　その一方で，中国の社区は，欧米のような地域社会が自発的に形成した純粋
な互助・共助グループとは若干異なる．社区を活動範囲とするボランティア団
体は，前節でも触れたように，多かれ少なかれ，地方政府による地域ガバナン
スの一翼を担っている．政府による公共サービスが，トップダウンのかたちで
地域社会に提供されるとき，「受け皿」としての社区がそれに十分対処できな
い場合，ボランティア団体のような組織の役割が求められるのである．つまり，
ボランティアが直面するのは，地域住民の生活ニーズだけではなく，行政から
の協同の依頼の場合もある．だが，こうした余計そうに見える業務は，多くの
ボランティア団体にとって実は負担ではなく，むしろ貴重な機会である．活動
展開に必要な資源はもちろん，政府による承認と信頼関係は，ボランティア団
体の生存と発展にとっては，何よりも重要なソーシャル・キャピタルであるか
らだ（徐・黎，2018）．

　さらに，都市の場面では，ボランティア活動は環境づくりと関わる．都市の
ボランティア活動においては，対処するニーズが個人や社区の場合のような具
体性を備えず，組織と動員のやり方，役割機能のとらえ方なども，後者と大き
く異なる．具体的に以下の3点があげられよう．

　①ボランティアには，魅力的な都市のイメージを構築する役割が期待され
ている．ボランティア活動は具体的なサービスの提供以外に，その象徴として
の役割，すなわち市民全体の個性と気品を示す側面も持ち合わせているとされ
る．精神文明の構築が推進される今日の中国においては，この点はとりわけ政
策の設計者に重要視されている．②ボランティアには政策を伝える機能が期
待される．ボランティア団体は市民による自発的な結社であるため，かれらを
通して，より多くの市民にダイレクトに接することが可能である．よって，都
市の重大な社会政策やプロジェクトを市民に周知する際に，ボランティアが広
報と実動の重要なルートになることが多い．③ボランティアには，緊急時に
支援を行う機能が期待される．都市の場面では，とくに地震やコロナウイルス
感染症のような重大な災害が生じた場合，政府による硬直なサービスの提供に
くらべて，柔軟性の高いボランティア活動は支援のスピードと効果の面で優れ

る．それゆえ，多くの研究では，ボランティアの多寡を都市のレジリエンスを評価する重要な指標として扱っている（陳・李，2017）．

　以上のような中国のボランティアの実践体系における3つの次元は，精神文明戦略の推進ルートでもある．国にとっては，ボランティアはガバナンスの実践方法であり，社会的発展とガバナンスの質を測る重要な指標でもある．国はボランティアを通じて個人，社区，都市を一つの共同体に集結させている．国民による社会参加の向上を通して，個人と社会全体のつながりを強めながら「家国情懐」を育ち，最終的に新時代の社会主義社会文化の形成を目指そうとしているのである．

4　活動展開の3つの具体例

　ボランティア活動の多面性を踏まえて，本節では北京市豊台区を事例に，ボランティア活動に熱心な篤志家たちが，中国人の日常生活の場面をいかに支えているかについて紹介したい．豊台区を選んだ理由は2点ある．まず，この地域は伝統的な農業文化，近代工業とビジネス文化がほどよく融合されており，市民のライフスタイルが多様であること，そして，現在北京の都市発展計画における重点地域として，ボランティア事業に関わる改革とモデル事業が多く試行されているからである．なお，以下の3つの事例についての記述は，第3節で述べた個人・社区・都市という3つの側面に対応して，筆者が2021年に行ったフィールドワークの調査結果に基づく．

　1つ目は，ボランティア活動への親子での参加を工夫した「団体A」の事例である．団体Aは2017年に成立した草の根のボランティア組織である．創始者の呉さんは，2008年に北京オリンピックのボランティア活動に参加してから，今まで10年以上の経験を持つベテランである．彼女のリーダーシップのもとで，団体Aはわずか数年の間，1700人余りのメンバーを有する，地元では知名度の高いボランティア団体になった．団体Aは，都市化によってかつて農村であった地域に新たに建設された団地を活動地域としている．こうした団地では農村時代に形成された隣人関係が依然として継続されており，ボランティアの募集に良い条件となっている．

　団体Aは地域住民の生活ニーズと参加者の個人能力の両方に配慮しつつ多様な活動プログラムを設計し，それを通して活動を展開している．そのうち，親

子で参加するプログラムを通じて，ボランティア活動を家族や世代間の交流の場として活用しているのが，団体Aの最大の特徴となっている．そのきっかけについて，Bさんは「ボランティア活動の参加意欲といえば，大人より子どもや青少年の方が高い……地域の参加者には，18歳以下の子どもが多い……だが，未成年の参加には，やはり親が同行する必要があると思う……その折衷案として，親子でも参加しやすい活動プログラムを工夫した」と筆者に説明した．このように，団体Aは個人や家庭，そして地域それぞれのニーズを統括しながらボランティア活動を行っており，家庭生活をコミュニティ生活に持ち込みながら，ボランタリズムの精神で親子活動および家庭教育を充実させている．

　2つ目は，地域住民の生活ニーズを的確に把握する「団体D」の事例である．前記の団体Aと異なり，団体Dは民生部門に登録した正規のボランティア組織である．団体は13チームで構成されており，基本的に社区ごとに1チーム，各チームには20人から100人のメンバーがいる．内部ガバナンスを大事にする団体Dは，党支部まで設置しており，住民委員会（社区のことを管理する住民自治組織）と常に密接に協力しながら活動プログラムを展開している．そのほか，同団体は診療所，幼稚園，飲食店，販売店など地域の他の組織にも積極的に声をかけ，協力を要請する．ボランティア活動の「場」を通して，地域のサポート・ネットワークを構築することは団体Dの得意技である．

　団体Dは，シニア・ボランティアをメンバーの中心としている．地域に近くの工場から定年退職した住民が多く居住するからであり，ボランティア活動の内容も，高齢者に対する日常的な生活支援を中心としている．参加者の「やりたいこと」をベースとした前記の団体Aと違い，団体Dは，住民の「必要とすること」，いわば生活ニーズを中心に活動を展開している．彼らの特徴は，住民の生活ニーズに対する把握が的確な点にある．より適切なサービスを提供するために，地域住民でもあるボランティアは，つねに周りの情報を収集し，活動の内容をリアルタイムで調整することに努めている．団体の責任者であるCさんは，「このコミュニティに暮らしている私たちは，このコミュニティが求めていることをいちばん知っている……身体が不自由な年寄りが，どこでどのような暮らしを送っているか，日常生活において何を求めているか，それは私たちがいちばん詳しいかもしれない……この意味で，私たちは政府の強い味方だと思う」と，筆者に紹介した．

　3つ目の事例は団体ではなく，北京冬季オリンピックの時に政府が募集した

写真10- 1　都市ボランティアが活動する様子
志願北京（2022年 1 月22日）.

　都市ボランティアについてである．都市ボランティアはよく都市の「イメージ・
キャラクター」と言われている．彼らの活動は高い公共性をもつため，政府や
一般市民から大きな期待が寄せられることが多い．オリンピックの主催を2008
年に一度経験した北京は，2022年の冬季オリンピックに際して，ボランティア
の募集と活用を一層重視した．豊台区には試合の競技場が置かれてなかったに
もかかわらず，区はオリンピックを宣伝広報の絶好な機会ととらえ，大量の都
市ボランティアを募集した．**写真10- 1**に示すように，都市ボランティアは，
観光地，交通センター，公共文化機関，公園などの施設に設置されたサービス・
ステーションを活動の拠点とし，地域住民や観光客にオリンピックの基礎知識，
試合情報，都市イベント，観光スポットなどを紹介した．
　都市ボランティアの参加者は，都市の熱意と親切さを表す「おもてなし」と
して，活動展開に必要な知識とスキルのほか，サービス精神，活動への情熱な
ども求められる．そのため，最初の募集段階において，政府は一般的に市民対
して直接に公開募集を行わず，社区，大学などの組織を通してボランティアの
候補者を選抜する．その場合，ボランティア団体の中堅メンバー，党員，また
はボランティア活動に熱心な大学生たちに声がかけられ，優先的に推薦される．
こうしたトップダウンの参加ルートは，前述の情報システムと同じく，参加者
の自発性を重視するボランタリズムからかけ離れている側面もあるが，現代中
国という文脈においては，活動の効率性を高める重要な方法となっている．

お わ り に

　本章は，現代中国ボランタリズムの歴史的形成過程を整理し，ボランティア活動のあり方を個人，社区，都市，国家という4つの側面に分けて論じた．また，活動展開の具体例として，北京市豊台区を取り上げ，ボランティア活動に熱心な篤志家たちが異なる場面で展開する活動の様子を紹介した．3つの事例からは個人，社区，都市の場面において，ボランティア活動が国民の日常生活に深く関わり，精神文明の形成に不可欠な要素となっていることが浮き彫りになった．

　本章の議論は次のように要約することが可能である．第1に，現代中国のボランタリズムは「仁者愛人」「雷鋒精神」「市民社会」「精神文明」など歴史的に形成された多様な考え方が融合されたものである．第2に，ボランティアの規模が2億7万人に達した現在，ボランティア活動は中国人の日常生活に浸透し，多様な生活場面において重要な役割を果たしている．第3に，ボランティアのあり方は場面によって異なるものの，個人，社区ないし都市のそれぞれのニーズに対応しており，ここに中国のボランタリズムの最も重要な価値が見いだされる．

第11章

中国の中小企業主
―― 「百年企業」の実現を目指して ――

竇　少杰

は じ め に

　中国の中小企業には「五六七八九」という典型的な特徴があると言われている．この数字の並びは，「50％以上の税収，60％以上のGDP貢献，70％以上の研究開発投資，80％以上の雇用，90％以上の企業数」を意味しており，中国経済における中小企業の重要性を示している．しかし，近年，中国では中小企業の事業承継問題が緊迫した社会問題として取り上げられている．日本でも中小企業の事業承継問題が重要な課題として提起されているが[1]，比較的に有利に働く社会規範や慣行，成熟した市場経済環境，充実した行政・社会の支援，世界に類を見ない長寿企業の多さなどが日本の中小企業における事業承継問題の解決にとってプラスの要素となっている．それに対して，中国では民営経済の歴史が浅く，市場経済環境もまだ不完全であり，社会規範や慣行においてもさまざまな制限があるため，中小企業の事業承継問題はより難しく，複雑になっており，多くの中小企業がこの問題に悩まされ，行き詰まっているのである[2]．

　しかし，中国の中小企業経営者を困らせる難問は事業承継問題だけではない．経営環境の急激な変化に追われて，存続に関わる企業経営のあり方で苦しんでいる中小企業も多い．これまでの中国経済は2桁の成長率を実現し，高度成長を実現してきたため，多くの中小企業が適切な経営管理を行わずともうまく中国経済の勢いに乗って成長してきたが，近年，中国経済は「新常態（Column 4）」期に入ったため，一部の経営管理に明るくない中小企業が苦しくなり，倒産を余儀なくされてきた．さらに，経営環境の大きな変化の一例を挙げると，環境保護をはじめとするSDGsの提起がある．地球温暖化を食い止め，中国も全人類の持続可能な開発と成長の実現に貢献するために，習近平国家主席は，2021年9月の国連総会で，中国の二酸化炭素（CO_2）排出量を2030年までに減少に転じさせ，2060年にはCO_2の排出量と吸収量が差し引きゼロになる「カーボン

ニュートラル」を実現すると宣言した[3]．それ以来，中国で脱炭素化に向けた取り組みが加速しており，政府当局はもちろん，国民においても環境保護意識が高まっている．これまで中国ではコストを抑えて最大限の利益を追求するために環境保護を無視して生産活動を行う中小企業が多かったが，時代・社会が変わり，人々の意識にも大きな変化が生じてきたため，中小企業でも環境問題に目を向け，企業の社会的責任を強く意識しながら，生産活動において積極的にSDGsの実現に向けて努力していかなければならなくなった．このように激変する経営環境のなか，中国の中小企業は，従来の「粗放型」経営活動から脱却し，「量」から「質」への転換を求められるようになってきたのである．

　2022年5月，筆者は，中国浙江省にある中小企業，和達工業の2代目社長・陳科杰（1981年～）に対してヒアリング調査を実施した．本章においては，中国の中小企業と中小企業主の概況を踏まえた上で，和達工業の事例を取り上げ，前述のように激変した経営環境のなかで，イノベーションを通じて活路を探っている中国の新世代中小企業主の奮闘を描く．

1　中国の中小企業の概況と中小企業主へのイメージ

（1）中国の中小企業の概況

　冒頭で触れた「五六七八九」という数字が示すように，中国経済において重要な役割を果たしている中小企業であるが，その発展プロセスには紆余曲折があった．木幡（2021）は，中国の中小企業の発展過程を「初期段階」（1949～1957年），「停滞段階」（1958～1979年），「高度成長段階」（1980～1994年），「調整・向上段階」（1995年以降）という4つの段階に区分している．

　1949年，社会主義中国が建国された．長期にわたる戦争により疲弊した経済を救おうと，1953年から中国政府は「第一次五ヶ年計画」（1953～1957年）の実施に踏み切ったが，社会主義計画経済を成立させるために，同年から「社会主義改造」（1953～1956年）[4]も合わせて行われた．したがって，中国では建国初期から中小規模の事業体が雇用や供給に対して重要な役割を果たし，大規模な国有企業の必要不可欠な補完要素であるとされていたが，私有性が認められなかったため，そのほとんどは「社会主義改造」の没収・買収を通じて個人・私有企業から転身した公有制中小企業，あるいは，各級の地方政府が設立した公有制中小企業であった．

　しかし，1958年から中国では「大躍進運動」（Column 2）が始まった．政策
の失敗と国内外の危機的な状況が重なり，さまざまな矛盾が激化し，最終的に
「文化大革命」（Column 2）の発生につながった．混乱した社会環境のなか，中
国の中小企業は長い「停滞段階」に入った．

　1978年に始まる改革開放政策は，まず農村経済体制改革から着手された．農
村部では「家庭聯産承包責任制（農業生産の請負制）」（Column 1）が実施され，
農民たちの生産意欲が向上した．また，農村部では農村政府の出資によって多
くの郷鎮企業5)と呼ばれる中小企業が設立され，雇用，生産，輸出などの面で大
きく成長した．一方，都市部においても，個人による出資・所有の小規模な個
人営業が増え，1980年代にはその合法性は公認されるようになった．また，
1992年の「南巡講話」（Column 1）以降，「改革・開放」政策と市場経済の正当
性が改めて確認され，中小企業創業のブームが起こった．中国の中小企業は「高
度成長段階」を迎えたのである．

　しかし，この時期の中国に多く誕生した中小企業は，伝統的産業や労働集約
型産業に集中しており，技術レベルも低く，製品の差別化もできていなかった
ため，価格競争が厳しく，利益率が低かった．また，「質」より「量」と「スピー
ド」を追求するという特徴があり，経営管理も杜撰であったため，一部の中小
企業は粗悪品や模倣品を販売したり，悪質競争を仕組んだり，市場秩序を混乱
させた．中小企業の破綻・倒産も相次いだ．したがって，この時期は中国の中
小企業にとって「高度成長段階」ではあったが，無秩序の「野蛮成長段階」で
もあったと言えよう．

　1997年のアジア通貨危機以降，中国では中小企業の発展が再び重視されるよ
うになった．農村部ならびに都市部での民営中小企業の増加とその経済発展，
雇用，市場経済化に関する重要性から，中小企業の健全な成長と発展を促すべ
く，1998年，中央政府は，中小企業政策を担当する中小企業司を設置し，本格
的な中小企業政策を推進するようになった．2002年には中小企業促進法が制定
され，翌2003年から施行されるようになった．各地方政府も中小企業政策を担
当する部門を設置し，中央政府とともに中小企業政策に取り組み始めた．こう
して，中国の中小企業は「調整段階」を経て，ようやく「向上段階」を迎えた
のである．

（2）中国における中小企業主へのイメージ

　大企業にくらべて，中小企業は先天的「弱点」を有している．日本でも「資金力・知名度・ブランド力が弱い」「就労条件に対するイメージが悪い」「人材育成を行う時間と資金の余裕がない」など，中小企業に対する良くないイメージがあるが，中国における中小企業のイメージはなおのこと悪い．その理由としては，おもに以下の2点をあげることができる．

　●イデオロギー的な考え方が今も根強く残っている．

　そもそも社会主義中国では建国以来の長い計画経済期において，公有制経済のみが許されており，私有経済は違法的な存在として認識され，排除されていた．個人による商業行為は許されず，政府部門に厳しく摘発されていた．国有大企業に勤めることは労働者にとって光栄なことであり，保障される社会的地位と収入もあり，優越感が高かった．改革開放政策開始から40年以上を経た現在においても，国有大企業は依然として不動の人気を誇っている[6]．それに対して，改革開放期に入ってから民間人により大量に設立された中小企業は私有経済の代表であり，次項に示す問題もあるため，卑下されることが多く見られてきた．

　●中小企業経営が粗放型の発展を遂げてきた．

　前段で述べたように，改革開放政策が施行され，中国で市場経済が確立された後，中小企業は「高度成長段階」に突入したが，中小企業の経営と発展には多くの弊害や問題点があったため，その時期はまた「野蛮成長段階」でもあった．それゆえ，中国の中小企業は，「弱小」「すぐに倒産する」「経営能力が低い」「信用が乏しい」「管理が混乱」「賃金が安い」「労働条件が悪い」「悪徳企業」など，「粗放型」経営の代名詞となっている．また，1990年代頃から，中小企業経営者の子女には「金持ちのドラ息子」タイプが多く見られ，「富二代」と呼ばれるようになっていた．中小企業主へのマイナスイメージが強まったのである．

　中小企業の社会的イメージが良くないため，中小企業主の子どもたちの多くは家業を継ぎたがらず，この点は，本章の冒頭で紹介した事業承継問題が深刻な社会問題になっている主要原因の一つでもある．

2　ケーススタディ
──持続可能な経営の実現を目指して──

（1）和達工業の創業

　和達工業の正式名称は和達塑料製品有限公司である．1995年，陳科杰の父親・胡関泉（1956年〜）と母親・陳仕芬（1957年〜）によって浙江省慈渓市で創業された．ヒアリング調査では，中国政府が改革開放政策を本格的に始動させた1980年代において，胡関泉・陳仕芬夫婦が家族を養うために小さなビジネスを始めていたことを確認できた．

> 「生計を維持するために，両親は1980年代からビジネスを始めていました．最初はコンクリート船を作っていました．地元では小さな河川が多くて，道路を走る車やトラックが少なかった当時，船は最も重要な交通・物流手段でした．当時，鉄製の船は高価で簡単に買えるものではなかったので，コンクリート船は安価で，修理も簡単で，人気でした．父はある師匠の下で船修理の仕事に従事していたのですが，そこで器用だと評価されて，コンクリート船の作り方を教えてもらいました．その後，師匠の下から離れ，独立したのです……父が作ったコンクリート船は地元で評判になりました．母の支えもあって，コンクリート船のビジネスは順調でした」．

　しかし，経済成長にともない，中国の道路や橋梁などのインフラも急速に整備され，道路交通も発達した．利便性や載貨量などの側面で有利なため，トラクターやトラックが急激に増えてきた．これにより，胡関泉・陳仕芬夫婦のコンクリート船ビジネスは次第に萎縮していった．

> 「両親は家庭用のコンクリート製貯水タンクも作っていました．当時地元では水道水がまだ完全には普及していなかったので，各家庭では専用の貯水タンクが必要でした．ちょうどその頃，家のリフォームがあって，もともと使っていた大きな水甕が老朽化していましたので，父はコンクリート船の技術を応用してコンクリート製の貯水タンクを作りました．それがまた評判になって，近所から多くの受注が舞い込んできました」．

　コンクリート製貯水タンクが現地で大きな人気を得たことで，胡関泉・陳仕芬夫婦はその対応のために多忙を極めたが，しばらくすると需要がピークアウ

トし，設置の相談が急減した．その理由には下記の３つの点があったという．
① 地元近所という市場には限りがある．一度設置してしまうと長く使えるため，繰り返しの需要はない（市場規模が小さい）．② 要求される技術は高度ではなく，しくみや作り方を知っていれば誰にでも簡単に作れてしまう（新規参入が容易）．③ コンクリート製貯水タンクはいったん設置してしまうと簡単に移設できず不便であったため，プラスチック製・ステンレス製の移設可能な貯水タンクが現れた（代替品の出現）．その後の中国では，水道インフラの整備にともなって貯水タンクという商品自体が需要を失い，市場から消えていったが，胡関泉・陳仕芬夫婦はそれまでの２回のビジネス経験を踏まえて，1995年にビニールシートを生産する諾達塑料製品廠を創業した．これが和達工業の前身である．両親がビニールシートを選んだ理由について，陳科杰は次のように述べている．[7]

> 「それまでの成功と失敗の経験を整理して，両親は今回の創業でビニールシートを作ることにしました．理由は簡単で，ビニールシートを原材料にして作った製品は使い捨てという１回限りのものがほとんどで，繰り返しの需要があるからです．それまでのビジネスで貯めてきた５万元という大金をはたいて温州から１台の設備を購入して生産を始めたのです．知識も経験もなかったので両親は試行錯誤しながら徐々に設備の操作方法を理解することができ，製品の品質もよくなったのです」．

　以上のように，和達工業は創業された．1992年の「南巡講話」以降，中国では改革開放の正当性が再確認され，さらに1993年に採択された憲法改正案において「社会主義市場経済」が明文化され，「個体経済，私営経済等の非公有性経済は社会主義市場経済の重要な構成部分」であると規定された．中国経済が高度成長を実現しているなかで創業された和達工業はうまく経済発展の波に乗り，船出は順調だった．しかし，胡関泉・陳仕芬夫婦にはビジネス経験こそあったものの，マネジメントに関する知識や能力が備わっておらず，創業から20年以上を経た2010年代半ばになっても，従業員数が創業時の２人から20人に増えたぐらいで，依然として無名の零細工場のままであった．

（２）２代目社長の事業承継
　前述のとおり，和達工業は中国の経済発展の波にうまく乗って順調な船出を

実現し，その後もある程度の成長を遂げた．しかし，中国経済が「新常態」期に入り，中小企業の経営環境が厳しくなるなか，和達工業の経営もついに危機的な状況に陥ってしまった．具体的には，おもに① 受注量の減少，② 価格競争による利益の減少，③ 従業員の離職率の増大，④ 品質事故の頻発，などである．このような危機的状況下にあって重要な役割を果たすことになったのが，2017年に正式に家業に加わった２代目社長の陳科杰である．

陳科杰は，1981年に胡関泉・陳仕芬夫婦の長男として生まれた．2004年に杭州市にある中国計量大学のコンピュータ技術学科を卒業した彼は，世界的に知られる華為から受けた内定を断り，母校の中国計量大学に教員として就職した．同校在職中には「測定技術と設備」に関する研究で修士号を獲得した．2016年，安定した大学教員の職を辞し，その翌年，正式に家業に加わった．ヒアリング調査のなかで，陳科杰は，その折の人生選択の理由について次のように語った．

「当時（＝2004年頃：筆者注）の華為はまだ今のようなすごい企業ではなかったけれど，その時のオファーでは結構良い給料を提示してくれました．半年の見習い期間があって，厳しい選抜がありました．僕が配属された部門では見習いが40人もいましたが，最後に残れたのは僕を入れて５人でした．本当に苦しい半年でしたが，無事に残れてよかったと思っていたところ，母校の先生から電話があって，母校で教員として働かないかと聞かれました．当時の僕にとっては，企業勤めより，大学教員の響きがよかったので，違約金を払って華為を辞め，母校に戻りました……結局，母校で約12年間勤めました．勉強する時間もたっぷりあって，修士号も取れました．では，なぜ教員を辞めて家業に戻ったかと言うと，おそらく幼い頃から自分の身近にビジネスを営んでいる両親や周りの人々の姿があって，同級生の多くも何らかの商売を行っているので，彼らから強い影響を受けたと思います．むしろビジネスをするのが当たり前だということが自分のなかにあったのでしょう．もう１つはやはり事業承継に関連する話です．両親は私たちのために一生懸命に頑張ってきました．和達工業は小さな会社ですが，両親の長年の努力が詰まった存在です．それを受け継いで，事業を継続・発展させていくことが長男である僕の使命じゃないかと考えるようになりました．周りには『社会的地位の低い中小企業主より大学教員のほうが良い』と言う人が多くいますが，僕にとってそんなことありません．とくに2008

年以降，市場環境が厳しくなって，和達工業でも問題が多発しました．両親を助けるために僕はいつも休暇を使って自家に戻っていました．両親は歳をとっていますので，やはり僕が責任をもってやらないといけないと思いました」．

つまり，陳科杰が後継者として家業に加わり，２代目社長に就任したのは，おもに① 地域のビジネス環境，② 家族や家業への責任感と思い，の２点によっていたのである．

① 地域のビジネス環境について．浙江省は中国で最も経済が発展した地域の１つであり，温州商人や寧波商人に代表される浙江商人は国内外で活躍している．世界的に有名な巨大企業アリババグループの創業者であるジャック・マー（馬雲）も，2010年にボルボ・カーズを買収した吉利汽車の創業者である李書福も浙江省の出身である．陳科杰の出身地である慈渓市はまさに民営企業，とりわけ中小製造企業の大きな集積地であり（1980年代から金型加工業や中小家電製造業が発展），中国において個人事業主や中小企業経営者の人口比率が最も高い地域だと言われる．陳科杰はこのようなビジネス風土のなかで育ったため，第１節（２）で考察した中小企業への悪いイメージをもっておらず，家業に加わって２代目社長になることに抵抗がなかったようである．

② 家族や家業への責任感と思いについて．日本と同様に，伝統的な中国の家では長男の責任が重い．陳科杰には妹が１人いるが，唯一の男子であり親孝行者である彼は，家族への責任感が強く，両親の企業経営に問題があった際にいつも両親の側にいて，その解決に尽力してきた．やがて事業承継は自分に課された使命であると考えるようになった．

本章の冒頭で触れたように，今日の中国では事業承継問題が大きな社会問題になっているが，和達工業の事例では，社会的要素と個人的要素がうまくかみ合って，円滑な承継が実現されたのである．

（３）　２代目社長の挑戦

しかし，和達工業の経営は安泰な状況ではなかった．前述のとおり，陳科杰が２代目社長に就任するまで，和達工業の経営は多くの問題を抱えており，その主要なものは，① 受注量の減少，② 価格競争による利益の減少，③ 従業員の離職率の増大，④ 品質事故が頻発，の４点である．いずれも会社の存続を

脅かす問題であった．大学教員時代の陳科杰の専門はコンピュータ技術であり，修士号も「測定技術と設備」に関するものであり，企業経営に関して専門知識や能力も持ち合わせていなかったが，社長に就任してから，浙江大学のビジネススクールに通うとともに，さまざまな経営者講座や企業経営セミナーに参加し，熱心に学んだ．こうした学びを通じて，陳科杰は，和達工業の課題を明確に認識することができたのである．それは和達工業を変えることであった．

　「時代が変わったので，家業もそれに応じて変わらなければなりません．今はSDGsが強調される時代で，中国でも環境保護を重視するようになりました．普通のプラスチックは簡単に分解できませんので，そのままゴミとして捨てられると環境汚染になってしまいます．このままですと，うちの事業はできなくなってしまいます．それで，僕は，分解できるプラスチック材料を作れないかと考えたのです．……和達工業の経営管理には多くの問題がありました．経営管理に関する講座や話を聞いて，会社の問題の厳しさに気づきました．問題はあまりにも多いので，一時期は焦っていまして，眠れない日が続きました．経営管理を徹底的に変えていかないといけないと思いながら，問題がありすぎて，何からどのようにすべきなのかわかりませんでした」．

　以上の語りから読み取れるように，陳科杰が直面した大きな課題はおもに2つあった．1つ目は，和達工業の事業・製品におけるイノベーションであり，要するに，環境汚染にならない新材料への切り替えである．2つ目は，和達工業の経営管理全般に対する改革である．社長に就任してから会社の経営管理を考えはじめた陳科杰にとって，2つの課題はどちらも極めて難問であった．しかし，彼は，強い危機感をもちながら暗中模索を続け，和達工業を抜本的な改革に導いた．

●バイオプラスチック新材料との出会い
　ヒアリング調査によれば，和達工業におけるバイオプラスチック新材料への切り替えは，ある「運命的出会い」から始まったという．

　「これは本当に偶然で，『運命的出会い』と呼んでもいいかもしれません．従来のプラスチックには将来性がないので，家業に加わる前に，父と一緒に国内各地を回り，新材料の開発に成功している会社や研究所などを訪問

しました．お金も技術もなくて，自社での開発はとても無理でしたので，他のところから見つけてくるしかなかったのです．中国でも多くのところでバイオプラスチックの開発が進んでいますが，彼らの製品はなかなかうちと合わなくて，生産できなかったのです．……2017年，僕が家業に加わって最初に担当したのはネット通販事業の立ち上げでした．そのために慈渓市内にある創新創業園区のオフィスビルの1室を借りました．園区のオーナーといろいろ喋っていたら，近くの紹興市で同じプラスチック関係の仕事をしている程国仁という博士を紹介してくれました．偶然にも，この程博士は，アメリカ留学を経験して，バイオプラスチック新材料の開発と生産を行っていたのです．しかも，その製品はうちとぴったり合っていました」．

　程国仁は，江西省出身で，アメリカ留学中にバイオプラスチックの研究に従事した．アメリカから帰国後，紹興市で「百福得環保科技有限公司（以下では"百福得"と略す）」というバイオプラスチック新材料を開発・生産する会社を設立した．良質なバイオプラスチック新材料を開発できたににもかかわらず，企業の経営管理に要領を得ず，生産や販売などでトラブルが頻発し，資金繰り難に陥っていたため，会社を畳もうとしていた．一方，陳科杰は和達工業を存続させるために中国各地を飛び回り，血眼になってバイオプラスチック新材料を探し求めていたが，なかなか理想の素材を見つけられずにいた．運命的に出会った2人はすぐに商談を行い，取引を成立させたのである．

　① 和達工業は百福得に出資し，百福得の15％の株式を取得する．
　② 和達工業は百福得の生産を援助する．
　③ 和達工業は百福得のバイオプラスチック新材料を特約価格で購入する．
　④ 和達工業は百福得（北京）販売会社に出資し，百福得（北京）販売会社の
　　 50％の株式を取得する．

　このように，2017年の「運命的出会い」を通して，陳科杰はバイオプラスチック新材料という切り札を手に入れた．その後，製品原材料における従来型プラスチックからバイオプラスチックへの切り替えを急いだ．「バイオで完全分解できるプラスチック新材料で作られた製品を使って，地球環境を保護しよう」というキャッチコピーは，環境保護意識が高まりつつある中国の人々に支持さ

れ，和達工業の主力製品であるゴミ袋の出荷量が急激に伸びたのである．

● 会社経営管理の抜本的改革

　前述のおり，和達工業に加わった陳科杰が直面したもう1つの大きな課題は，経営管理の抜本的改革であり，品質事故の多発や従業員の大量離職などの原因は明らかに経営管理の杜撰さにあった．陳科杰は，外部コンサルタントの指導を受けながら，2021年の後半から経営管理改革を本格的にはじめたのである．

　　「両親には学歴がなかったので，企業の経営管理をどうすべきかわかっていませんでした．1995年に和達工業を創業して，試行錯誤しながら20年以上持ちこたえ，もう十分にやってくれたと思います．しかし，経営環境の厳しさが増してきていますので，経営管理をそのままにするわけにはいきません．抜本的改革を実施して和達工業をさらに成長させることが僕の役目です」．

　ヒアリング調査では，陳科杰が定めた抜本的改革の主要内容として以下の3点を確認することができた．

　　① 会社の発展戦略の策定
　　② ワンマン経営体質の変更と会社組織構造の再構築
　　③ 会社の仕事管理・人事管理制度の見直し

　まず，① 会社の発展戦略の策定について．創業以来，和達工業はおもにさまざまな規格のビニールシートという中間材の生産を行ってきたが，顧客の要求に応じてビニール袋やゴミ袋，包装用ビニールパッケージなどの最終消耗品も作っていた．しかし，「雨が降れば傘をさす」という「当たり前」の経営を実施してきたため，経営戦略もなく，明確な方向性もなかった．

　会社をどのようにしたいのか．これは企業経営者にとって非常に難しい問題であり，明確にしておかなければならない問題でもある．この問題を明らかにしてはじめて，会社の経営戦略が見えてくるからである．前述のように，陳科杰は，時代の変化を読み取り，従来型プラスチックからバイオプラスチック新材料への切り替えを実施した．これは和達工業にとって重要な意味をもつイノベーションであったが，この変革だけでは不十分であった．

　　「いろいろ勉強していくなかで，今は和達工業にとって重要な時期である

ことを認識できました．従来型プラスチック製品がバイオプラスチック製品に代替されていく時代ですので，和達工業にとっては大きなチャンスとなります．この大きなチャンスをうまく掴み，いち早くバイオプラスチック新材料を自分の強みにできれば，急速に成長できると思います．近い将来，和達工業は今のゴミ袋などだけではなく，バイオプラスチック新材料でペットボトルや一部の自動車部品などの分野でも代替していこうと考えております．……程博士との出会いで，なんとか新材料を確保することができて良かったのですが，大変革の時代においてはそれだけでは足りません．ある経済情勢に関するセミナーで『経済のサービス化』という言葉を知りました．つまり，これまでは製品，ハードウェアが主役の時代でしたが，これからはソフトウェアやサービスがメインになる時代だということです．和達工業は，製造企業としてビニール製品を生産してきましたが，長い目で経営を見て，これから10年の時間をかけて，良質の製品をもって顧客により多様な良いサービス，あるいはソリューションを提案できる企業になりたいです．これが僕の考える和達工業の未来の姿です」．

　たしかに工業経済が発達した今日においては，製品の同質化が進んでおり，企業の差別化競争はサービス領域にまで展開されている．「経済のサービス化」はもうすでに今日の経済社会における１つの重要な特徴となっている．陳科杰は，「良質の製品をもって顧客により良いサービス，ソリューションを提案できる企業になる」という10年先を見据えた企業戦略を策定し，これにより和達工業の進むべき方向性をいっそう明確なものにした．この企業戦略の実現に向けて，彼はすでに動き出している．ヒアリング調査によれば，2022年４月，彼は，内陸部の四川省や新疆ウイグル自治区などに出張して現地政府の農業部門を訪問し，農作物生産で利用されるマルチフィルムに関するソリューションを提案してきた．

　次に，②ワンマン経営体質の変更と会社組織構造の再構築について．会社の進むべき方向性が明確化された後，それを実現するために組織構造の再構築が図られることになった．それまでの和達工業の組織構造はあまりにも単純で，生産部門と営業管理部門の２部門しか設置されておらず，明確な等級制度も役割分担も見られなかった．会社の業務はすべて社長の指揮命令で実行され，従業員は経営管理について考える必要がなかった．典型的なワンマン経営であり，

中国の中小企業でもよく見られる経営スタイルである．社長が何でも率先垂範
して行うため，意思決定の効率が高く，決定されたことがすぐに遂行されるな
ど，一定のメリットもあるが，すべてが社長1人によって決定されるので，従
業員が育たない，労働意欲が引き出せないなどのデメリットもある．10年先を
見据えて，陳科杰は現行の組織構造を改革しなければならないと考えた．

　　「社長以下はみんな同じでした．古い社員は何人かいますが，勤続年数が
　　長いので給料が他の従業員より少し高く設定されているだけで，幹部社員
　　ではありません．従業員はここで働いて給料をもらっているだけで，個人
　　の成長とかキャリアについてまったく考えていなかったんです．やっぱり
　　従業員の等級区分や昇進，昇給，キャリアなどのすべてを考えた人事制度
　　にしなければなりませんが，その前提として会社の成長に相応しい組織構
　　造を再構築する必要がありました」．

　外部コンサルタントの援助を受けながら，陳科杰は創業以来はじめて和達工
業の組織構造にメスを入れた．5年先の社内組織のあるべき姿を構想し，今の
社内にある人材の特徴や強みを踏まえながら，彼らの今後のキャリアも考慮し
て組織図を描いた．また，描いた組織図を見せながら従業員1人ひとりと面談
し，個人の成長ベクトルやキャリア形成などについて話し合った．その結果，「す
ぐに手応えを感じた」と陳科杰は言う．

　　「従業員の人数は20人程度で，面談はすぐに終わりましたが，はっきりと
　　その効果を感じました．自分の5年先の目標設定を明確にしましたので，
　　後は，その目標を目指して頑張るだけですね．新しく構築した組織構造で
　　は，副社長，部長クラスなどの上層部のポジションがほとんど空席ですの
　　で，全員に成長するチャンスがあるわけです．明らかに，面談後のみなさ
　　んのやる気が上がって，働きぶりも変わりました」．

　最後に，③会社の仕事管理・人事管理制度の見直しについて．ワンマン経
営が和達工業の従業員管理問題の根源であるならば，賃金制度改革は今回の抜
本的改革の最重要課題である．賃金は従業員個々の利益と直結するものであり，
関心がもっとも高いからである．だからこそ，賃金制度改革を含めた仕事管理・
人事管理制度の見直しは，間接部門の制度改革から直接部門の制度改革へと段
階的に実施しており，今も慎重に進めていると言う．

「創業当時から従業員の給料はずっと時間給でした．1時間働いて給料は
いくらだと，とても単純なものでした．年末になると，来年の時間給の金
額について，社長と従業員との個別面談で決定しました．大体少し上がり
ますけど．……時間給はもっとも原始的で，いろんな弊害があると，コン
サルタントの先生に指摘されました．労働時間が従業員の給料を決める唯
一の要素ですので，給料がたくさん欲しければ，残業をたくさんすれば良
いですし，逆に効率を低くしたほうがお得ですね．かつては仕事がたくさ
んあって良かったのですが，近年では，いくらでも仕事があるわけではあ
りません．残業時間を短く設定すると給料が安くなるから，従業員から不
満が溢れます．また，そもそも労働法で残業時間が規制されており，これ
までの残業時間なら明らかに法律違反となってしまいます」．

　たしかに時間給の弊害が多いが，残業時間が法律違反レベルに達しているの
もリスクであり，改革しなければ経営にとって大きな問題になる可能性がある．
また，時間給は仕事管理のあり方とも連動しているため，賃金制度の改革は仕
事管理の改革や他の人事管理の改革ともバランスをとりながら，連携して実施
しなければならない．ヒアリング調査によれば，陳科杰が目指した賃金制度改
革は，時間給から月給制への切り替えを図るというものである．そのために，
まずは月給制の賃金制度そのものを設計しなければならず，次に悪平等を防ぐ
ために合理的な人事考課制度をも作っておく必要がある．また，これまでの和
達工業では人事考課を実施した経験がないため，制度そのものができたとして
も，それを全社に浸透させるまでには多くの試行錯誤が必要となる．課題が多
く残るなか，陳科杰は，2021年末から間接部門の従業員に対して月給制賃金制
度の改革案を発表し，ついに抜本的改革の最難関である賃金制度改革にメスを
入れた．

　　「まず間接部門の従業員の賃金を時間給から月給制にしました．従業員た
　　ちの時間給での給料水準を計算して，それに照らし合わせながら，月給制
　　では時間給制より安くならないような金額を設定しました．月給制になっ
　　て給料が安くなったとなれば，みなさん反発するでしょう．また，月給制
　　を固定部分と業績連動部分に分けて，それぞれの部分の運用ルールについ
　　て従業員たちに詳しく説明してきました．人事考課制度のルールや実施方
　　法なども説明しました．模索しながらやっていますが，今のところは大き

な問題が出ていないようで一安心です．間接部門の改革で大きな問題がな
ければ，これからは直接部門の番です．現場作業員たちは給料水準をいち
ばん重く見ていますので，より慎重に実施していく必要があります．これ
が無事に終われば，次は会社の経営理念や企業文化などの整理もあります
ので，やらないといけないことはまだたくさん残っています……日本には
たくさんの百年企業があると聞きました．和達工業も将来百年企業になれ
たら良いなと思っています」．

　以上のように，陳科杰のチャレンジは今も続いている．ヒアリング調査の時
点において，和達工業の直接部門従業員の賃金改革はまだ行われていなかった
が，彼は10年先を見据えた高い戦略目標，そして「百年企業」の実現に向けて
着実に自社を変えようとしていることが確認できる．

お わ り に

　本章では中国の中小企業と中小企業主の概況を踏まえた上で，和達工業の２
代目社長・陳科杰へのヒアリング調査に基づき，中国の新世代中小企業主の一
例について考察した．おもに以下の２点が指摘できよう．
　① 事業承継問題は中国の中小企業にとって極めて難しい課題であるが，和
達工業のように，地域のビジネス環境からの影響（社会的要素）と家族や家業へ
の責任感と思い（個人的要素）がうまくかみ合い，事業承継は円滑に実現できた
事例も存在する．
　② 和達工業の２代目社長・陳科杰は先代が創業した家業を受け継いでから，
事業内容の見直しや経営管理への抜本改革など，事業承継を機にしてさまざま
なイノベーションを起こして「粗放型」経営管理からの脱却を狙い，厳しい経
営環境のなかで積極的に活路を見出そうとしている．
　イデオロギー的な考え方や社会的偏見などにより，中国における中小企業や
中小企業主に対する逆風は依然として強く，近年になって，"新常態"やSDGs
といった経営環境の急変，事業承継問題の発生などにより，中国の中小企業を
取り巻く現実はいっそう厳しさを増している．このように深刻な状況のなか，
本章で取り上げた和達工業の２代目社長・陳科杰のように，企業の社会的責任
を強く意識しながら，先代からしっかりとバトンを受け継ぎ，未来に向けて果

敢にチャレンジして奮闘している中国の新世代中小企業主も少なからず増えてきていると，筆者は見ている．「百年企業」の実現には，事業承継問題を無事に解決する必要があるのはもちろんのこと，企業の経営管理もうまく環境変化に合わせて柔軟に遂行していかなければならず，決して簡単なことではないが，中国の新世代中小企業主たちの絶えないチャレンジは楽しみであり，引き続き観察していかなければならない．

Column 4

中国経済の「新常態」

　中国は1980年代から30年間にわたり年平均10%近い高度経済成長を続けてきた．その結果，1980年代初めの世界最貧国の一つから2010年にはアメリに次ぐ世界2番目の経済大国に変貌し，国民の生活水準も大きく向上した．こうした中国の高度経済成長は日本やアジア四小龍と呼ばれた韓国，台湾，シンガポール，香港がかつて経験した高度経済成長をより大きなスケールで再演したものであった．

　しかし2012年以降，中国の経済成長率は急速に緩やかになった．2013年から2021年までの間に，中国の国内総生産（GDP）年平均成長率は6.6%にとどまり，かつてのような勢いは見られなくなったのである．中国経済のこうした状況を中国では「新常態」（ニューノーマル）と称する．

　中国経済が「新常態」に突入したという情勢判断は2014年に習近平総書記により正式に表明されたが，その背景には中国経済の潜在成長率の大幅な低下があった．潜在成長率とは，「労働投入量」，「資本投入量」，「全要素生産性」など構造的な要因によって決まる，中長期的に持続可能な成長率である．

　中国の人口出生率が2010年時点ですでに日本の出生率を下回り，現役世代にあたる生産年齢人口（16〜59歳，日本の生産年齢は15〜65歳）も2012年から減少し始めたことは今後長期にわたる「労働投入量」の減少を意味した．他方，中国経済は長年続いた高い投資率の結果として過剰生産能力，地方政府の債務などの問題が深刻化したため，これまでのように「資本投入量」を拡大し続けることも困難となった．中国の高度経済成長を支えてきた高いレベルの「労働投入量」と「資本投入量」が維持しにくくなったことが「新常態」提起の背景となったのである．

　潜在成長率を一定水準に保つために，現在中国政府が力を入れているのは，イノベーションの促進，国有企業改革をはじめとする経済体制改革，対外開放，都市化などを通じた「全要素生産性」の向上である．そのうちイノベーションの関しては一部注目すべき成果があがったものの，改革に対する既得権益層の抵抗，米中対立など中国を取り巻く外部環境の悪化により，その試みはいま逆風にさらされている．

（兪　敏浩）

第12章

中国社会における退役軍人
——政治と経済の構造変化に翻弄される特殊な人々——

弓 野 正 宏

は じ め に

　中国社会には5700万人もの退役軍人が存在する（『解放軍報』2018年7月25日）．衝撃的な数ではなかろうか．この報道が出た当時，彼らの待遇改善を求めるデモが頻発していたから問題の深刻さはある程度想像できたが，それでも退役軍人のグループが中国社会においていかに大きな存在かをまざまざと見せつけた．政府が毎年面倒をみなければならない退役軍人は30万人とも50万人いるといわれ（弓野，2012b：197-198），世界最大規模の退役軍人グループが存在する．中国人民解放軍の現役兵士の定員総数は200万人，それに加えて国内治安維持担当の武装警察隊員も100万人程存在し，両者合わせ300万人超の現役軍人がいることになる．この数自体驚異的だが，退役軍人はその20倍近くもいることになる．

　中国人民解放軍は兵員数では世界最大の軍隊とされるが，兵員数に止まらず国を挙げて軍を支援する体制も構築されており，2000年代に入ってから国民全体の動員を念頭に置いた「全民国防動員体制」の拡充が目指され，社会全体において軍の存在感が突出するようになっている（中国の国防・軍事体制についてはColumn 5）．毛沢東時代の動員式の全体主義体制から，現在は新たなかたちの全体主義が形成されつつあるとの指摘もあるが（張，2022：208-216），こうした傾向において軍の役割は決定的に重要だ．中華人民共和国は，ゲリラとしての中国共産党が国民党や日本軍との戦いを通じて国を創ってきた歴史的過程が影響していてその後も共産党による支配強化のための政治教育が熱心に行われ，軍が建国の英雄としての神話が国民に深く植え付けられてきた．その後，鄧小平による改革開放政策（Column 1）により高度経済成長路線に舵を切り，天安門事件による市民の弾圧があったとはいえ，江沢民，胡錦濤政権では軍事力強化は二の次で経済発展が優先されるかたちで国民は広く経済発展を享受してき

た．このような社会変化の中で退役軍人たちが発展に取り残されているのでは
ないかと思わせる事件が度々起こり，それが顕著に現れたのが，2016年10月に
退役軍人たちが軍中枢の中央軍事委員会（以下，軍委と略称）庁舎「八一大楼」
を取り囲んで自分達の生活待遇改善を求めた事件である．これは氷山の一角に
過ぎず，各地でこうしたデモが度々発生している．中国当局はこの動きに慌て
て退役軍人対策に本気で取り組み始めた．退役軍人対策の専門省庁である退役
軍人事務部（省）を設立し，それまで分散していた複数省庁による退役軍人の
福利厚生を同部が統括するよう統廃合され，地方にも相応の部局がもうけられ
た．同時に彼らを法的に保護する法整備も進められた．政府がこれだけ本気に
なったのは習近平政権がそれまでの政権よりも軍人や退役軍人の権益擁護に力
を入れていることがあろうが，同時に退役軍人たちが社会不安を引き起こしう
る治安維持の重要対象になっていたという現実もある．

　そこで本章では退役軍人の問題を国の安全を守る兵士たちが国の治安を揺る
がしかねない状況に陥ってしまった中国ならではの問題，改革開放後に進展し
た，経済と政治の間に起きた体制変化の矛盾，軍の機構改革が直面する中央と
地方・軍と地方の関係において顕在化した矛盾というような構造的側面に着目
して分析したい．

　習近平政権が軍人を表彰し，褒め称えるプロパガンダの理想と現実にも触れ
る．2012年にこの点を考察した際には退役軍人問題がここまで深刻化，先鋭化
して彼らが軍委庁舎まで押しかける事態にまで発展するとは想像できなかった
（弓野，2012a；2012b）．とはいえ政治構造の矛盾が退役軍人問題に現れている点
は指摘したとおりで，このような矛盾は今もまだ残っている．

　私たちは冷戦後に起きたさまざまな変化，とくに最近ではロシアによるウク
ライナへの軍事侵攻など，国際社会における大転換を目の当たりにしている．
軍事力を背景にしたつばぜり合いが突出化しつつある現在，世界最大規模の軍
人を抱える中国社会の政治情勢や体制を退役軍人問題に焦点をあてて考えるこ
とは大きな意義があろう．

1　退役軍人をめぐる社会情勢の変化と退役軍人たちの境遇

　改革開放以降，中国社会の変化は著しく，軍やその構成員である軍人や退役
軍人たちの置かれた環境も日々刻々と変わってきた．もともとの経済体制に市

場経済メカニズムが導入され，社会全体における民間セクターの役割が突出したが，政治体制は引き続き共産党を主とする一党支配による権威主義体制が続き，それは強化されても緩められることはない．こうした社会構造の大きな変化は経済体制と政治体制の間の矛盾を生み出し，この矛盾が突出して顕著なのが軍をめぐる政治体制，とくに退役軍人制度を巡る紆余曲折である．

　そもそもなぜ5700万人もの退役軍人が中国社会にいるのか．これには主として2つの原因がある．一つはゲリラによる内戦を通じて建国された中国の軍事体制の中で軍の規模が膨張した過去があり，1949年の建国当初は550万人もの軍人が国内に溢れていたとされ，最大時は627万人に達した（人民網，2015年9月3日）．その後，巨大な軍事機構は兵員削減と組織の統廃合を通じて大量の退役軍人が復員するという社会の大変革を幾度となく経て来た．代表的なものでは1985年（に着手，以下同）の100万人，1997年の50万人，2003年の20万人，2015年の30万人の削減策がある．この数回の機構改革を経て現役軍人は武装警察隊員を含め約300万人（の定員）に圧縮された．それでも毎年入隊と退役それぞれ数万人の出入りがあり，それに伴うドラマも展開される．

　もう一つは，中国に止まらない世界各国の兵役制度の共通問題でもあるが，現役軍人を構成する兵士がなるべく若者で構成されるよう階級が上にいくにつれて人数が少なくなる制度がある．兵役期間をもうけて一定年齢に達すると退役するシステムだ．徴兵から退役まで青春期に兵役を過ごすことで退役した者たちは軍人としてのアイデンティティを持っており，これが退役後に強い不満を持つ原因にもなる．兵士たちの強い自我意識は彼らの党や政府に対する忠誠の裏返しでもあるため厄介な問題である．兵役期間がわずか1年でも30年でも，どちらも兵士であり，自らを退役軍人と位置付け，誇りを持ち続ける人が多い．中国の軍人は社会における特別な位置付けという点で特殊なのだ．

（1）退役軍人の出現
　退役軍人はどのように社会に復員するのか具体的措置を見てみよう．
　まず，通常，退役軍人という言葉のイメージは比較的歳をとった老人たちという認識が多いだろう．現に北京の軍陳情窓口にやってくる退役軍人を見るとたしかに老人が多い．1950年代の朝鮮戦争に参戦した老人はすでに90歳を超え，もはや陳情や異議申し立てをする元気はないだろうが，1960年代，70年代，80年代にベトナム戦争，中印紛争，中越紛争などに参戦した老人はいまだに異議

申し立てをすることがある．２月の中越紛争記念日に広西チワン族自治区や雲南省などベトナムと国境を接する地域では，参戦経験のある老人が毎年戦死した仲間を追悼するために集まり，それに対して警察が出動して監視するというようなドタバタ劇が繰り広げられる．しかし，多くの退役軍人は年寄りばかりではなく，20代前半から30代，40代，50代とまちまちだ．40代以上の中年男性が目立つのは転職後数年経って解雇されて無職になり，行き詰まった者が境遇の改善を求めてデモをする姿が伝えられるからだろう．

　そのほか，軍の機構改革によって部門の整理統合が進められ，兵員削減が行われる中で多くの兵士が退役を強制されて再就職先が見つからないで無職になり，異議申し立てをしている者もいる．ただそれは氷山の一角に過ぎない．中国全土には5700万人の退役軍人がおり，その数も毎年，数十万ずつ増え続けている．退役軍人事務部が設立されるまで退役軍人の福利厚生を管理していた民政部の統計では，2002年から2010年の間に毎年54万人から38万人がカウントされており（弓野，2012b：198），問題の深刻さが窺えよう．200万人の解放軍，100万人の武装警察がおり，毎年数万人，数十万人が入隊し，退役するから入る人と出る人は基本的に同数なのだ．固定的でなく変動し続ける動態的な数の上に300万人が維持されているというわけだ．

（２）現役兵士の退役

　９月は一定の徴兵任期を終えた兵士の退役の季節である．毎年この時期になると各地の部隊で退役式典が行われ，涙を拭いながら部隊駐屯地に別れを告げ，列車やバス，飛行機で故郷に帰る兵士の姿がニュースで紹介される．「老兵」[1]と呼ばれる任期を全うした兵士が上官や同僚と抱き合いながら泣く泣く帰って行く姿は視聴者の涙を誘う．彼らは任務で駐留していた地域ではなく，自分の故郷である入隊地に戻される．多くの者は都市に留まりたがるが，一律に故郷に戻される．これは都市で復員軍人が増加し，失業者が抗議デモや訴えを起こし，治安に影響する事態が危惧されるためだ．退役軍人たちの騒擾事件は地方政府にとって避けるべき最優先課題であり，彼らを田舎に戻すことで都市の治安悪化を避ける狙いがあるというわけだ．兵士の退役は，処罰による強制退役の場合以外は通常年間２回の退役時に合わせて任期満了とともに機械的に退役となる．この場合，一時保障金が出るが，年金が提供されることはなく，再就職先を探すのが一般的で，中には大学に再入学する者もいる．ごく一部は別の

部隊に再入隊する．職業訓練コースのような研修制度もある．広東省は2006年の冬季から退役兵の無料職業訓練を施し，この年に省内64校の職業訓練校で2万人が研修を受けたという（総政治部宣伝部，2011：155）．

（3）再就職先の斡旋

退役軍人の再就職では警官や税関職員といった法執行関連の公務員への転職が多かったが，それは軍人が元々政府職員としての公務員であったため，政府側も関連した職種に転職を優先した．しかし，公務員に再就職できる退役軍人の数は限られていた．それまでの計画経済の中に市場経済システムが導入されると中国の急速な経済成長が始まり，1990年代後半にはそうした高度経済成長がある程度軌道に乗ったが，市場経済の発展は，公務員としての兵士たちの「鉄の釜の飯」[2]終了を意味した．計画経済システムにおける公務員は退職しても一生の生活を保障されており，軍人も例外ではなく彼らは退役しても衣食住を保障されていた．彼らは「企業軍転業幹部」（以下，軍転幹部）と呼ばれたが，改革開放が進むにつれて退役兵が私有企業に再就職するようになると，必ずしも定年まで働くことが保障される訳ではなくなった．1990年代初頭から中期にかけ生産性が低く市場経済の波に乗れずに倒産を余儀なくされる国有企業も少なくなかった．倒産が相次ぎ元兵士たちは解雇され，路頭に迷うものも現れた．

2009年前後にネットに掲載された山東省の軍転幹部が軍委に出したとされる書簡が指摘したのは，①軍の徴兵が困難，②人材を留保するのが困難，③転業退役者の安置（再就職と再定住先確保）が困難，④身障者の地方自治体への（管理）移管が困難，⑤基層幹部（末端公務員）の生活が困難，というものだった（「山東省企業軍転幹部給軍委的信」2009年4月8日）．こうした問題ゆえに退役軍人や軍転幹部らによる陳情や集団騒擾事件が急増した．とはいえ，退役軍人の待遇は大幅に改善されつつあるといえる．習近平政権になると退役軍人や軍人への優遇政策が次々と打ち出された．2022年8月27日付「人民日報」は「中国この10年」という回顧記事でこの10年間でいかに退役軍人の幸福感，栄誉感が増したかを自画自賛した（『人民日報』2022年8月27日）．

（4）軍の汚職一掃

習近平政権では「戦える」軍隊を作るために軍の汚職，腐敗の一掃が重要な課題として認識されるようになった．軍用地の管理監督を担当してきた谷俊山

中将は，総後勤部の軍用地管理担当副部長として長年軍の土地管理を一手に担っており，その土地転がしで得た資金で官職売買を繰り返して昇進し，軍上層部入りを成し遂げた．こうした官職売買のシステムが形成され，軍の昇進人事システムに打撃を与え，深刻な汚職構造が形成された．徐才厚と郭伯雄という２人の軍委副主席は逮捕され，総政治部の張陽主任や総参謀部の房峰輝参謀長も汚職容疑で更迭されて郭や徐が抜擢した幹部は一掃された．軍の汚職は一見退役軍人の問題と関係ないかにみえるが，多くの経費が軍人の福利厚生に使われず，個人的な利権のやり取りで消え，使途不明金になったことで真面目に任務に就く兵士が不満が高まることになった．郭伯雄の息子，郭正剛は浙江省で退役軍人対策の責任者だったから，少なからずの退役軍人対策費が使途不明になり，兵士の不満が募ったとされる．

（５）軍の機構改革──「首から上の改革」と「首から下の改革」──

　退役軍人問題と軍の機構改革は直接関係ないが，関係が皆無なわけでもない．地方の軍改革において退役軍人問題は中心的な課題だ．軍の機構改革は，総部と呼ばれる４つの幕僚部門中心の軍上層部，軍委の指揮命令系統の改編を念頭においた「首から上の改革」と，地方末端まで広がる基層組織改編を念頭においた「首から下の改革」という二段階に分けられる．

　「首から上の改革」は軍トップによる指揮命令系統の改編であり，軍幕僚部門の総参謀部，総政治部，総後勤部，総装備部を軍委直属に組み込み，軍委の聯合参謀部，政治工作部，後勤保障部，装備発展部など15部門に改編し直すというものだ．さらに中国全土７つの大軍区を５つの戦区に組み直し，中央に陸軍司令部をもうけて海軍や空軍と並列にし，各戦区にも陸軍司令部を設置して一軍種に格下げされた．この点は地方の軍管区に所属する民兵にとって重要であり，その民兵を構成する退役軍人にとっても切っても切り離せない問題である．それゆえ，退役軍人問題は，地方の陸軍機構改編を旨とする「首から下の改革」において浮き彫りになる．作戦に従事しない地方末端の軍機構は陸軍中心の解放軍にとって頭痛の種だったが，これをできるだけ軍から切り離して地方政府に組み込むことが重要な課題になった．軍の財政的負担を少しでも軽減させ，自力更生できるようにある程度のビジネスを容認したのは苦肉の策だったが，鄧小平が提起した「白猫でも黒猫でも鼠を取るのが良い猫だ」という考えが浸透した結果，軍も金儲けに必死になり，部隊ぐるみで密輸に手を染めた

り，谷俊山のような軍人が軍用地の転売で莫大な利益を上げ，その金で官職売買をしたため汚職構造が形成された．こうして汚職一掃は習近平による軍の指揮権掌握に際して重要な課題となった．「初心を忘れず，使命を銘記せよ」というスローガンと共に兵士の綱紀粛正が徹底されたのはこうした理由による．

2　中国社会の縮図
──社会的弱者，落伍者としての元兵士──

　退役軍人問題が中国共産党の一党支配体制を揺るがしかねないのは，彼らが元軍人という武器を扱える特殊なグループという側面がある．このような人々の不満が社会全体に広まるのは政府にとって絶対避けたいのだ．彼らの境遇への不満が，現役軍人のアイデンティティに影響を与え，軍の忠誠や指揮命令にも影響しかねないために当局も退役軍人の待遇改善を重視する．しかし，軍人の気持ちや当局の思惑とは裏腹に退役軍人の社会的地位は低下していった．改革開放政策の導入により，それまで「鉄の釜の飯」を食べてきた国家公務員としての軍人たちは退役後に一時金が与えられたとしても，年金が支給されるわけではなかった．ごく一部の一生涯年金を受け取れる建国に貢献した元ゲリラを除き，自活が求められ，再就職に失敗する者，就職先が見つかっても長続きせずに解雇される者が巷に溢れた．彼らは社会的弱者への転落を余儀なくされ，「昨日の最も愛すべき人たちは，今日の可哀想な人たち」[3]とのスローガンが生まれた（鳳凰衛視，2014年1月15日）．

（1）改革開放による経済制度の改変と政治制度の矛盾
　退役軍人が社会的弱者，落伍者に陥る背景にはどのような問題があるのだろうか．計画経済体制下では一度兵役に行けば一生兵士であり，社会的位置付けも退役軍人は一生年金を受け取れる国家公務員だったため彼らの不満が噴出することは稀有だった．その後，中国の経済システムに改革開放政策が採られて市場経済メカニズムが導入されると，復員する元兵士はその身分が一生涯保障されることは無くなった．計画経済時代に退役兵は，退役当初は現役時代とそれほど変わらない公務員の待遇を得られたが，市場経済が進むと自力更生が求められるようになった．当初，政府は退役後の転職先や居住先の手配を手厚く行っていたが，地方政府に財政負担が転嫁されると待遇が保障されることはなくなった．1990年代初期から2000年代初期の10年ほどは地方の財政状況は必ず

しも良好ではなく，軍から切り離されて地方政府の管轄下に入った退役軍人は
必ずしも再就職先を斡旋してもらえるとは限らなくなり，国有企業などに就職
した者の中には企業の業績悪化による倒産や事業縮小に伴って失業するものも
現れた．

（2）軍と地方政府の矛盾

　軍をめぐる財政問題は，軍と地方政府間に大きな摩擦を生んでいる．巨大な
規模を持つ解放軍は，都会や中央ばかりでなく，地方の辺鄙な地域や農村の貧
しい地域にも展開する．辺境地域で通信ケーブルやガス，石油のパイプライン，
鉄道や道路といったインフラを守る部隊や国境警備隊があり，地方軍管区や末
端の兵士も存在する．960万km^{2}という広大な面積を持つ中国では地方の行政
単位に軍管区があり，農村などの郷・鎮はもちろん，村にも「武装幹部」と呼
ばれる軍人が配置されている．「武装幹部」は国防のための戦闘部隊の兵士と
は異なり，徴兵や退役業務，民兵の登録管理，災害や疫病での出動をおもな任
務としている．行政単位でいうと省レベルの軍管区以下では全土に330ある地
区級市には軍分区が，3000以上ある郷・鎮には人民武装部が，60万の村には武
装部が置かれ，そこに「武装幹部」が配置される．彼らは戦闘に従事しないが，
軍関連業務を行う公務員であり，軍委指揮統制下の軍人である．しかし，軍上
層部は田舎の武装組織や幹部の運用に関わる支出は控えたいというのが本音
だった．そのため1980年代半ばになると，地方の軍組織の整理統合を進め，軍
から切り離して地方行政機関に編入しようと考えるようになった．そして1980
年代半ばに軍から切り離そうと試みられたが，1989年の天安門事件の混乱後に
地方の軍事行政機関は再び軍委の統制下に戻された．

（3）社会発展に取り残される退役軍人

　経済体制に市場経済の原理が導入されると失業者が現れ，こうした者たちは
政府の補助を必ずしも受けられないようになった．多くの元兵士は自尊心が強
く，国のために命をかけて戦ったのにこうした仕打ちは何事かと失意に打ちの
めされた．地方政府の退役軍人に対する財政負担は膨らんでいった．北京市民
政局の退役軍人関連費用は1995年から2001年間に１億2000万元から５億700万
元に急増した（弓野，2012a：140）．

　財政支出増加にもかかわらず，退役軍人の待遇が改善されたかというとそう

ではなかった．支出の急増は地方における負担の増加と中央による地方への転嫁という構図を生んだ．社会発展に取り残された兵士はデモを通じて軍中央や政府に自分の不遇を訴え，騒擾事件として治安の悪化を招くことになった．

（4）退役軍人の不満の高まり，デモ，騒擾事件の多発：治安維持の対象に

　2001年初頭から2002年にかけて河南省鄭州市や湖北省武漢市で数百人，数千人が参加した退役軍人のデモが発生し，警察が出動して鎮圧を図るといった騒擾事件に発展した．2003年2月にも山西省で軍転幹部のデモが起きた．

　退役軍人たちのデモが最高潮に達したのが，退役軍人ら数千人が軍委ビルを囲んで待遇改善を求めた2016年10月である（写真12-1）．彼らはスローガンや要求が書かれた横断幕や旗を掲げてビルのある北京を東西に貫く長安街を練り歩いた．彼らは中国各地から集まった退役軍人たちで，掲げられた旗を見るとかなりの数が「下崗失業志願兵」だと書かれていた．そして大部分が中年から初老の男性である．退役して企業などに転職し，その後に失業したとみられる．退役軍人が治安維持の対象と位置付けられるようになったのは皮肉だ．国を守る兵士が取り締られる側になってしまったのだ．彼らのデモは続き，2018年にも各地で散発的に発生した．山東省や四川省成都市で数百人規模の兵士が市庁舎の周辺で待遇改善を求めたが，一部では地元の政府関係者に暴力を受けて負傷した退役兵を支援する意味も込めての抗議だったという．とはいえ彼らは必ずしも反政府，反共産党，反習近平ではない．彼らの批判の矛先はあくまでも

写真12-1　中央軍事委員会庁舎を包囲する
　　　　　　退役兵
博聞社2016年10月11日．

政府の方針を実施しない地方政府や役人であって「党を擁護せよ，習主席を擁
護せよ」とさえスローガンを掲げ叫んでいた．

　1979年の中越戦争に参加して一時期は英雄と持てはやされ，「最も愛すべき
人々」と称された人たちが，今では「最も可哀想な人々」に成り下がってしまっ
たという嘆きもある．軍委は政府各部門に退役軍人の待遇を改善するよう勧告
を出したが，財政難に陥っている地方各部門にとっては必ずしも優先すべき課
題だとは考えられず，解決は後回しにされがちだった．

3　共産党一党支配体制における軍の位置付け
──英雄としての兵士──

　中国は国旗掲揚だけのために100人近くの衛兵を抱え，天安門広場ではその
兵士たちが毎日日の出とともに隊列を組んで国旗の掲揚を厳かに行っており，
同様の式典は地方でも行われている．それだけの数の兵士が国旗掲揚の儀式の
ためだけに存在する．これは軍が極めて政治的な存在である事を示している．
中国には「政権は銃口から生まれる」とのスローガンがあるように，共産党が
抗日戦争や国民党との国共内戦でゲリラ戦を通じて政権を勝ち取った歴史的背
景がある．そのため，日本で広く存在する「軍事，戦争は悪だ」という感覚は
国民に存在しない一方，「実力を備えていなければ常に列強に蹂躙（じゅうりん）される」と
いう軍事力に対する絶対的支持と国を武力で守るという考えが広く浸透してい
る．このような強い政治的信念は共産党による国民への教育やプロパガンダに
よって広まり，強化されており，その中心に退役軍人がいる．

　深刻化する退役軍人問題に対し中国政府はおもに２つの政策をとった．１つ
は軍人の退役後の待遇を大幅に改善する措置をとったこと．もう１つは軍人や
退役軍人の地位向上を図ったことである．彼らに対する社会的認知向上を図る
国防教育やプロパガンダを強化したり，権利を守る法規を策定した．「英雄烈
士保護法」（2018年５月１日施行），「退役軍人保障法」（2021年１月１日施行），「軍人
地位と権益保護法」（2021年８月１日施行）などである．退役軍人たちの仕事の斡
旋や住居の提供などの「安置」にも力が入れられた．2011年に刊行された「軍
営理論ホットイシューをどうみるか2011」には，2010年に中国全土で３万9000
人の退役軍人が「安置」されたと書かれている（総政治部宣伝部，2011：152）．そ
の88％が大中都市での定住が斡旋され，80％超が公務員や公務員待遇の管理職
を提供されたという．ただこれは公式数字であり，実態はより厳しいに違い

ない.

（1）退役軍人事務部の設立（2018年3月）

　退役軍人の待遇改善のためにまず行われたのは行政機関の機構改革である.
それまで民政部や人力資源・社会保障部という複数部門が対応していた退役軍
人の福利厚生政策は退役軍人事務部が設立されて, そこに業務統合が行われた.
2018年3月に全国人民代表大会で退役軍人事務部の設立が決定され, 翌月設立
式典が行われた. そして重要なのは中央省庁としての同部設立に呼応するかた
ちで中国全土31の省・直轄市・自治区に退役軍人事務庁（もしくは局と呼称）が
同年末までに設立された. 更にはそれ以下の行政機関の市（地区級市）や県で
も相当部門がもうけられつつある（中国政府網, 2019年1月23日）.

　中央省庁の退役軍人事務部は, 事務局の弁公庁をはじめ, 政策法規局, 思想
政治権益擁護局, 企画財務局, 移設安置局, 就業創業局, 軍退役サービス管理
局, 擁軍優属局, 褒揚記念局, 機関党委員会の10の庁・局がもうけられている.

　初代部長の孫紹騁は, 長年民政部でキャリアを積み, 同部設立時の2018年か
ら2022年4月まで部長をつとめ, その後内蒙古自治区トップとして転任した.
つまりこの部門は省庁のなかで比較的重視されていることが窺える. また孫は
部長時代に軍需産業を統括する党中央軍民融合発展委員会の事務局副主任も務
めたことからも, 退役軍人と「軍民融合」事業が切っても切り離せないことを
示唆している. 同部2代目部長の裴金佳は福建省出身で, 長い間アモイ（厦門）
市でキャリアを積み, 同市の党委員会書記や国務院台湾事務弁公室（事務局）
の副主任を歴任した. 部長に昇格したのは2022年6月である.

　退役軍人事務部系統の地方部門が省や市レベルの行政機関でも設立され, 上
位下達の形で, 中央で決められた方針が地方でも実施されるようになったのは
大きな変化だった. これにより複数部門に分散してバラバラだった権限, 施策
が中央から地方の退役軍人対策部門に集約されるようになった. 退役軍人の境
遇改善が本気で取り組まれるようになったといえるだろう. 中央の退役軍人事
務部の予算・支出は2022年が7億6287万元（約154億2840万円）とこの数年では突
出しているが, 2019年5億7800万元, 2020年4億9700万元, 2021年4億9675万
元と同水準で推移しており（各年度の退役軍人事務部ホームページ参照）, 予算規模
でいえば一時期の北京市民政部門の退役軍人対策費と同程度に過ぎない.

（2）「双擁（擁軍優属・擁政愛民）」のプロパガンダ

　中国社会において軍の社会的地位は比較的高く，1つにそれはプロパガンダや教育によってその存在が重視され，常に持ち上げられていることがあるかもしれない．その例として建国前から常に行われてきた民衆に対する軍を巡るプロパガンダが挙げられ，それは「双擁」と呼ばれている．「双擁」工作とは，一言で言えば軍人さんとその家族を社会全体で盛り上げ（擁軍優属），軍人も社会に貢献して民衆を愛しましょう（擁政愛民），という2つを擁護（双擁）しようというキャンペーンである．これは単なる一過性のプロパガンダに止まらず，政府はこのキャンペーンを推進するために地方政府のさまざまな行政レベルに「双擁工作領導小組」というタスクフォースを設立して政策の推進を図っているほどである．いわば政府の各部門横断型のタスクフォースとして社会全体で軍人・退役軍人対策に取り組むというのがこの領導小組である．政府・党中央レベルでは全国双擁工作領導小組がもうけられ，この事務局が全国双擁工作領導小組弁公室である．退役軍人事務部が設置されてからは同部の中にこの事務局が置かれている．

（3）習近平政権による軍をめぐる政治プロパガンダの強化

　習近平はそれまでの胡錦濤や江沢民といった指導者よりも軍に対する思い入れが強いようであり（弓野，2022），それは彼の生い立ちや経験によるところが大きいのかもしれない．大学を卒業してすぐに解放軍に入隊し，軍委に就職して同委員会の秘書長（いわゆる事務局長，後に国防部長）だった耿彪という人物の秘書を務めた経験が大きいだろう．また，軍所属で国民的歌手の彭麗媛女史と結婚したということもあろう．彭女史は歌手といえども軍による宣伝工作の一翼を担う総政治部系統の歌劇団所属の学校長を務めた将軍（少将）であるから兵士たちへの心理的影響力はいかほどのものであるか計り知れない．

　習仲勲副首相の息子という他の指導者とは全く異なる環境で育ってきた独特の人生経験も軍への格別な思い入れを持たせるに至っているに違いない．習近平は自身の職歴で地方のトップを歴任した際には必ず当該地域の部隊の政治担当指揮官を兼任してきた経歴を明記している．これは習近平が突出して軍における経歴が多いのではないが，江沢民や胡錦濤などの指導者たちが地方の首長を歴任した際に兼任したはずの部隊常任政治委員の肩書きを省略しているとみられることや兼任していたかさえも不明であるほど言及していないことと対照

的である．習近平が2012年に軍委主席に就任してから２期にわたって政権を担い，その間軍をめぐる政治プロパガンダは大きく変容し，強化されてきたが，経済面の高度成長に陰りがでてからも，その流れは変わらず，むしろ国内統制は強化されつつあるように見える．

　習近平による「中華民族の偉大な復興」，「中国の夢」，「強軍の夢」などのスローガンは軍人たちのやる気を引き出し，彼らを奮い立たせるものかもしれないが，習が描くこのような「夢」では近年の国内状況から理想と現実の乖離はますます顕在化しつつあるように見える（弓野，2014）．問題が次々と顕在化するなかで2019年に建国70周年の祝賀式典が盛大に行われ，10月１日の国慶節を前に国家勲章，国家栄誉称号の授与式が９月29日に人民代表大会堂で盛大に開催された．国家勲章を授与された８人のうち最年長で当時94歳（1925年１月生まれ）を超えていた張富清が「戦闘英雄」として表彰された．退役軍人といえば彼というほど有名で，建国につながる数々の戦役をゲリラとして戦った功績を認められて数々の賞を受賞した．2019年６月に「時代の模範（楷模）」に，翌７月には「全国模範退役軍人」にも選出された．彼が習近平政権になってから盛んに称えられているのは興味深い．彼は，習近平政権における退役軍人を讃えるプロパガンダの中心人物に祭り上げられたのだ．

　大きな社会変化の中で，退役軍人たちは取り残されたが，習近平はこれまでの胡錦濤や江沢民という理工系畑のテクノクラートの指導者と異なり，不遇な境遇に陥った退役軍人たちの待遇改善に尽力した．彼らが活用されるようにもなった．新型コロナウイルス感染症が拡大した際には多くの民兵が動員されて，地域のチェックポイントに配置されて，住民の出入り管理や登録，PCR検査などの作業を担当した．こうした人員の多くが退役軍人だった．

　2020年６月にインドとの国境ガルワン渓谷で起きた中印両軍の衝突で中国側も兵士４人が死亡，隊長の祁発宝が重傷を負った．この衝突について，中国政府が公表した死者数に疑問を呈した「クレヨン球ちゃん（本名：仇子明39歳）」は懲役８カ月の判決を受け，投獄された．殉職した軍人に疑問を呈しただけで処罰された．軍人の尊厳，権利，権益を法的に規定する動きは強まっており，2021年６月には全人代常務委員会で「軍人地位と権益保護法」が採択された．

（4）特権階級化する退役軍人
退役軍人を巡るプロパガンダに力が入れられるからといって，張富清などメ

ディアで称賛される退役軍人は極一部の恵まれた者だ．一言で退役軍人といっても兵役に1年だけ行っただけの者から建国のために何年もゲリラ戦を戦い，負傷して身障者になってしまった者まで兵役期間の違い，退役時の階級の違い，任務に就いた場所，部隊の違いといった大きな相違がある．当然そうした相違によって退役後の待遇も大きく異なる．とはいえ退役軍人とその家族に対する優遇政策は彼らが社会的に特別な存在であるかのように礼賛されている．退役軍人優遇策はそれまでの胡錦濤政権時にも列車やバスの切符窓口や駅の待合室での優先スペースなど町中で見かけることができたが，習近平政権ではこの優遇政策が拡大されつつあるようだ．

お わ り に

　共産党一党支配を支える国防，軍事体制は，大量の退役軍人を生み出しており，彼らの扱いを誤れば一党支配を不安定に陥らせる構造的な矛盾を内包している．共産党の支配を確固たるものにするため，5700万人の退役軍人が反旗を翻すことを回避するためにも，支援策やプロパガンダが必要であり，習近平のイニシアチブにより，退役軍人の待遇はこの5年間で大幅に改善された．さらに，ゼロコロナ政策の担い手となった例のように，地域コミュニテイの横の繋がりを断絶し，社区の居民委員会，ボランテイアや民兵を通じた市民管理に寄与し，一党支配のために再活用される退役軍人の役割も注目される．退役軍人の活用は政権には利便性が高く，彼らが治安維持に及ぼす影響を逆手にとっているとみることもできる．

　退役軍人問題は欧米や日本との政治体制の違いを浮き彫りにしている．退役軍人の就職先や住居の幹旋や待遇の改善は，市場経済システムとは真逆であり，そのコストは大きな負担ともなり得る．習近平政権が退役軍人に対して元気発剌で勇ましい言説と適当な待遇を継続して提供しつつ，治安維持の担い手としてうまく活用できるのか，今後も目が離せない．

Column 5

中国の国防・軍事体制

　中国の軍事・国防体制は欧米や日本のそれとは大きく異なる．軍事や国防をめぐる政治制度の違いは，「銃口から政権が生まれる」という言い方がされるように，日本軍との「抗日戦争」や国民党との内戦を，ゲリラ戦を通じて武力によって1949年に政権を樹立したという過程に帰するところが大きい．現在もそうした歴史が断絶せずに続いており，中国共産党の一党支配体制が維持されているという点も重要である．共産党の一党支配を守るシステムが堅固に確立されており，軍のさまざまなレベルに党委員会や党支部などの組織がもうけられ，政治委員や党書記，政治指導員といった政治将校が配置されて日常的に党の指導，政治統制が行われている．国防体制としては，中央から地方まで多層的な行政システムに対応する軍管区が網羅的に設置されている．同時に政府各部門にも国防を担当する部署がもうけられ，民衆や社会全体から資源を調達することを念頭においた国防動員体制が構築されている．

　軍事力を統率する指揮命令権は中央軍事委員会（以下，軍委と略称）が持っている．軍委は実際には一つの組織だが，形式上は党と国が構成する2枚看板制となっている．習近平は軍委トップである軍委主席であり，軍委委員の唯一のシビリアンであり，その主席を2人の軍人の副主席である張又侠と何衛東が補佐し，委員として李尚福，劉振立，苗華，張升民が軍指導部を形成している．

　国防・軍事を構成する軍事力としての「武装力量」は対外軍事を担う約200万人の人民解放軍と約100万人の兵を有するとされる対内軍事任務たる国内治安維持を担う人民武装警察部隊があり，どちらも軍委の統制下にある．それ以外に800万人いるとも言われるパートタイム兵である民兵や予備役部隊も存在する．彼らは専業軍人ではないが，召集されて部隊に組み込まれると兵士として訓練されて任務に従事する．多くの任務は，射撃や行進などの軍事訓練のほか，自然災害やSARS，新型コロナなど感染症の防疫対策などの救援活動だ．民兵は共産党支配の草の根の補助組織としても機能しており，後備戦力と称される後方支援体制として中国の国防（国防動員）体制を形成している．軍需産業育成を念頭においた党中央軍民融合発展委員会も組織されており，習近平が直々に主任に就任し，地方にも対応する組織がもうけられている．

　軍事体制では，人民解放軍は陸，海，空，ロケット軍（ミサイル部隊），そしてサイバー戦，宇宙戦，通信任務を担う戦略支援部隊という５つの軍種から構成され，中国全土は北部，中部，東部，西部，南部という５つの戦区に分けられている．地方軍管区として省レベルの地方政府（日本で言う都道府県的自治体）に対応する省軍区，市レベルに対応する軍分区（330超），その下部の人民武装部，武装部，民兵連隊という膨大な数の末端の軍事機構が置かれている．地方政府には各部門横断の国防動員委員会ももうけており，さまざまな行政レベルで同委員会が設置され，地方における軍事問題を協議する場となっている．

　憲法では国民に国防の義務が課され，国が非常事態に陥った際には国民が国を守ることになっており，平時には学生に軍事教練が課されるほか，国共内戦や抗日戦争史が国防教育の必修科目になっている．国防教育は大学に限らず，中高校，小学校，幼稚園でも行われるようになっている．中国各地の革命の歴史にちなんだ名所旧跡は愛国主義教育基地として社会科見学や観光の名勝地になっており，国防教育基地に指定された戦争遺跡は地方の町興しの目玉にもなっており，産業と結びついて軍産複合体といえるような軍事，国防（動員）体制が形成されている．

（弓野　正宏）

注

第1章

1）中国国内では，大躍進に続く飢饉（Column 2）を「三年自然災害」と称することが多い．国外では，当時の気象記録を根拠に，大躍進期の自然災害は例年と同程度であり飢饉の原因とは言えないとする説が主流である．

2）文化大革命が激化した時期には，家庭・地域・学校・職場など各種社会集団の正常な運営は滞った．

3）計画経済体制では，大学教育の費用を国が負担する代わりに，学生の就職先は国が決定し，大学を通じて通知した（統一職業分配）．人材を資金や物資と同じく国家の財産とみなす発想によるもので，大学生自身の意向は考慮されず，本人の意思による転職も想定されない．

4）改革開放以降，統一職業分配制度の欠点を解消すべく「人材の適切な流動」を進めて経済活性化に資することの重要性が叫ばれた．だが，それを実務レベルで可能にする改革は出遅れた．Xさんが転職した時期は，新旧の制度の過渡期に当たる．理論上は転職できるはずだが，実際には現職の職場が手続きを行わず退職させないなどの混乱が多く見られた（日野，2004）．

5）不動産が商品化する前は国や所属先が住宅を供与したが，現実には供給がままならないこともあった．Xさんはそうした不運な例である．大学に新たな専攻が作られて学生・教職員の数が増えたのに，教職員住宅の建設が追い付かなかったのだろうか．なお，住宅の売買が始まるのは1990年代後半以降である．

6）フォン（2017：70）に同様の記述がある．「遠回しな聞き方でヒントを得ることは可能で，たとえば，赤い封筒にお金を入れて渡せば，ピンクかブルーの飴をお返しにもらえることがある．女の子なら咳を，男の子ならうなずいて見せる医師もいるらしい」．

7）中国語で娘を意味する漢字は「女」，息子を意味する漢字は「子」．2つの文字が揃うと「好（良い）」の字になる，ということば遊び．二人っ子政策時代ならではの縁起かつぎではないだろうか．

8）実際には，第三子の出産を容認する政策の実施は2021年である（中華人民共和国中央人民政府，2021年）．

9）ただし，個人に対する国家の管理統制はなおも存在する．コロナ禍に際して中国政府が採った強い規制措置は典型例だが，たとえば人口政策も同様であり，産んでよい子どもの数が減るのも増えるのも国家による管理の産物である．

第2章

1）中国では毛沢東時代以来，戦争の責任は一握りの軍国主義者にあり，一般の日本人は中国人と同様に戦争の被害者であるとの教育がなされてきた．これを「戦争責任二分論」という．「戦争責任二分論」は長らく中国人の「情緒的」な日本観を抑制する働きをしてきたが，1990年代以降，過去の侵略戦争と植民地支配の事実関係と責任の所在をどう認識するかという歴史認識問題が日中関係の重要な争点となるに伴い，その抑制効果も大きく低下した．

2）中国が抗日戦争の歴史に関する研究を強化し始めたのは，この時期歴史認識問題が日中間の外交問題となっていたこととも関連している．

3）孫雪梅によれば，1990年代の中国の銀幕における日本人像は1970年代にくらべ多様化したとはいえ，もっとも普遍的なものは狂暴残虐・野蛮・狡猾型であったという（孫，2009：212）．

第3章

1）事件が炎上してから，さまざまな動画・評論の投稿は投稿者自身あるいは検閲者によって削除さ

れたため，ここでの記述は中国語版WikiPediaの「徐州八孩母親事件」の項目，ネットで作成された各種レビュー，筆者が当時閲覧・保存した記事などを主として参照した．炎上するきっかけとなった動画は，こちらで閲覧できる．〈https://www.abc.net.au/chinese/2022-02-02/mother-of-eight-chained-triggered-anger-in-china-explainer/100797086〉，2022年9月7日取得．

2）本章では，「微博」（中国版Twitter）あるいは「WeChat」（2022年6月現在のアクティブユーザーは12.99億に上る），「抖音」などのようなSNSを，便宜上「ネット」と呼ぶこととする．

3）賈は莫言（2012年ノーベル文学賞）と同世代の高名な作家である．

4）中央政府の責任を追及するコメントもあったが，すぐに削除される傾向があるので，本章でまとめることはできなかった．

5）このほか，中国共産党や政府組織という体制内で女性の権利と地位向上を目指す「国家女権主義者」も重要なアクターである（Wang, 2017）．代表的なのは中華全国婦女連合会（以下，婦女連）である．初期の共産党は，伝統的な家庭観・儒教的な男女観を「封建主義」であると定義し，「反封建」の道具としてfeminismの概念を取り入れたが，1920年代後半からそれをブルジョア的なものとして批判しはじめ，代わりに「男女平等」，「婦女工作」といった概念を活用した（Wang, 2021）．改革開放初期になっても「国家女権主義者」はフェミニストと一線を画すか，feminismを「女性主義」と訳して使用する場合が多かった．

6）紙幅の関係で，ここでは一連のアクションの紹介は省くが，詳細は遠山日出也の現代中国女性史研究ホームページ「フェミニスト行動派・ブログ記事総覧」項目を参照できる．〈http://genchi.yamanoha.com/index.html〉2022年9月7日取得．

7）こうした巻き込みが成功したのは，「わが子を捜す」ストーリー（注13も参照）と重なり，より多くの同情を引き寄せることができたこととも深く関わっていることを指摘しなければならない．また地方政府の拙劣な対応が，事実究明を主張するネットユーザーの主張に正当性を与える結果となり，反論が難しくなったという事情もある．

8）実際には，〔大字報〕の背後には政治の力が働いており，異なる意見は抹消，排除された．この点において，ネット上での告発とは根本的に性格が異なる．より詳細な分析は（林，2019：278-293）を参照できる．

9）1949年以前の中国での女性参政権運動や，女性の地位向上・権利獲得の目標と革命の共鳴，国民党・共産党それぞれが女性に対する動員を自身の活動に取り込んだ過程については（末次，2009）を参照できる．

10）たとえば農村に根を張る，あるいは過去の都会生活や反革命的な家庭と関係を断つという革命意志を示すため，移住先の農村出身者との結婚を指す．

11）ただし，女性の積極的な集団生産参加＝革命性のイメージが作りだされた過程で，結婚や家庭の存在を肯定しつつ，男性に家事の分担を促すような論調も，一時的とはいえ存在した．その典型例は，映画『李双双』（上海電影制片廠），1962年．

12）文革期に関する研究は2000年あたりから公表や出版に対する制限が緩くなったが，2015年以降は難しくなった．

13）2014年，実話に基づく映画『最愛の子』（中国語タイトル『親愛的』）が上映され，意識変革を手助けた．

14）中国語訳『打工女孩』上海訳文出版，2013年．邦訳タイトル『新女工哀史』白水社，2010年．

15）農村では，第一子が女性の場合，第二子も認められる．都市部では原則1人だが，少数民族などの理由で制限を受けない特例も多く存在した．

16）さらに政府高官の女性問題となると，往々にして政治小説や歴史ドラマのなかの女性キャラクターを連想させる．そのようなストーリーでは，女性が一方的に性的侵害を受けているというより，性

あるいは女性性を自ら武器として利用し，損得勘定に長けた政治動物として描かれることが多い．女性は決して単純な弱者ではなく，むしろ一般男性より特権を多く持つ者である．このようなイメージは，社会では非常に普及しているため，同情を喚起することが難しい側面が存在する．

第4章

1）性的少数者の総称．Lはlesbian，Gはgay，Bはbisexual，Tはtrance sexual，Qはqueerを指す．

2）裁判において法的根拠となる最高人民法院から出された通達文書を指す．全国の法院に対して普遍的な効力があるとされる．

3）建国から1996年ごろまで設置されていた労働を通じて犯罪者を更生させるための監獄や収容施設．

4）50年代はソビエト法からの法典継受期にあたり，この時期，中国法は社会主義国の兄貴分，ソビエトの法から強い影響を受けており，法律起草に当たっては常に参照されていた（高見澤ほか，2022：35参照）．

5）管制は，刑法上の刑罰の一種で一定の自由を制限する社会内（自宅など）処遇．

6）シスジェンダーとは，自身の身体の性に違和感がない人を指す．

7）FTMはFemale to Maleの略．

8）就業促進法3条では「労働者は法にもとづき平等に就業する権利および自主的に職業を選択する権利を有する．労働者は就業につき，民族，人種，性別，宗教信仰などにより差別を受けない」と規定する．本判決はこの「性別」を広く解釈することで救済したものと思われる．

9）〔直〕とはストレート（異性愛者），〔同〕とは同性愛者を意味する．したがって，〔直同婚〕は異性愛者と同性愛者の婚姻の意味．

10）『認識同志』のネット版（2015年，第5版）が以下からダウンロード可能．第5版は後述するゲイのウェブサイトBlued淡藍公益との共同発行〈https://www.danlan.org/otherweb/downloads/Getting_to_Konw_LGBT_v5.pdf〉2022年12月16日取得．

11）設備の比較的充実した大規模，先進病院のこと．

第5章

1）気功集団の法輪功のメンバー1万人あまりが，中国共産党本部所在地である北京市中南海に集結し，座り込みを行った事件．

2）自由主義神学とは，近代合理主義や科学主義が興隆するのにともない生まれたもので，聖書の記述を科学的，批判的に研究しながら解釈していく立場をとる．また，科学や社会と信仰との整合性を積極的に考えることから，貧困などといった俗世の社会問題への取り組みを重視する傾向がある．それに対し王明道は，聖書を字義的に解釈する立場をとり，倫理や社会哲学よりも個人の霊的救済を重視するため，俗世に強く関わろうとする呉耀宗らの言行に批判的であった．王は三自委員会のリーダーたちを，聖書を正しく理解していない「不信派」とみなした（田島，2007；松谷，2018）．

3）政治体制改革に積極的だった胡耀邦（1982～87年の党総書記）の追悼を契機に天安門広場に集まった学生らが展開していた大規模な民主化要求運動を，人民解放軍が1989年6月4日未明に軍事制圧した事件．当局の発表では319人の死者が出たとされるが，正確な死傷者数は今もなお明らかにされていない．

第6章

1）本章は，本書のコンセプトに沿って細かな注釈をつけていないが，参考文献リストに掲げた既発表の諸論文等を加筆修正した内容が含まれている．

2）各民族の情報や基礎データについては，次のサイトより入手できる．中華人民共和国国家民族事務委員会「中華各民族」〈https://www.neac.gov.cn/seac/ztzl/zgmzjs/index.shtml〉，2022年8月18日取得．

3）国家統計局「第七次全国人口普査公報（第二号）」（2021年5月11日）〈http://www.stats.gov.cn/tjsj/zxfb/202105/t20210510_1817178.html〉，2022年8月18日取得．

4）国家統計局「2-8分地区戸数，人口数，性別比和戸規模（2020年）」国家統計局編『中国統計年鑑2021』〈http://www.stats.gov.cn/tjsj/ndsj/2021/indexch.htm〉，2022年8月18日取得．

5）国家統計局「第七次全国人口普査公報（第三号）」（2021年5月11日）〈http://www.stats.gov.cn/xxgk/sjfb/zxfb2020/202105/t20210511_1817198.html〉，2022年8月18日取得より，この人口調査において現役軍人人口は200万人で計上されていることがわかる．

6）国家統計局「2-22分民族，性別的人口数」国家統計局編『中国統計年鑑2021』〈http://www.stats.gov.cn/tjsj/ndsj/2021/indexch.htm〉，2022年8月18日取得．このデータでは，漢族と55の少数民族の人口以外に，族称の定まっていない人口として83万6488人，中国籍を取得した外国人として1万6595名が計上されている．

7）同上．

8）中華人民共和国国家民族事務委員会「民族自治地方」〈https://www.neac.gov.cn/seac/ztzl/mzzzdf/index.shtml〉，2022年8月18日取得．

9）新疆ウイグル自治区，チベット自治区，内モンゴル自治区の面積や陸地国境線などの基礎データは，同上「民族自治地方」に掲載されている各自治区の詳細より確認できる．

10）新疆維吾爾自治区統計局「新疆維吾爾自治区第七次全国人口普査主要数拠」〈http://tjj.xinjiang.gov.cn/tjj/tjgn/202106/4311411b68d343bbaa694e923c2c6be0.shtml〉，2022年8月23日取得．

11）西蔵自治区統計局「西蔵自治区第七次全国人口普査主要数拠公報」〈http://tjj.xizang.gov.cn/xxgk/tjxx/tjgb/202105/t20210520_202889.html〉，2022年8月23日取得．

12）内蒙古自治区統計局「内蒙古自治区第七次全国人口普査主要数拠情況」〈http://tj.nmg.gov.cn/tjyw/tjgb/202105/t20210526_1596846.html〉，2022年8月23日取得．

13）周恩来「関於人民政協的幾個問題」中共中央統戦部（1991年）『民族問題文献彙編1921・7-1949・9』中共中央党校出版社，pp.1265-1267.

14）中国経済網「地方党政領導人物庫」〈http://district.ce.cn/zt/rwk/〉，2022年8月23日取得．

15）BBC News JAPAN「国連，中国政府がウイグル人100万人拘束と批判」〈https://www.bbc.com/japanese/video-45480237〉，2022年8月30日取得．

16）New York Times "The Xinjiang Papers" (November 16, 2019)〈https://www.nytimes.com/interactive/2019/11/16/world/asia/china-xinjiang-documents.html〉, International Consortium of Investigative Journalists "Read The China Cables Documents" (November 24, 2019)〈https://www.icij.org/investigations/china-cables/read-the-china-cables-documents/〉, 2022年8月30日取得．

17）「習近平在中央民族工作会議上強調　以鋳牢中華民族共同体意識為主線　推動新時代党的民族工作高質量発展」『人民日報』（2021年8月29日）．

第7章

1）本章で取り上げた4つの事例は，筆者の聞き取り調査によるものである．聞き取り調査は，2022年5〜8月に中国のソーシャルメディアアプリのWechatを通じて行った．使用した言語は中国語，韓国語，日本語である．本章で取り上げている上海と北京のコミュニティに関する説明は，筆者の2010年から2019年の間の数次にわたるフィールドワークと文献調査に基づく．

2）中国の経済情報誌の『第一財経』（旧名：『第一財経週刊』）は，2013年に中国の商業市場におい

る都市の影響力を測るために，おもに商業的な資源の集約度やハブ都市としての影響力，市民の活発さ，ライフスタイルの多様性，将来性などを指標にし，中国の400の都市に対して調査を行い，「一線都市」，「新一線都市」，「二線都市」，「三線都市」，「四線都市」，「五線都市」に分けた．『第一財経』と新一線都市研究所が発表した「2021年都市の商業的魅力ランキング」では，国内337都市の中で北京，上海，深圳，広州が「一線都市」に選ばれた．

第8章

1）2001年に国務院が公布した「中国児童発展綱要（2001-2010年）」と「基礎教育改革と発展に関する国務院の決定」では，いずれも流動児童の教育権保障に言及したが，留守児童に関する言及がなかった．

2）『光明日報』は全国総合日刊紙であり，中国の主要な日刊紙の一つである．

3）図8-1，図8-2，表8-1のデータは段氏の研究チームが，2000年第5回人口センサス，2005年人口1％センサス，2010年第6回人口センサス，2015年人口1％センサスにおけるそれぞれ118万人，258万人，126万人，137万人のサンプリング調査から推定したものである．

4）中央1号文書とは，中国政府が毎年公布した最初の文書であり，その年の重点政策が示されている．

5）中央総治委とは，1991年に成立された中央社会治安総合治理委員会の略称であり，2011年に中央社会管理総合治理委員会に改称され，2018年に解散された．

6）共青団中央とは，中国共産主義青年団中央委員会の略称であり，14歳から28歳の青少年を対象とする中国共産党の下位組織である．

7）中国関工委とは中国次世代関心工作委員会（「中国関心下一代工作委員会」）の略称である．次世代の成長に関心をもつ党幹部の退職者を中心とする団体であり，中国共産党中央委員会の指導を受ける．

第9章

1）党と政府は，1995年の「211」プロジェクトにおいて，21世紀に向けて100校の大学を強化すること，また1998年の「985」プロジェクトにおいて，世界一流大学を建設することを目指した．さらに党と政府は，2015年に，「世界一流大学と一流学科の建設を統合的に推進する」（通称「双一流」）とするプロジェクトを公表し，実行に移していった．詳細については，科学技術振興機構 中国総合研究・さくらサイエンスセンター（2020）を参照．

2）新井（2011）によると「若者論」とは，時代ごとに現れる若年世代の思考・行動様式についての議論である．だが同著者も示唆しているように，「若者論」が時代の若者像を正確に描写しているかにかかわらず，メディアや研究者が「若者論」を構築している側面があることに留意すべきである．

3）王（2018）は，中国の論文サイトであるCNKI（中国知網）の「00後」のカテゴリーにおいて，被引用回数とダウンロード回数が第1位，また「政治思想教育」のカテゴリーにおいて，被引用回数が第3位，ダウンロード数が第10位と定評がある．

4）沈（2022）は，2019年度にインターネットを通じてアンケート調査行ったところ，16万1541セットの有効なアンケートを得たという．その内，大学生3万2016人（75.6％），修士学生8938人（21.1％），博士学生1387人（3.3％）から構成する4万2341セットを分析対象のサンプルとしたという．だがどのようにして4万2341セットを抽出したのかについては説明が無い．また2013年度から2019年度までの政治意識の統計データの推移を見ると，その大部分が党の方針に適合する「良い」方向に推移していることがわかる．そのため，同調査結果の数値は，やや差し引いて考える必要がある．な

お筆者が本章内で言及する調査結果は，とくに注が無い場合は2019年のものである．本アンケート調査は，大学生のほか修士学生，博士学生も対象としており，筆者が本章で言及するのは，そのうち大学生に対する調査結果である．

5）雷峰（1940〜1962年）は，共産主義の実現のために殉職した中国人民解放軍の模範的兵士であるとされている．

第10章

1）研究チームの実態調査から，2021年現在，約50.41％の団体が全国ボランティアサービス情報システムに登録し，約48.76％が他の情報システムを利用していることがわかった．同システムは中国すべての省（台湾除く）をカバーし，そのデータも継続的に更新されているため，「指数報告」はおもに同システムからの集計データを利用している．

第11章

1）詳しくは以下の記事を参照されたい．「大廃業時代の足音　中小『後継未定』127万社」（『日本経済新聞』2017年10月6日付〈https://www.nikkei.com/article/DGXMZO21965740W 7 A001C 1 MM 8000/〉，2022年8月5日取得．

2）詳しくは竇・河口・洪（2023）を参照されたい．

3）詳しくは以下の記事を参照されたい．「習氏，海外の石炭火力建設中止を表明　国連演説で」（『日本経済新聞』2021年9月22日付〈https://www.nikkei.com/article/DGXZQOGM21DAD 0 R20C21A 9000000/〉，2022年8月5日取得．

4）1953年提起された過渡期の総路線の課題の一つであった．プロレタリア独裁下で生産手段の私有制を社会主義的な公有制に変革することをいう．これには土地公有化を含め，農業，手工業，資本主義商工業の社会主義改造が含まれていた．社会主義改造が完了後，それまでのほとんどの私営企業が公有制企業に変わったという．

5）農村工業は計画経済期には社隊企業と呼ばれていた．農業生産に奉仕することが目的とされ，農産物加工，化学肥料，農具・農業機械の製造・修理などが主要な経営項目であった．社隊企業から郷鎮企業へと名称が変更されたのは，人民公社が解体され，それまでの社隊企業という名称が，実情に合わなくなった1980年代半ばのことだと言われている．

6）詳しくは以下の記事を参照されたい．「若者層の雇用危機が深刻化する中国，公務員や国有企業志向高まる―海外メディア」（『exciteニュース』2022年7月30日付〈https://www.excite.co.jp/news/article/Recordchina_898518/〉，2022年8月24日取得．

7）2010年，和達工業は現在の社名に変更された．

第12章

1）中国では「老兵」が年老いた兵ではなく，「ベテラン兵」を意味する．

2）公務員などの安定した職業は，「割れない鉄で作ったお碗のように安定した仕事」という意味の「鉄飯碗」と呼ばれた．

3）1950年代に朝鮮戦争から復員した兵士をこう呼んだことから，後に中国社会では軍人に愛情を込めて「最も愛すべき人」と呼ぶようになった．「昨日の最も愛すべき人は今日最も可哀想な人」というスローガンは退役軍人の悲惨な境遇を憂いて，過去の状況を懐かしむ気持ちの現れである．

参 考 文 献

第 1 章

岸政彦（2016）「第 3 章　生活史」岸政彦・石岡丈昇・丸山里美『質的社会調査の方法——他者の合理性の理解社会学』有斐閣.

小浜正子（2020）『一人っ子政策と中国社会』京都大学学術出版会.

日野みどり（2004）『現代中国の「人材市場」』創土社.

フォン, M.（2017）『中国「絶望」家族——「一人っ子政策」は中国をどう変えたか』（小谷まさ代訳）草思社.

廖亦武（2008）『中国低層訪談録——「インタビュー」どん底の世界』（劉燕子訳）集広舎.

中華人民共和国中央人民政府(2021)「中共中央国務院関于優化生育政策促進人口長期均衡発展的決定」〈http://www.gov.cn/zhengce/2021-07/20/content_5626190.htm〉，2022年 8 月19日取得.

第 2 章
〈日本語〉

王雪萍（2010）「時代とともに変化してきた抗日戦争像　1949〜2005——中国の中学歴史教科の『教学大綱』と教科書を中心に」『軍事史学』45（4），pp. 23-45.

言論NPO（2019）「中国人の日本に対する良い印象は，過去最高を更新〜第15回日中共同世論調査結果〜」〈https://www.genron-npo.net/world/archives/7379.html〉，2022年 8 月15日取得.

清水美和（2006）『中国が「反日」を捨てる日』講談社.

宋暁軍・王小東・宋強ほか（2009）『不機嫌な中国——中国が世界を思いどおりに動かす日』（邱海濤・岡本悠馬訳）徳間書店.

孫雪梅（2009）「中国映画の中の日本人像」（玉腰辰巳訳）王敏編『中国人の日本観——相互理解のための思索と実践』三和書籍.

坪井健(2006)「在日中国人留学生の動向と今後の課題——中国と日本の留学生政策を背景にして」『駒澤社会学研究』38，pp. 1 -22.

日本政府観光局「日本の観光統計データ」〈https://statistics.jnto.go.jp/graph/#graph-trends-by-country〉，2022年 8 月20日取得.

道上尚史（2010）『外交官が見た「中国人の対日観」』文藝春秋.

孟健軍（2018）「中国の改革開放と留学政策」，*RIETI Discussion Paper Series 18-J-016.*
〈中国語〉

華中科技大学国家伝播戦略研究院（2019）「中国公衆的世界観念調査報告（2017〜2018）」『学術前沿』第 9 期，pp. 8 -25.

呉詠梅（2010）「"80後"中国年軽人眼中的日本流行文化」『日語学習与研究』第 4 期，pp. 19-28.

崔世広（2011）「中日相互認識的現状，特徴与課題」『日本学刊』第 6 期，pp. 56-70.

張昆・崔汝源（2016）「我国公衆心目中的隣国形象及其影響因素研究——基于両輪全国性民意調査（2014-2015）」，『新聞与伝播研究』第10期，pp. 104-128.

劉智宏・畢暁春（1995）「中国青年向世界表達心声」『高校理論戦線』第12期，pp. 32-39.

魯義（2014）『中日相互理解還有多遠——関于両国民衆相互認識的比較研究』天津人民出版社.

第 3 章
〈日本語〉

李亜姣（2022）『現代中国の高度成長とジェンダー——農嫁女問題の分析を中心に』東方書店.

末次玲子（2009）『二〇世紀中国女性史』青木書店.

〈中国語〉

賀桂梅（2017）「三個女性形象与当代中国社会性別制度的変遷」『中国現代文学研究叢刊』2017年 5 期，pp. 45-71.

元竜（2022）「従毛沢東当年担憂出現豊県鉄錬女現象談起」『烏有之郷網刊』（2022年 2 月21日）〈http://www.wyzxwk.com/Article/shiping/2022/02/449961.html〉，2022年 9 日 7 日取得.

耿化敏（2016）『中国共産党婦女工作史（1949-1978）』社会科学出版社.

蕭軼（2016）「"城市信仰"的時代，賈平凹替誰上了審判席？」『洞見』（2016年 5 月10日）第266期，鳳凰文化〈http://culture.ifeng.com/insight/special/jiapingwa/〉，2022年 9 日 7 日取得.

沈奕斐（2019）『誰在你家——中国 "个体家庭" 的選択』上海三聯書店.

宋少鵬（2012）「資本主義，社会主義和婦女——為什么中国需要重建馬克思主義女権主義批判」『開放時代』2012年第12期，pp. 98-112.

鄭也夫（1994）「男女平等的社会学思考」『社会学研究』1994年第 2 期，pp. 108-113.

程郁・朱易安（2013）『上海職業婦女口述史——1949年以前就業的群体』广西師範大学出版社.

馮媛（2019）「中国大陸反性騒擾歴程」『思想』38（聯経出版：台北），pp. 203-229.

李秉奎（2015）『狂瀾与潜流——中国青年的性恋与婚姻（1966-1976）』社会科学文献出版社.

林垚（2019）「「我也是」——作為集体行動的公共輿論運動」『思想』38（聯経出版：台北），pp. 253-324.

〈英語〉

Chang, Leslie T.（2008）*Factory Girls: From Village to City in a Changing China*, New York: Spiegel & Grau.

He, Xin（2021）*Divorce in China: Institutional Constraints and Gendered Outcomes*, New York: New York University Press.

Hershatter, Gail（2011）*The Gender of Memory: Rural Women and China's Collective Past*, Berkeley: UC Press.

Li, Ke（2022）Marriage Unbound: State Law, Power, and Inequality in Contemporary China, California: Standford University Press.

Wang, Zheng（2017）*Finding Women in the State: A Socialist Feminist Revolution in the People's Republic of China, 1949-1964*, Berkeley: UC Press.

———（2021）"Feminist Struggles in a Changing China", In Ping, Zhu and Hui, Faye Xiao（eds.）, *Feminisms with Chinese Characteristics*, Syracuse: Syracuse University Press, pp. 117-56.

第 4 章

〈日本語〉

鈴木賢（2017）「権力に従順な中国的『市民社会』の法的構造」石井知章・緒形康・鈴木賢編『現代中国と市民社会——普遍的〈近代〉の可能性』勉誠出版，pp. 536-565.

高見澤磨・鈴木賢・宇田川幸則ほか（2022）『現代中国法入門』第 9 版，有斐閣.

〈中国語〉

王晴峰（2017）『同性恋研究——歴史，経験与理論』中央民族大学出版社.

翁里・万暁（2016）「変性人的性別変更権及其婚姻家庭法律問題研究」『寧夏大学学報』（人文社会科学版）38巻 1 期，pp. 101-118.

郭暁飛（2007）『中国法視野下的同性恋』知識産権出版社.

———（2018）『性／別少数群体平等保護研究』中国政法大学出版社.

─────（2022）「『混雑』催生『純粋』──同妻身伶的生成興效應」『台湾社会研究季刊』122期. pp.81-82.

邢飛（2012）『中国「同妻」生存調査報告』成都時代出版社.

魏偉（2017）「家本位伝統和中国特色同志運動」『婦権縦横』106期, pp. 74-81.

呉利娟（2016）「中国性少数群体生存状況──基於性傾向，性別認同及性別表達的社会態度調査報告」聯合国開発計画署〈https://www.undp.org/zh/china/publications/中国性少数群体生存状況-基于性傾向，性別认同和性別表达的社会态度调查报告〉，2022年 9 月22日取得.

沈飛飛・楊一帆・劉小楠（2021）「中国LGBT相関司法案例研究報告」〈https://www.sgpjbg.com/baogao/59893.html〉，2022年 9 月22日取得.

馬平（2011）『同性恋問題的憲法学思考』法律出版社.

唐魁玉ほか（2018）『弱者与生存　関於同妻群体的虚擬社会人類学研究』中国社会科学出版社.

同語（2016）「中国同志組織民政注冊研究」〈https://cnlgbtdata.com/doc/53/〉，2022年 9 月22日取得.

劉明輝（2020）「保障性少数群体平等就業権的法律与政策研究──消除基於性傾向，性別認同和性別表達的就業岐視」（聯合国開発計画署"亜洲同志"項目）〈https://www.undp.org/zh/china/出版物〉2022年 9 月21日取得.

〈英語〉

LGBT Capital（英国のコンサルティング会社）Webサイト〈http://www.lgbt-capital.com/index.php?menu id=2〉2023年 1 月31日取得.

第 5 章

〈日本語〉

呉茂松（2014）『現代中国の維権運動と国家』慶應義塾大学出版会.

佐藤千歳（2020）「権威主義体制下の中国におけるキリスト教徒の生存戦略と政教関係──「中国のエルサレム」，浙江省温州の事例から」櫻井義秀編『アジアの公共宗教──ポスト社会主義国家の政教関係』北海道大学出版会.

宋軍（2019）「中国におけるキリスト教の発展と挑戦──改革開放以降の家庭教会を中心に」『キリスト教史学』73, pp. 5 -25.

田島英一（2007）「中国の国家＝社会関係とキリスト教」『中国21』28, pp. 215-232.

松谷曄介（2018）「名誉回復，未だ成らず──反革命罪のキリスト教伝道者・王明道」『中国21』48, pp. 119-146.

─────（2021）「中華人民共和国におけるキリスト教──1949年から現在まで」渡辺祐子監修『はじめての中国キリスト教史〔増補改訂版〕』かんよう出版.

〈中国語〉

邢福増（2015）「中国維権運動与基督教信仰」〈https://www.chinaaid.net/2015/05/blog-post_90.html〉，2022年 8 月 9 日取得.

高師寧・何光滬（2011）「当今中国基督教的主要問題与解決設想」中国宗教学術網〈http://iwr.cssn.cn/zjyzz/201106/t20110624_3109370.shtml〉，2022年 4 月 2 日取得.

朱文娟（2003）「社会変遷中的郷村基督教及其問題」『当代宗教研究』2003年第 2 期, pp. 38-40.

中華人民共和国国務院新聞弁公室（2018）「《中国保障宗教信仰自由的政策和実践》白皮書（全文）」〈http://www.scio.gov.cn/ztk/dtzt/37868/38146/38148/Document/1626659/1626659.htm〉，2022年 8 月11日取得.

中国基督教三自愛国運動委員会編（1993）『中国基督教三自愛国運動文選 1950-1992』中国基督教三自愛国運動委員会.

羅偉虹主編（2014）『中国基督教（新教）史』上海人民出版社.

盧雲峰・張春泥（2016）「当代中国基督教発展状況報告：基于CGSS（2010）和CFPS（2012）調査数拠」邱永輝主編『中国宗教報告（2015）』社会科学文献出版社.

〈英語〉

Aikman, David（2006）*Jesus in Beijing: How Christianity Is Transforming China and Changing the Global Balance of Power*, Washington, DC: Regnery.

Bays, Daniel（2012）*A New History of Christianity in China*, Chichester: Wiley-Blackwell.

Grim, Brian, Todd M. Johnson and Vegard Skirbekk et al.（2018）*Yearbook of International Religious Demography 2018*, Leiden: Brill.

Pew Research Center（2011）"Global Christianity: A Report on the Size and Distribution of the World's Christian Population"〈http://www.pewforum.org/files/2011/12/Christianity-fullreport-web.pdf〉, 2016年1月25日取得.

Phillips, Tom（2014）"China on course to become 'world's most Christian nation' within 15 years"〈https://www.telegraph.co.uk/news/worldnews/asia/china/10776023/China-on-course-to-become-worlds-most-Christian-nation-within-15-years.html〉, 2015年12月4日取得.

Stark, Rodney and Xiuhua Wang（2015）*A Star in the East: The Rise of Christianity in China*, West Conshohocken: Templeton Press.

Yang, C. K.（1970）*Religion in Chinese Society: A Study of Contemporary Social Functions of Religion and Some of Their Historical Factors*, Berkeley: University of California Press.

Yang, Fenggang（2006）"The Red, Black, and Gray Markets of Religion in China," *The Sociological Quarterly*, 47（1）, pp. 93-122（櫻井義秀訳「中国における三つの宗教市場——赤色・黒色・灰色の宗教市場」櫻井義秀編『中国・台湾・香港の現代宗教——政教関係と宗教政策』明石書店, 2020年）.

───（2018）*Atlas of Religion in China: Social and Geographical Contexts*, Leiden: Brill.

第6章

星野昌裕（2012）「党国体制と民族問題——チベット・ウイグル問題を事例に」加茂具樹・小嶋華津子・星野昌裕ほか編著『党国体制の現在　変容する社会と中国共産党の適応』慶應義塾大学出版会.

───（2013）「「自治」をめぐる民族紛争——民族区域自治制度の制定と展開」国分良成・小嶋華津子編『現代中国政治外交の原点』慶應義塾大学出版会.

───（2017）「習近平政権期における民族問題と政策論争」『問題と研究』46（2）, pp. 1-22.

───（2021）「国際的な軋轢を深める中国のウイグル政策」『東亜』652, pp. 18-25.

第7章

〈日本語〉

周雯婷（2014）「上海における日本人集住地域の形成・変容過程——古北地区を事例として」『地理学評論』87（3）, pp. 183-204.

趙貴花（2012）「北京の『韓国城』（コリアンタウン）——中国の改革開放が生み出した新しい都市コミュニティ」『成蹊大学一般研究報告』46（5）, pp. 1-20.

藤田拓之（2010）「「国際都市」上海における日本人居留民の位置——租界行政との関係を中心に」『立命館言語文化研究』21（4）, pp. 121-134.

外務省（2022）「海外在留邦人数調査統計」（8月2日）.〈https://www.mofa.go.jp/mofaj/toko/tokei/hojin/index.html〉, 2022年8月10日取得.

〈中国語〉

譙枢銘（1989）「早期進入上海租界的日本人」『史林』1989（1），pp. 56-62.

呂紅艶・郭定平（2019）「中国外来移民小社会治理研究——基于上海，義烏和広州的実証分析」『湖北社会科学』9，pp. 38-51.

呂紅艶・郭定平（2020）「排斥性互動——広州非洲人聚集区治理過程考察」『嶺南学刊』2020年（1），pp. 80-87.

周雯婷・劉雲剛（2015）「上海古北地区日本人聚居区族裔経済的形成特征」『地理研究』34（11），pp. 2179-2194.

全球化智庫（CCG）ほか編（2018）『中国国際移民報告（2018）』社会科学文献出版社.

経済日報—中国経済網（2019）「発改委：去年中国家政服務従業人員総量逾3000万人」（7月5日）〈http://www.ce.cn/xwzx/gnsz/gdxw/201907/05/t20190705_32539381.shtml〉，2022年8月26日取得.

「全国20余個城市"人材争奪戦"政策優恵前所未有」（4月9日）.〈http://finance.sina.com.cn/china/gncj/2018-04-09/doc-ifyvtmxe2096409.shtml〉，2022年8月23日取得.

中国新聞網（2022）「報告：2021年海帰回国発展意願強勁　求職圧力較大」（2月9日）.〈https://www.chinanews.com.cn/gn/2022/02-09/9672265.shtml〉，2022年8月25日取得.

中華人民共和国国家統計局（2021）「第七次全国人口普査公報（第八号）」（5月11日）.〈http://www.stats.gov.cn/tjsj/tjgb/rkpcgb/qgrkpcgb/202106/t20210628_1818827.html〉，2022年8月10日取得.

中華人民共和国教育部（2020）「教育部：2016年至2019年留学生学成回国占比八成」（12月22日）.〈http://www.moe.gov.cn/fbh/live/2020/52834/mtbd/202012/t20201223_507056.html〉，2022年8月25日取得.

中華人民共和国商務部〈http://www.mofcom.gov.cn/〉，2022年8月26日取得.

〈韓国語〉

대한민국외교부「재외동포현황（在外同胞現況）2021」〈https://eng.korean.net〉，2022年8月16日取得.

「재외동포현황（在外同胞現況）2021」〈https://eng.korean.net〉，2022年8月16日取得.

김익기（2006）『중국 유학 한국청소년의 규모추정과 적응실태』（韓国青少年の中国留学の規模の推定と適応の実態）한국청소년개발원.

第8章

〈日本語〉

厳善平（2016）「中国の格差」『国際問題』657，pp. 36-46.

登坂学（2009）「中国農村における『留守児童』問題について」『九州保健福祉大学研究紀要』10，pp. 67-77.

劉楠（2018）「中国農村部の留守児童問題と中華全国婦女連合会の支援活動」『日中社会学研究』26，pp. 109-124.

〈中国語〉

新公民計劃（2019）「2019新公民計劃年度報告」.

———（2022）「2022中国流動人口子女現状事実と数拠」.

胥大偉（2020）「2019年度中国留守児童心霊状況白皮書——超九成精神遭受暴力対待」〈https://www.sohu.com/a/366730962_484992〉，2022年9月15日取得.

譚金梅（2012）「父母外出務工対留守児童教育的影響：基于CFPS数拠的実証研究」（湘潭大学修士論文）.

段成栄・頼妙華・秦敏（2017）「21世紀以来我国農村留守児童変動趨勢研究」『中国青年研究』2017（6），pp. 52-60.

段成栄・梁宏（2004）「我国流動児童」『人口研究』28（1），pp. 53-59.

中華人民共和国国家統計局・聯合国児童基金会・聯合国人口基金（2014）「中国児童人口状況——事実与数拠2013」〈https://www.unicef.cn/reports/census-data-about-children-china-2013〉，2022年10月12日取得.

丁継紅・徐寧吟（2018）「父母外出務工対留守児童健康与教育的影響」『人口研究』42（1），pp. 76-89.

南方週末（2016）『在一起　中国留守児童報告』中信出版社.

羅静・王薇・高文斌（2009）「中国留守児童研究述評」『心理科学進展』17（5），pp. 990-995.

李亦菲（2015）「2015年中国留守児童心霊状況白皮書」.

李陳続（2002）「農村"留守児童"教育問題函待解決」『光明日報』2002年4月9日.

林如嬌・馮栄鉆・農善文（2015）「我国農村留守児童的栄養状況及其予措施的研究進展」『中国臨床新医学』11（8），pp. 1107-1110.

叶敬忠（2005）『関注留守児童』社会科学文献出版社.

〈英語〉

Chengchao Zhou, Sean Sylvia and Linxiu Zhang et al. (2015) "China's Left-Behind Children: Impact Of Parental Migration On Health, Nutrition, And Educational Outcomes" *Health Affairs*, 34 (11), pp. 1964-1971.

第9章
〈日本語〉

新井克弥（2011）「若者論とは『先取り日本人論』である」早川洋行編著『よくわかる社会学史』ミネルヴァ書房，pp. 130-133

科学技術振興機構中国総合研究・さくらサイエンスセンター（2020）『中国の高等教育における双一流建設及びその取り組み』科学技術振興機構 中国総合研究・さくらサイエンスセンター.

読売新聞（2020）「論文数 中国初の首位 30万6000本，日本は4位」『読売新聞』2020年8月8日.

〈中国語〉

王海建（2018）「『00後』大学生的群体特点与思想政治教育策略」『思想理論教育』第2期，pp.90-94.

沈壮海・劉暁亮・司文超等著（2022）『中国大学生思想政治教育発展報告2020』北京師範大学出版社.

中華人民共和国教育部発展規劃司編（2021）『中国教育統計年鑑2020』中国統計出版社.

「中華人民共和国高等教育法」中国人代網〈http://www.npc.gov.cn/npc/c30834/201901/9 df0716732 4c 4 a34bf 6 c44700fafa753.shtml〉，2022年9月22日取得.

「普通高等学校輔導員隊伍建設規定」中華人民共和国教育部〈http://www.moe.gov.cn/srcsite/A02/s5911/moe_621/201709/t20170929_315781.html〉，2022年9月22日取得.

〈英語〉

Pepper, Suzanne (1990) *China's Education Reform in the 1980s: Policies, Issues, and Historical Perspectives*. Institute of East Asian Studies, Berkeley, Calif.: University of California.

第10章
何祥金（2020）『文明実践与当代志願服務』社会科学文献出版社.

顔睿（2013）「志願精神的文化淵源与現代価値」『思想理論教育』第15期.

史宏波・田媛（2018）「改革開放以来『公民社会』思潮的生成邏輯，政治実質和治理路経」『思想理論

教育』第 5 期.

徐盈艶・黎熙元 (2018)「浮動控制与分層嵌入――服務外包下的政社関係調整機制分析」『社会学研究』第 2 期.

張亜月 (2012)「志願精神与雷鋒精神的関係辨析及整合前景」『思想理論教育』第15期.

陳玉梅・李康晨 (2017)「国外公共管理視角下軟性都市研究進展与実践探析」『中国行政管理』2017年第 1 期.

翟雁・朱暁紅・張楊 (2022)「2021年度中国志願服務発展指数報告」楊団編『中国慈善発展報告 (2022)』社会科学文献出版社.

陸士楨 (2017)『中国特色志願服務概論』新華出版社.

第11章

加藤弘之編著 (2012)『中国長江デルタの都市化と産業集積』勁草書房.

木幡伸二 (2021)「中国における中小企業の位置づけに関する一考察」『中小企業季報　2020』4 . pp. 1 -17.

竇少杰・河口充勇・洪性奉 (2023)『東アジアの家族企業と事業承継』文眞堂.

竇少杰・横井和彦編 (2022)『現代中国の経済と社会』中央経済社.

渡邊真理子編 (2013)『中国の産業はどのように発展してきたか』勁草書房.

第12章

〈日本語〉

張博樹 (2022)『赤い帝国の論理』(中村達雄, 及川淳子訳) 白水社.

弓野正宏 (2012a)「人民解放軍――退役軍人を巡るジレンマ」毛里和子・園田茂人編『中国問題――キーワードで読み解く』東京大学出版会, pp. 119-149.

―――― (2012b)「退役軍人による陳情」毛里和子・松戸庸子編『陳情――中国社会の底辺から』東方書店, pp. 195-223.

―――― (2014)「退役軍人の突き上げに頭抱える中国政府――『強軍の夢』理想と現実の乖離」Wedge online〈https://wedge.ismedia.jp/articles/-/4102〉, 2014年 8 月12日取得.

―――― (2022)「新型コロナ疫情をめぐる民兵の動員」川島真・21世紀政策研究所編『習近平政権の国内統治と世界戦略――コロナ禍で立ち現れた中国を見る』勁草書房, pp. 56-77.

〈中国語〉

総政治部宣伝部 (2011)『軍営理論熱点怎麼看 (軍営理論ホットイシューをどうみるか) 2011』解放軍出版社.

《執筆者紹介》（執筆順，＊は編著者）

＊兪　　敏浩（ゆ　びんこう）[まえがき，第2章，Column 4]
　　名古屋商科大学国際学部教授
　　主要業績
　　「1978年尖閣漁船事件の研究」（『国際政治』197号，2019年）
　　『東アジアのなかの日本と中国——規範・外交・地域秩序』（共編著，晃洋書房，2016年）
　　『国際社会における日中関係——1978〜2001年の中国外交と日本』（勁草書房，2015年）

日野 みどり（ひの　みどり）[第1章，Column 1]
　　愛知大学国際問題研究所客員研究員，愛知大学大学院非常勤講師
　　主要業績
　　"From Digital Cameras to Social Media: How Food Photo-Taking Behavior Spread and Is Shared in Cyberspace"（Yu, Shuenn-Der（ed.）*Food Cultures and Technologies*. Institute of Ethnology, Academia Sinica: Taipei, 2022）
　　『新・図説中国近現代史——日中新時代の見取図〔改訂版〕』（共著，法律文化社，2020年）
　　「ハワイの汁麺「サイミン」の歴史と現在——民族集団の境界か，「ハワイアイデンティティ」の象徴か？」（『華南研究』6，2020年）

李　　彦銘（り　いぇんみん）[第3章]
　　東京大学教養学部特任講師
　　主要業績
　　『中国対外行動の源泉』（共著，慶應義塾大学出版会，2017年）
　　『日中関係と日本経済界——国交正常化から「政冷経熱」まで』（勁草書房，2016年）
　　『東アジアのなかの日本と中国——規範・外交・地域秩序』（共著，晃洋書房，2016年）

鈴木　　賢（すずき　けん）[第4章]
　　明治大学法学部教授，北海道大学名誉教授
　　主要業績
　　『台湾同性婚法の誕生——アジアLGBTQ＋燈台への歴程』（日本評論社，2022年）
　　『現代中国法入門〔第9版〕』（共著，有斐閣，2022年）
　　『要説 中国法』（共著，東京大学出版会，2017年）

上野 正弥（うえの　まさや）[第5章，Column 2]
　　神戸市外国語大学外国語学部中国学科准教授
　　主要業績
　　『毛沢東時代の政治運動と民衆の日常』（共著，慶應義塾大学出版会，2021年）
　　龐宏亮『中国軍人が観る「人に優しい」新たな戦争 知能化戦争』（共訳，五月書房新社，2021年）
　　「現代中国における基督教の発展と国家」（『アジア研究』64（1），2018年）

星 野 昌 裕 （ほしの　まさひろ）［第 6 章］
　南山大学総合政策学部教授
主要業績
　"Preferential policies for China's ethnic minorities at a crossroads"（*Journal of Contemporary East Asia Studies*, 8（1）, 2019）

趙　　貴 花 （ちょう　きか）［第 7 章］
　名古屋商科大学国際学部准教授
主要業績
　『移動する人びとの教育と言語——中国朝鮮族に関するエスノグラフィー』（三元社，2016年）
　「グローバル化時代の少数民族教育の実態とその変容——中国朝鮮族の事例」（『東京大学大学院教育学研究科紀要』47，2008年，日本国際文化学会第 1 回研究奨励賞受賞）

武　　小 燕 （う　しょうえん）［第 8 章，Column 3］
　愛知大学国際問題研究所客員研究員，名古屋市立大学大学院人間文化研究科研究員
主要業績
　『歴史教育の比較史』（共著，名古屋大学出版会，2020年）
　『変容する中華世界の教育とアイデンティティ』（共著，国際書院，2017年）
　『改革開放後中国の愛国主義教育——社会の近代化と徳育の機能をめぐって』（大学教育出版，2013年，日本比較教育学会第24回平塚賞受賞）

有 澤 雄 毅 （ありさわ　ゆうき）［第 9 章］
　中国東北大学外国語学院外国籍教師
主要業績
　「中華人民共和国の首都は如何にして北京になったのか？——政治指導者の国家形成と首都選定に係る認識，1946-1949年」（『アジア研究』67（4），2021年）
　張楽天「思想改造運動における若者の内面世界——ある大学生の二面的自画像」（翻訳，鄭浩瀾・中兼和津次編『毛沢東時代の政治運動と民衆の日常』慶應義塾大学出版会，2021年）
　「中国の社会主義化と司法体制——『司法改革』運動を中心に，1949-1953年」（『法学政治学論究』120，2019年）

史　　邁 （し　まい）［第10章］
　清華大学公益慈善研究院助理研究員
主要業績
　『協働モデル——制度的支援の「狭間」を埋める新たな支援戦略』（晃洋書房，2021年，日本社会福祉学会2022年度学会賞奨励賞受賞）
　"From Evaluation to Dialogue: Establishing A New Framework for Description of Country-based Philanthropies"（*China Nonprofit Review*, 27（1），2021）
　「社会サービス提供におけるコ・プロダクション概念の意味——「協働」への理論的再考」（『ノンプロフィット・レビュー』20（1），2020年）

竇　少杰（とう　しょうけつ）［第11章］
　立命館大学経営学部講師
主要業績
　『"新常態"中国の生産管理と労使関係——実態調査からみえる生産現場の苦悩と工夫』（ミネルヴァ
　　書房，2022年）
　『現代中国の経済と社会』（共編著，中央経済社，2022年）
　『中国企業の人的資源管理』（中央経済社，2013年）

弓野正宏（ゆみの　まさひろ）［第12章，Column 5］
　法政大学大学院中国基層政治研究所特任研究員
主要業績
　「新型コロナ疫情をめぐる民兵の動員」（川島真・21世紀政策研究所編『習近平政権の国内統治と世
　　界戦略——コロナ禍で立ち現れた中国を見る』勁草書房，2022年）

中国のリアル
——人々は何を悩み，何を追い求めているのか——

2023年4月20日　初版第1刷発行　　＊定価はカバーに
　　　　　　　　　　　　　　　　　　表示してあります

編著者　　俞　　敏　浩 ©
発行者　　萩　原　淳　平
印刷者　　河　野　俊一郎

発行所　株式会社　晃　洋　書　房
〒615-0026　京都市右京区西院北矢掛町7番地
　　　　　　電話　075(312)0788番(代)
　　　　　　振替口座　01040-6-32280

装丁　㈱クオリアデザイン事務所　　印刷・製本　西濃印刷㈱
ISBN 978-4-7710-3729-8